*Wer lebt in Russland
froh und frei?*

Nikolai A. Nekrassow

Wer lebt in Russland froh und frei?

Zweisprachige Ausgabe

Deutsch von Christine Hengevoß

mitteldeutscher verlag

ПРОЛОГ

В каком году — рассчитывай,
В какой земле — угадывай,
На столбовой дороженьке
Сошлись семь мужиков:
Семь временнообязанных,
Подтянутой губернии,
Уезда Терпигорева,
Пустопорожней волости,
Из смежных деревень:
Заплатова, Дыряева,
Разутова, Знобишина,
Горелова, Неелова —
Неурожайка тож,
Сошлися — и заспорили:
Кому живется весело,
Вольготно на Руси?

Роман сказал: помещику,
Демьян сказал: чиновнику,
Лука сказал: попу.
Купчине толстопузому! —
Сказали братья Губины,
Иван и Митродор.
Старик Пахом потужился
И молвил, в землю глядючи:
Вельможному боярину,
Министру государеву.
А Пров сказал: царю…

Мужик что бык: втемяшится
В башку какая блажь —
Колом ее оттудова
Не выбьешь: упираются,

PROLOG

Es war einmal ich weiß nicht wann,
es war einmal in einem Land.
An einem Postweg trafen sich
einst sieben Bäuerlein:
auf Zeit Frondienstverpflichtete,
vom Hungertuchgouvernement,
dem Landkreis Niederklagenburg,
dem Amtsbezirke Sorgenfeld,
aus Dörfern mancherlei:
aus Kummerow und Leidenstedt,
aus Nothweiler, Kleinelendsdorf,
Brandstade und aus Flickenhof,
und aus Großlöcheritz.
Sie trafen sich und stritten gleich:
Wer lebt in Russland froh und reich,
wer hat das beste Los?

Der Gutsbesitzer, sprach Roman.
Nein, der Beamte, sprach Demjan.
Der Pope, sprach Luka.
Die Brüder Gubin meinten dann
(Iwan und Mitrodor),
der Kaufmann sei's, der fette Wanst.
Pachom, der Alte, angespannt,
den Blick der Erde zugewandt,
raunt': der Bojar, der Würdenmann,
Minister unsrer Majestät.
Prow sagte glatt: der Zar …

Stur wie ein Ochs der Bauer ist,
starrköpfig wie ne Zick. –
Was er sich in den Schädel setzt,
kriegst du nicht raus: so stemmt er sich,

Всяк на своем стоит!
Такой ли спор затеяли,
Что думают прохожие —
Знать, клад нашли ребятушки
И делят меж собой…

По делу всяк по своему
До полдня вышел из дому:
Тот путь держал до кузницы,
Тот шел в село Иваньково
Позвать отца Прокофия
Ребенка окрестить.
Пахом соты медовые
Нес на базар в Великое,
А два братана Губины
Так просто с недоуздочком
Ловить коня упрямого
В свое же стадо шли.
Давно пора бы каждому
Вернуть своей дорогою —
Они рядком идут!
Идут, как будто гонятся
За ними волки серые,
Что дале — то скорей.
Идут — перекоряются!
Кричат — не образумятся!
А времечко не ждет.

За спором не заметили,
Как село солнце красное,
Как вечер наступил.
Наверно б ночку целую
Так шли — куда не ведая,
Когда б им баба встречная,
Корявая Дурандиха,
Не крикнула: „Почтенные!

geht keinen Schritt zurück!
Wer da vorbeigeht, hört den Streit
und denkt bei sich darauf:
Die haben einen Schatz entdeckt
und teilen ihn jetzt auf …

Ein jeder losgegangen war
in Dingen, in geschäftlichen:
Mit Honig ging Pachomuschka,
wollt auf dem Markt verkaufen ihn,
der Nächste lief zur Schmiede hin,
ein Dritter nach Iwankowo
zur Kindstaufe den Popen holn,
Vater Prokophius.
Mit einem Halfter unterm Arm
warn beide Brüder Gubin grad
zu ihrer Herde unterwegs,
zu fangen dort ein Ross.
Für alle wär's längst höchste Zeit,
den Heimweg anzutreten, doch
das tun die sieben nicht!
Je weiter, desto schneller gehn
sie, so als sei'n die Wölfe schon,
die grauen nicht mehr weit.
Sie laufen, schreien laut umher!
Ach, sie besinnen sich nicht mehr!
Und schnell verrinnt die Zeit.

Bei all dem Streiten sehn sie nicht
die rote Sonne untergehn.
Die Dämmerung bricht an.
Sie würden wohl die Nacht hindurch
so weiterrennen, wärn sie nicht
begegnet jenem Weib,
der knorrigen Durándicha,
die ihnen zuruft: „Meine Herrn!

Куда вы на ночь глядючи
Надумали идти?..“

Спросила, засмеялася,
Хлестнула, ведьма, мерина
И укатила вскачь…

„Куда?..“ — Переглянулися
Тут наши мужики,
Стоят, молчат, потупились…
Уж ночь давно сошла,
Зажглися звезды частые
В высоких небесах,
Всплыл месяц, тени черные,
Дорогу перерезали
Ретивым ходокам.
Ой тени, тени черные!
Кого вы не нагоните?
Кого не перегоните?
Вас только, тени черные,
Нельзя поймать — обнять!

На лес, на путь — дороженьку
Глядел, молчал Пахом,
Глядел — умом раскидывал
И молвил наконец:

„Ну! леший шутку славную
Над нами подшутил!
Никак ведь мы без малого
Верст тридцать отошли!
Домой теперь ворочаться —
Устали, не дойдем
Присядем, — делать нечего,
До солнца отдохнем!..“

Wohin des Wegs, die Nacht beginnt,
wo wollt ihr denn noch hin?"

Die Hexe fragt, lacht laut und hell,
peitscht ihren Gaul, der dreht sich schnell.
Davon geht's im Galopp …

„Wohin?" – die sieben Tröpfe schaun
sich ganz entgeistert an.
Da stehen sie, ganz still und klein
die Köpfe tief gesenkt …
Am Himmel ganz hoch oben strahlt
bereits der Sterne Flut.
Das Mondlicht schwarze Schatten wirft
auf ihren Weg. Unheimlich schon
ist ihnen jetzt zumut.
O Schatten, o ihr schwarzen, ihr!
Wem lauft ihr immer hinterher?
Wen überholt ihr nimmermehr?
Ihr Schatten, euch wohl nie ein Mann
umarmen, greifen kann!

Den Waldrand und den Weg besieht
Pachomuschka sich jetzt.
Er schaut, er schweigt, denkt lange nach
und spricht zu guter Letzt:

„Da hat uns einen Schabernack
der Waldgeist wohl gespielt
und hat uns an die dreißig Werst
vom Wege fortgeführt!
Es ist zu weit zurück nach Haus –
wir können nichts mehr tun.
Drum setzt euch! Bis der Tag beginnt,
␣wolln wir ein wenig ruhn."

Свалив беду на лешего,
Под лесом при дороженьке
Уселись мужики.
Зажгли костер, сложилися
За водкой двое сбегали,
А прочие покудова
Стаканчик изготовили
Бересты понадрав.
Приспела скоро водочка,
Приспела и закусочка —
Пируют мужички!
Косушки по три выпили,
Поели — и заспорили
Опять: кому жить весело,
Вольготно на Руси?
Роман кричит: помещику,
Демьян кричит: чиновнику,
Лука кричит: попу;
Купчине толстопузому, —
Кричат братаны Губины,
Иван и Митродор;
Пахом кричит: светлейшему
Вельможному боярину,
А Пров кричит: царю!

Забрало пуще прежнего
Задорных мужиков,
Ругательски ругаются,
Не мудрено, что вцепятся
Друг другу в волоса…

Гляди — уж и вцепилися!
Роман тузит Пахомушку,
Демьян тузит Луку.
А два братана Губины

Die Schuldfrage entschieden ist,
und unverdrossen lassen sie
am Waldrand nieder sich.
Ein paar Kopeken sammeln sie;
ein Feuer ist entzündet schnell,
zwei Männer laufen Wodka holn.
Auch Becherchen aus Birkenrind'
geschwind gefertigt sind.
Und bald schon ist der Wodka ran,
und bald schon ist ein Imbiss ran,
die Zecherei beginnt!
Drei Becher Wodka, und erneut
wolln's wissen unsre Bäuerlein:
Wer lebt in Russland sorgenfrei,
wer hat das beste Los?
„Der Gutsbesitzer", schreit Roman.
„Nein, der Beamte", schreit Demjan.
„Der Pope", schreit Luka.
Es schreien auch die Brüderlein
(Iwan und Mitrodor),
der Kaufmann sei's, der fette Wanst.
Pachomuschka schreit: „Der Bojar,
Minister unsrer Majestät",
und Prow schreit laut: „Der Zar!"

Noch hitziger als wie zuvor
aufs Schimpflichste beschimpfen sich
die zänkischen Geselln.
Schon ziehn einander sie am Bart
und werden handgreiflich …

Sieh da, die Kerle prügeln sich!
Roman, der haut Pachomuschka,
Demjan, der haut Luka.
Die Gubin – Brüder, seht doch nur,

Утюжат Прова дюжего, —
И всяк свое кричит!

Проснулось эхо гулкое,
Пошло гулять — погуливать,
Пошло кричать — покрикивать,
Как будто подзадоривать
Упрямых мужиков.
Царю! — направо слышится,
Налево отзывается:
Попу! Попу! Попу!
Весь лес переполошился,
С летающими птицами,
Зверями быстроногими
И гадами ползущими, —
И стон, и рев, и гул!

Всех прежде зайка серенький
Из кустика соседнего
Вдруг выскочил, как встрепанный,
И наутек пошел!
За ним галчата малые
Вверху березы подняли
Противный, резкий писк.
А тут еще у пеночки
С испугу птенчик крохотный
Из гнездышка упал;
Щебечет, плачет пеночка
Где птенчик? — не найдет!
Потом кукушка старая
Проснулась и надумала
Кому-то куковать;
Раз десять принималася,
Да всякий раз сбивалася
И начинала вновь…
Кукуй, кукуй, кукушечка!

versohln den starken Prow sogar,
und jeder brüllt umher!

Schon ist aus seinem Schlaf erwacht
das Echo voller Übermut.
Hallt durch den Wald, lacht durch die Nacht;
ganz tückisch heizt das Echo ein
den sturen Bäuerlein.
„Der Zar! Der Zar!" – von rechts es schallt.
„Nein, der Bojar, Bojar, Bojar!" –
von links es widerhallt.
Ganz aus dem Häuschen ist der Wald:
die Vögelchen, die fliegenden,
die Tiere mit den Füßen flink,
die Kriechtiere, die kriechenden;
Gedröhn, Geheul, Gestöhn!

Als Erstes Meister Lampe flitzt
wie nie zuvor so ungestüm
aus dem Gebüsche blitzeschnell
heraus, und weg ist er.
Ganz oben in der Birke fängt
ein scheußliches Getschilpe an:
Das sind die jungen Dohl'n.
Ein Laubsänger im Baume weint:
Vor lauter Schreck ein Küken klein
ist aus dem Nest gefalln.
Er zwitschert, weint, er findet's nicht,
er ruft nach seinem Kind.
Von dem Geschrei und all dem Krach
wird nun der alte Kuckuck wach
und fängt zu rufen an.
Wohl zehnmal klingt sein Kuckuck-Ruf,
und zehnmal bricht er wieder ab
und fängt aufs Neue an ...
Ruf nur, du kleiner Kuckuck, du!

Заколосится хлеб,
Подавишься ты колосом —
Не будешь куковать!
Слетелися семь филинов,
Любуются побоищем
С семи больших дерев,
Хохочут, полуночники!
А их глазищи желтые
Горят, как воску ярого
Четырнадцать свечей!
И ворон, птица умная
Приспел, сидит на дереве
У самого костра,
Сидит да черту молится,
Чтоб до смерти ухлопали
Которого — нибудь!
Корова с колокольчиком,
Что с вечера отбилася
От стада, чуть послышала
Людские голоса —
Пришла к костру, уставила
Глаза на мужиков,
Шальных речей послушала
И начала, сердечная,
Мычать, мычать, мычать!

Мычит корова глупая,
Пищат галчата малые,
Кричат ребята буйные,
А эхо вторит всем.
Ему одна заботушка —
Честных людей поддразнивать,
Пугать ребят и баб!
Никто его не видывал,
А слышать всякий слыхивал,

Dein Ruf erstickt von selbst,
wenn das Getreide Ähren trägt,
und reift im Sommerfeld.
Auch sieben Uhus sind jetzt da,
auf sieben Bäumen sitzen sie,
die Mitternachtsgesellen,
sich weidend an der Schlägerei.
Und ihre Augen brennen hell
wie vierzehn Kerzen in der Nacht
aus reinem Bienenwachs.
Ein Rabe ist herbeigeeilt,
sitzt auf dem Baum, das kluge Tier,
ganz nah am Feuer hier.
Sitzt da und ruft den Teufel an,
sie mögen doch zu Tode haun
von denen einen da!
Von dem Geschrei herbeigelockt,
mit einem Glöckchen um den Hals,
kommt eine Kuh heran.
Die Herde sie verloren hat
am Tag zuvor. Jetzt steht sie da
und glotzt die Bauern an.
Den wirren Reden lauscht sie nun,
und sie beginnt, die Gute, sie,
Zu muhn, zu muhn, zu muhn!

Das dumme Rindvieh muht und muht,
die Dohlenkinder tschilpen laut,
die wilden Kerle schreien laut.
Das Echo äfft sie nach.
Das Echo hat nur eins im Sinn –
zu necken Leute ehrliche,
zu schrecken Weib und Kind.
Kein Mensch hat's Echo je gesehn,
jedoch gehört hat's jeder schon.

Без тела — а живет оно,
Без языка — кричит!

Сова — замоскворецкая
Княгиня — тут же мычется,
Летает над крестьянами,
Шарахаясь то о землю,
То о кусты крылом…

Сама лисица хитрая,
По любопытству бабьему,
Подкралась к мужикам,
Послушала, послушала
И прочь пошла, подумавши:
„И черт их не поймет!"
И вправду: сами спорщики
Едва ли знали, помнили —
О чем они шумят…

Намяв бока порядочно
Друг другу, образумились
Крестьяне наконец,
Из лужицы напилися,
Умылись, освежилися,
Сон начал их кренить…

Тем часом птенчик крохотный,
Помалу, по полсаженки,
Низком перелетаючи,
К костру подобрался.
Поймал его Пахомушка,
Поднес к огню, разглядывал
И молвил: „Пташка малая,
А ноготок востер!
Дыхну — с ладони скатишься,
Чихну — в огонь укатишься,

So körperlos – und doch, es lebt,
so sprachlos – doch es ruft!

Die Eule – die durchtriebene
Herzogin aller Vororte –
auch sie ist längst schon da.
Und Boden, Sträucher streifend, schwebt
laut rufend sie umher ...

Und auch die schlaue Füchsin hat,
neugierig wie sie sind, die Fraun,
herangeschlichen sich.
Sie horcht und horcht, geschwinde dann
läuft sie davon, sie sagt sich wohl:
„Dies dauert mir zu lang."
Es könnten selbst die Streitenden
wohl kaum noch sagen, was sie da
zum Streit bewogen hat...

Nachdem die sieben ordentlich
einander grün und blau gehaun,
besinnen sie sich jetzt.
Vom Pfützenwasser trinken sie,
machen sich frisch, und beinah dann
der Schlaf sie übermannt ...

Inzwischen hat, so nach und nach,
halb hüpfend, halb im Flugversuch,
jenes verlorne Küken sich
dem Feuerchen genähert.
Dort fängt es ein Pachomuschka,
schaut's an im hellen Feuerschein,
und raunt: „Du Piepmatz winziger,
so klein, und doch oho!
Pust ich – schon kullerst runter du,
nies ich – schon rollst ins Feuer du,

Щелкну — мертва покатишься,
А всё ж ты, пташка малая,
Сильнее мужика!
Окрепнут скоро крылышки,
Тю — тю! куда ни вздумаешь,
Туда и полетишь!
Ой ты, пичуга малая!
Отдай свои нам крылышки,
Всё царство облетим,
Посмотрим, поразведаем,
Попросим — и дознаемся:
Кому живется счастливо,
Вольготно на Руси?"

„Не надо бы и крылышек,
Кабы нам только хлебушка
По полупуду в день, —
И так бы мы Русь-матушку
Ногами перемеряли!" —
Сказал угрюмый Пров.

„Да по ведру бы водочки", —
Прибавили охочие
До водки братья Губины,
Иван и Митродор.

„Да утром бы огурчиков
Соленых по десяточку", —
Шутили мужики.

„А в полдень бы по жбанчику
Холодного кваску."

„А вечером по чайничку
Горячего чайку…"

ein Stups – schon bist du tot!
Und dennoch bist du, Vögelchen,
viel stärker noch als wir!
Bald sind erstarkt die Flügelchen,
und, hast du nicht gesehn, du Matz,
fliegst du, wohin du magst!
Ach Vögelchen, du kleines, du,
leih uns doch deine Flügelchen,
dann flögen wir umher!
Dann blickten, hörten wir uns um,
befragten Leute allerlei:
Wer lebt in Russland sorgenfrei,
wer hat das beste Los?"

„Auch ohne Flügel würden wir
durchmessen Russland-Mütterchen,
erkunden ihren Schoß,
bekämen nur zu essen wir
pro Tag ein Brot aus Sauerteig",
meint Prow: „Schön frisch und groß!"

„Ein Eimer Wodka wäre recht", –
werfen, dem Wodka zugeneigt,
noch schnell die Brüder Gubin ein,
Iwan und Mitrodor.

„Und Salzgurken wär'n auch nicht schlecht,
so Stücker zehn zum Frühstück schon", –
scherzen die Bäuerlein.

„Und mittags je ein Krügelein
vom schönen kühlen Kwas."

„Und abends dann ein Kesselchen
mit schönem, heißem Tee …"

Пока они гуторили,
Вилась, кружилась пеночка
Над ними: всё прослушала
И села у костра.
Чивикнула, подпрыгнула
И человечьим голосом
Пахому говорит:

„Пусти на волю птенчика!
За птенчика за малого
Я выкуп дам большой".

„А что ты дашь?"
    — „Дам хлебушка
По полупуду в день,
Дам водки по ведерочку,
Поутру дам огурчиков,
А в полдень квасу кислого,
А вечером чайку!"

„А где, пичуга малая, —
Спросили братья Губины, —
Найдешь вина и хлебушка
Ты на семь мужиков?"

„Найти — найдете сами вы,
А я, пичуга малая,
Скажу вам, как найти."
    — „Скажи!"
    — „Идите по лесу,
Против столба тридцатого
Прямехонько версту:
Придете на поляночку,
Стоят на той поляночке
Две старые сосны,
Под этими под соснами

Indes sie munter fabeln, kommt
ganz aufgeregt der Laubsänger
herangeflattert, setzt sich dann
mit an das Feuerchen.
Er hüpft, den Schnabel öffnet er,
mit Menschenstimme redet er
Pachom auf einmal an:

„Ich bitt dich, lass das Küken klein
hier frei, und ich verspreche dir,
dein Schade soll's nicht sein."

„Was gibst du uns?" –
    „Brot geb ich euch,
ein halbes Pud am Tag.
Auch Wodka, Gurken, sauren Kwas,
und Tee, so dass ihr wandern könnt
durch unser ganzes großes Land
und leidet keine Not."

„Wie willst für sieben Kerle du,
du winzig-kleines Vogeltier,
denn abends, morgens jeden Tag
besorgen so viel Brot?"

„Besorgen müsst alleine ihr's,
ich bin ja nur ein Vögelchen,
ich sage euch nur, wie."
„Ja, sag!"
    „Geht dort lang, durch den Wald,
ab Wegstein dreißig müsst ihr dann
wohl eine Werst noch gehn:
Auf eine Lichtung kommt ihr bald.
Auf jener Lichtung seht ihr schon
zwei alte Kiefern stehn.
Und unter jenen Kiefern liegt

Закопана коробочка.
Добудьте вы ее, —
Коробка та волшебная:
В ней скатерть самобранная,
Когда ни пожелаете,
Накормит, напоит!
Тихонько только молвите:
„Эй! скатерть самобранная!
Попотчуй мужиков!"
По вашему хотению,
По моему велению,
Всё явится тотчас.
Теперь — пустите птенчика!"

„Постой! мы люди бедные,
Идем в дорогу дальнюю, —
Ответил ей Пахом. —
Ты, вижу, птица умная,
Уважь — одежу старую
На нас заворожи!"

„Чтоб армяки мужицкие
Носились, не сносилися!" —
Потребовал Роман.

„Чтоб липовые лапотки
Служили, не разбилися", —
Потребовал Демьян

„Чтоб вошь, блоха паскудная
В рубахах не плодилася", —
Потребовал Лука.

„Не прели бы онученьки…" —
Потребовали Губины…

ein Kästchen, ein vergrabenes.
Grabt's aus und nehmt es mit.
Das Kästchen ist von Wunderkraft:
drin liegt ein feines Zaubertuch.
Dies Tuch euch Speis und Trank beschafft,
nur bitten müsst ihr es!
Sagt einfach nur ganz leise: ‚*He!
Du, Zauberlaken! Aufgetischt
für uns, die Bauersleut!*‘
Befehl sei euer Wille mir:
Wie ihr es wünscht, so soll es sein,
der Wunsch wird euch erfüllt.
Und jetzt – jetzt lasst mein Küken frei!"

„Halt, halt! Wir sind doch arme Leut,
und unser Weg ist noch sehr weit." –
sagt ihm Pachom darauf.
„Ich bitt dich noch, du weises Tier,
auf unsre alten Kleider hier
üb deinen Zauber aus!"

„Dass unsre Bauernröcke nicht
gar allzu schnell verschleißen sich!",
bittet Roman sich aus.

„Und dass die Schuh aus Lindenbast
uns nicht kaputtgehn immerzu!", –
bittet Demjan sich aus.

„Dass Laus und Floh so lästiglich
im Hemde nicht vermehren sich!", –
bittet Luka sich aus.

„Die Fußlappen nicht stinken mehr",
rufen die Gubins noch geschwind …

А птичка им в ответ:
„Всё скатерть самобранная
Чинить, стирать, просушивать
Вам будет… Ну, пусти…"

Раскрыв ладонь широкую,
Пахом птенца пустил.
Пустил — и птенчик крохотный,
Помалу, по полсаженьки,
Низком перелетаючи,
Направился к дуплу.
За ним взвилася пеночка
И на лету прибавила:
„Смотрите, чур, одно!
Съестного сколько вынесет
Утроба — то и спрашивай,
А водки можно требовать
В день ровно по ведру.
Коли вы больше спросите,
И раз и два — исполнится
По вашему желанию,
А в третий быть беде!"

И улетела пеночка
С своим родимым птенчиком,
А мужики гуськом
К дороге потянулися
Искать столба тридцатого.
Нашли! — Молчком идут
Прямехонько, вернехонько
По лесу по дремучему,
Считают каждый шаг.
И как версту отмеряли,
Увидели поляночку —
Стоят на той поляночке
Две старые сосны…

Darauf das Vögelchen:
„Auch waschen, flicken, trocknen kann
das Laken dann für sieben Mann …
Komm, lass mein Küken frei …"

Er öffnet seine breite Hand
und lässt das Küken los.
Kaum los und frei, da flattert schon
das kleine Küken Stück für Stück,
halb hüpfend, halb im Flugversuch
zur Baumhöhle zurück.
Der Laubsänger fliegt hinterdrein.
Doch halb im Flug schon, fügt er noch
hinzu: „Doch merkt euch eins!
Soviel der Wanst vertragen kann,
bestellt euch Speis und Trank,
vom Wodka aber fordert euch
nur einen Eimer stets.
Denn wollt ihr mehr an einem Tag,
bekommt ihr's einmal und noch mal.
Doch fordert ihr's zum dritten Mal,
wird Unheil euch zuteil!"

Von dannen fliegt das Vögelchen
und nimmt sein kleines Küken mit,
im Gänsemarsch beginnen sie
nun ihre Wanderung.
Den Wegstein dreißig finden sie
schon bald! – Die Bauern gehen still
mit wachem Sinn schön geradeaus,
und jeden Schritt durch jenen Wald
zähln sie ganz leise mit.
Als eine Werst vermessen ist,
erblicken sie die Lichtung schon,
und auf der Lichtung sehen sie
zwei alte Kiefern stehn …

Крестьяне покопалися,
Достали ту коробочку,
Открыли — и нашли
Ту скатерть самобранную!
Нашли и разом вскрикнули:
„Эй, скатерть самобранная!
Попотчуй мужиков!"

Глядь — скатерть развернулася,
Откудова ни взялися
Две дюжие руки,
Ведро вина поставили,
Горой наклали хлебушка,
И спрятались опять.

— А что же нет огурчиков?

— Что нет чайку горячего?

— Что нет кваску холодного?

Всё появилось вдруг…

Крестьяне распоясались,
У скатерти уселися,
Пошел тут пир горой!
На радости целуются,
Друг дружке обещаются
Вперед не драться зря,
А с толком дело спорное
По разуму, по — божески,
На чести повести —
В домишки не ворочаться,
Не видеться ни с женами
Ни с малыми ребятами,
Ни с стариками старыми,

Schnell graben sie an jenem Ort,
das Zauberkästchen finden sie,
und öffnen es – Darinnen liegt
dann auch das Zaubertuch,
Kaum haben sie's, schon rufen sie:
„He, Zauberlaken! Aufgetischt
für uns, die Bauersleut!"

Sieh da – das Laken breitet sich
schnell aus, und dank dem Zauberwort
zwei Riesenhände haben schnell
den sieben, wie es abgemacht,
das Brot und Wodka hingestellt,
und sind schon wieder fort.

„Und gibt es keine Gurken heut?"

„Gibt's keinen schönen kühlen Kwas?"

„Gibt's keinen schönen heißen Tee?"

Und alles wird gebracht …

Das Festmahl kann beginnen nun,
sie binden ihre Stricke ab
und setzen sich ans Tuch.
Sie schlemmen und sie küssen sich
vor Freude, und versprechen sich,
wenn wieder Streit und Zwietracht droht,
sich nicht zu prügeln ohne Not,
ohne Verstand und Sinn,
sondern hingegen achtungsvoll,
so wie es Christenmenschen tun,
den Streit zu lösen ohne Groll,
nach Hause nicht zurückzugehn
zu Vater, Mutter, Frau und Kind,

Покуда делу спорному
Решенья не найдут,
Покуда не доведают
Как ни на есть доподлинно:
Кому живется счастливо,
Вольготно на Руси?

Зарок такой поставивши,
Под утро как убитые
Заснули мужики…

ПЕРВАЯ ЧАСТЬ

Глава 1

Поп

Широкая дороженька,
Березками обставлена,
Далеко протянулася,
Песчана и глуха.
По сторонам дороженьки
Идут холмы пологие
С полями, с сенокосами,
А чаще с неудобною,
Заброшенной землей;
Стоят деревни старые,
Стоят деревни новые,
У речек, у прудов…
Леса, луга поемные,
Ручьи и реки русские

und nicht zu rasten, nicht zu ruhn,
bevor sie es nicht klärn,
die Antwort nicht gefunden ist,
die Wahrheit, die wahrhaftige:
Wer lebt in Russland unbeschwert,
wer hat das beste Los?

Nachdem den Streit sie beigelegt,
den Eid geschworen, schlafen sie
frühmorgens endlich ein ...

ERSTER TEIL

Kapitel 1

Der Pope

Es zieht der breite Postweg sich
bis in die weite Ferne hin,
umsäumt von Birken beiderseits,
ist sandig er und öd.
Und rings, so weit das Auge blickt,
erheben sanfte Hügel sich
mit Heuschlägen und Ackerland,
doch wirken meist verlassen sie,
verwahrlost und verwaist.
Durch alte Dörfer kommen sie,
durch neue Dörfer kommen sie,
mit Bächlein und mit Teich ...
Die Wälder und die Auen sind
jetzt überschwemmt, die Landschaft ist

Весною хороши.

Но вы, поля весенние!

На ваши всходы бедные

Невесело глядеть!

„Недаром в зиму долгую

(Толкуют наши странники)

Снег каждый день валил.

Пришла весна — сказался снег!

Он смирен до поры:

Летит — молчит, лежит — молчит,

Когда умрет, тогда ревет.

Вода — куда ни глянь!

Поля совсем затоплены,

Навоз возить — дороги нет,

А время уж не раннее —

Подходит месяц май!"

Нелюбо и на старые,

Больней того на новые

Деревни им глядеть.

Ой избы, избы новые!

Нарядны вы, да строит вас

Не лишняя копеечка,

А кровная беда!..

С утра встречались странникам

Всё больше люди малые:

Свой брат крестьянин — лапотник,

Мастеровые, нищие,

Солдаты, ямщики.

У нищих, у солдатиков

Не спрашивали странники,

Как им — легко ли, трудно ли

Живется на Руси?

Солдаты шилом бреются,

Солдаты дымом греются, —

Какое счастье тут?..

sehr hübsch zur Frühjahrszeit.
Doch können unsre Wanderer
sich heute nicht daran erfreun:
Die junge Saat steht schlecht!
„Der Winter war zu lang dies Jahr",
bemerken unsre Pilger da:
„Und jeden Tag gab's Schnee!
Im Frühjahr rächt der Schnee sich nun!
Zuerst ist er ganz still:
und fliegt und schweigt, und liegt und schweigt,
dann stirbt der Schnee, er greint und weint.
Es fließt, wohin du blickst.
Voll Wasser stehn die Felder jetzt,
kein Weg führt hin, um Mist zu fahrn,
doch dabei wird es höchste Zeit –
es naht der Monat Mai!"
Die alten Dörfer anzuschaun
tut weh, doch noch mehr schmerzt es sie,
die neuen dann zu sehn.
Ach, Katen, neue Katen ihr!
Ihr bietet zwar ein hübsches Bild,
doch nicht der Wohlstand baute euch,
nein, Unheil, Not und Leid!
Viel kleines Volk begegnet schon
frühmorgens unsern Wanderern:
Soldaten, Kutscher, Handwerksleut
und Bastschuhbauern, so wie sie,
und Bettler überall.
Den Bettlern, den Soldaten nun
stelln sie die Frage gar nicht erst,
wie wohl ihr Los in Russland sei,
ob schwer oder ob leicht.
Soldaten wärmen sich am Rauch,
mit Kohldampf fülln sie ihren Bauch –
für's Glück das wohl nicht reicht …

Уж день клонился к вечеру,
Идут путем — дорогою,
Навстречу едет поп.
Крестьяне сняли шапочки,
Низенько поклонилися,
Повыстроились в ряд
И мерину саврасому
Загородили путь.
Священник поднял голову,
Глядел, глазами спрашивал:
Чего они хотят?

„Небось! мы не грабители!" —
Сказал попу Лука.
(Лука — мужик присадистый
С широкой бородищею,
Упрям, речист и глуп.
Лука похож на мельницу:
Одним не птица мельница,
Что, как ни машет крыльями,
Небось, не полетит).

„Мы мужики степенные,
Из временнообязанных,
Подтянутой губернии,
Уезда Терпигорева,
Пустопорожней волости,
Окольных деревень:
Заплатова, Дырявина,
Разутова, Знобишина,
Горелова; Неелова —
Неурожайка тож.
Идем по делу важному:
У нас забота есть,
Такая ли заботушка,
Что из домов повыжила,

Der Abend übern Tag sich legt,
die sieben gehen ihren Weg,
ein Pope kommt gefahrn.
Sie nehmen ihre Mützen ab,
verbeugen sich recht tief vor ihm
und stellen sich dann auf.
Vor seinem falben Wallach stehn
sie so in Glied und Reih.
Sein Haupt der Diener Gottes hebt,
verwundert mit dem Blick er fragt,
was ihr Begehr wohl sei.

„Seid unbesorgt, Hochwürden!", sagt
zum Popen da Luka.
(ein stämmiger, ein Bauersmann
mit einem großem, breiten Bart,
redselig, dumm und stur.
Ein Kerl wie eine Windmühle,
die wie ein Vogel Flügel hat
und mit den Flügeln wedelt, doch
die niemals fliegen wird.)

„Wir sind solide Bauersleut,
auf Zeit Frondienstverpflichtete,
vom Hungertuchgouvernement,
dem Landkreis Niederklagenburg,
dem Amtsbezirke Sorgenfeld,
aus Dörfern mancherlei:
aus Kummerow und Leidenstedt,
aus Nothweiler, Kleinelendsdorf
Brandstade und aus Flickenhof
und aus Großlöcheritz.
In einer Angelegenheit
sind wir nun unterwegs:
Es treibt uns eine Sorge um,
die ist so groß, dass kurzum wir

С работой раздружила нас,
Отбила от еды.
Ты дай нам слово верное
На нашу речь мужицкую
Без смеху и без хитрости,
По совести, по разуму,
По правде отвечать,
Не то с своей заботушкой
К другому мы пойдем…"

„Даю вам слово верное:
Коли вы дело спросите,
Без смеху и без хитрости,
По правде и по разуму.
Как должно отвечать,
Аминь!.."

— „Спасибо. Слушай же!
Идя путем — дорогою,
Сошлись мы невзначай,
Сошлися и заспорили:
Кому живется весело,
Вольготно на Руси?
Роман сказал: помещику,
Демьян сказал: чиновнику,
А я сказал: попу.
Купчине толстопузому, —
Сказали братья Губины,
Иван и Митродор.
Пахом сказал; светлейшему
Вельможному боярину,
Министру государеву,
А Пров сказал: царю…
Мужик что бык: втемяшится
В башку какая блажь —
Колом ее оттудова

verließen Haus, Familie, Hof,
zu klären diesen Punkt.
Gib, Pope, uns dein Manneswort,
dass du uns Bauern aufrichtig,
vernünftig und gewissenhaft,
ganz ohne Spott und Hintersinn
die Antwort geben wirst.
Sonst müssen mit der Frage wir
zu einem andern hin …"

„Ich gebe euch mein Manneswort:
sofern sich eure Frage mir
erschließt, will ich gewissenhaft,
und ohne Spott und Hintersinn
erwidern, wie sich's ziemt.
Amen …!"

„Hab Dank. So höre nun!
Auf unsrem Weg der Zufall hat
zusammen uns geführt.
Wir trafen uns – und stritten gleich:
Wer lebt in Russland froh und reich,
wem geht's am besten hier?
Dem Gutsbesitzer, sagt' Roman,
nein, dem Beamten, sagt' Demjan,
dem Popen, sagt' ich selbst.
Die beiden Brüder meinten dann
(Iwan und Mitrodor),
dem Kaufmann wohl, dem fetten Wanst.
Pachom, der sagte: der Durchlaucht,
am besten ging's dem Würdenmann,
Minister unsrer Majestät,
Prow sagte dann: dem Zarn …
Stur wie ein Ochs der Bauer ist,
starrköpfig wie 'ne Zick –
was er sich in den Schädel setzt,

Не выбьешь: как ни спорили,
Не согласились мы!
Поспоривши — повздорили,
Повздоривши — подралися,
Подравшися — одумали:
Не расходиться врозь,
В домишки не ворочаться,
Не видеться ни с женами,
Ни с малыми ребятами,
Ни с стариками старыми,
Покуда спору нашему
Решенья не найдем,
Покуда не доведаем
Как ни на есть доподлинно:
Кому жить любо — весело,
Вольготно на Руси?
Скажи ж ты нам по — божески:
Сладка ли жизнь поповская?
Ты как — вольготно, счастливо
Живешь, честной отец?.."

Потупился, задумался,
В тележке сидя, поп
И молвил:"Православные!
Роптать на бога грех,
Несу мой крест с терпением,
Живу… а как? Послушайте!
Скажу вам правду — истину,
А вы крестьянским разумом
Смекайте!"
      — „Начинай!"

„В чем счастие, по — вашему?
Покой, богатство, честь —
Не так ли, други милые?"

kriegst du nicht raus: so stritten wir
und einigten uns nicht!
Wir stritten und wir zankten uns,
wir zankten und wir rauften uns,
wir rauften und besannen uns
und wir beschlossen dann,
nach Hause nicht zurückzugehn,
und unsre Frauen nicht zu sehn,
und unsre kleinen Kinder nicht,
und unsre alten Eltern nicht,
bevor die Frage wir nicht klärn,
nicht lösen diesen Streit,
gefunden nicht die Antwort wir
die Wahrheit, die wahrhaftige:
Wer lebt in Russland froh und reich,
wer hat das beste Los?
Nun sag uns ehrlich, halt dein Wort:
Wie ist das Popenleben so?
Lebst du, Hochwürden, süß und frei
und glücklich immerfort?"

Den Kopf geneigt, der Pope sitzt
im Wagen und denkt nach,
und spricht alsdann: „Ach, Sünde wär's,
zu hadern mit dem Herrn!
Mit viel Geduld trag ich mein Kreuz
und lebe … aber wie? Hört zu!
Die wahre Wahrheit sag ich euch,
mit euren Bauernschädeln dann
denkt nach!"
    „Fang ruhig an!"

„Worin besteht das Glück denn wohl?
Aus *Ehre, Wohlstand, Ruh?*
Nun, was meint ihr – ist dies das Glück?"

Они сказали: так…

„Теперь посмотрим, братия,
Каков попу *покой?*
Начать, признаться, надо бы
Почти с рожденья самого,
Как достаётся грамота
Поповскому сынку,
Какой ценой поповичем
Священство покупается,
Да лучше помолчим!

. . . . . .

Дороги наши трудные,
Приход у нас большой.
Болящий, умирающий,
Рождающийся в мир
Не избирают времени:
В жнитво и в сенокос,
В глухую ночь осеннюю,
Зимой, в морозы лютые,
И в половодье вешнее —
Иди куда зовут!
Идешь безотговорочно.
И пусть бы только косточки
Ломалися одни, —
Нет! всякий раз намается,
Переболит душа.
Не верьте, православные,
Привычке есть предел:
Нет сердца, выносящего
Без некоего трепета
Предсмертное хрипение,
Надгробное рыдание,
Сиротскую печаль!

Die sieben: „Ja, gewiss …"

„Nun ja, dann schauen wir doch mal,
wie steht es um die *Ruh*?
Ich müsste, will ich ehrlich sein,
mit der Geburt beginnen schon,
erzählen, wie ein Popensohn
das Wissen für sein Amt erwirbt,
und welchen Preis der Popensohn
für seine Priesterwürde zahlt,
Doch nein, das lass ich sein!

. . . . . .

Groß ist das Kirchspiel, ausgedehnt,
der Weg beschwerlich oft,
der Kranke und der Sterbende,
der Neugeborne fragen nicht,
ob's passt: zur Mahd- und Erntezeit,
zu finstrer Nacht im trüben Herbst,
wenn winters man vor Frost erstarrt,
wenn alles, so wie dieses Jahr,
im Frühjahr überflutet ist,
man ruft dich – also geh!
Und ohne Murren gehst du hin,
doch – wenn's doch nur die Knochen wärn,
die schmerzen, nur das Kreuz!
Nein! Jedes Mal zerreißt es dir
inwendig auch das Herz.
Ach, Rechtgläubige, glaubt es mir,
der Mensch ist ein Gewohnheitstier,
doch ist er's nur begrenzt:
Kein Herz erträgt ganz ohne Pein
das letzte Röcheln vor dem Tod,
die Klagen Hinterbliebener,
der Waise Herzensnot!

Аминь!..Теперь подумайте,
Каков попу покой?.."

Крестьяне мало думали,
Дав отдохнуть священнику,
Они с поклоном молвили:
„Что скажешь нам еще?"

„Теперь посмотрим, братия,
Каков попу *почет?*
Задача щекотливая,
Не прогневить бы вас?..

Скажите, православные,
Кого вы называете
Породой жеребячьею?
Чур! отвечать на спрос!"

Крестьяне позамялися,
Молчат — и поп молчит…

„С кем встречи вы боитеся,
Идя путем — дорогою?
Чур! отвечать на спрос!"

Крехтят, переминаются,
Молчат!
    „О ком слагаете
Вы сказки балагурные,
И песни непристойные,
И всякую хулу?..

Мать — попадью степенную,
Попову дочь безвинную,
Семинариста всякого —
Как чествуете вы?

Amen …! Nun überlegt einmal,
Wie ruhig ist mein Tag …?"

Die sieben überlegen nicht
sehr lange, sondern warten kurz,
verbeugen sich und fragen ihn:
„Erzählst du uns noch mehr?"

„Nun ja, dann sag ich euch noch mehr:
Wie steht es um die *Ehr*?
Doch ist dies Thema unbequem,
und nicht sehr angenehm …

Sagt, Rechtgläubige, ehrlich mir,
wer ist stets eurer Häme Ziel,
wen nennt ihr heimlich Mähnenhengst?
Na? Mit der Wahrheit her!"

Sie drucksen, stottern, schweigen dann,
und auch der Pope schweigt …

„Wen fürchtet abergläubisch ihr,
begegnet er euch unterwegs?
Na? Mit der Wahrheit raus!"

Von einem Bein aufs andere
treten sie schweigend.
    „Ei der Daus!
Und über wen wohl fallen euch
frivole Lieder, Possen ein,
zerreißt ihr euch das Maul? …

Des Popen Gattin würdevoll,
sein unschuldiges Töchterlein
Seminaristen – sagt mir nur:
wie ehrt ihr sie denn so?

Кому вдогон, как мерину,
Кричите: го-го-го?..."

Потупились ребятушки,
Молчат — и поп молчит...
Крестьяне думу думали,
А поп широкой шляпою
В лицо себе помахивал
Да на небо глядел.
Весной, что внуки малые,
С румяным солнцем — дедушкой
Играют облака:
Вот правая сторонушка
Одной сплошною тучею
Покрылась — затуманилась,
Стемнела и заплакала:
Рядами нити серые
Повисли до земли.
А ближе, над крестьянами,
Из небольших, разорванных,
Веселых облачков
Смеется солнце красное,
Как девка из снопов.
Но туча передвинулась,
Поп шляпой накрывается,
Быть сильному дождю.
А правая сторонушка
Уже светла и радостна,
Там дождь перестает.
Не дождь, там чудо божие:
Там с золотыми нитками
Развешаны мотки...

„Не сами... по родителям
Мы так-то..." — братья Губины
Сказали наконец.

Wem ruft ihr boshaft, schadenfroh
stets nach: Hoho – hoho …?"

Da schweigen sie, den Kopf geneigt –
und auch der Pope schweigt …
Die Bauern denken vor sich hin,
der Pope fächelt Luft sich zu
mit seinem großen, breiten Hut
und schaut den Wölkchen nach.
Die spielen wie die Enkelchen
mit ihrer Sonnen – Babuschka
zur schönen Frühjahrszeit.
Dort rechts hat sich der Himmel schon
mit einer Wolke riesengroß
verhangen und ganz zugedeckt,
und fängt sogleich zu weinen an.
Die grauen Fäden reichen schon
bis an die Erde ran.
Direkt über den Männern hier,
seht, zwischen den zerrissenen,
doch frohgelaunten Wölkchen lugt
die Sonne lachend – rot hervor
wie aus dem Stroh die Magd.
Die schwarze Wolke zieht heran,
und schnell bedeckt der Gottesmann
den Kopf mit seinem Hut.
Der Regen naht, doch rechts schon wird
es wieder heiter und ganz hell,
dort hört der Regen auf.
Die Landschaft dort durchwoben scheint
mit tausend Fäden goldenen.
Welch Gotteszauberwerk …

„Das haben wir … gedankenlos …
Das war doch schließlich immer so …" –
erwidert Prowka dann.

И прочие поддакнули:
„Не сами, по родителям!"
А поп сказал: „Аминь!
Простите, православные!
Не в осужденье ближнего,
А по желанью вашему
Я правду вам сказал.
Таков почет священнику
В крестьянстве. А помещики…"
„Ты мимо их, помещиков!
Известны нам они!"

„Теперь посмотрим, братия,
Откудова *богачество*
Поповское идет?..
Во время недалекое
Империя российская
Дворянскими усадьбами
Была полным — полна.
И жили там помещики,
Владельцы именитые,
Каких теперь уж нет!
Плодилися и множились
И нам давали жить.
Что свадеб там игралося,
Что деток нарождалося
На даровых хлебах!
Хоть часто крутонравные,
Однако доброхотные
То были господа,
Прихода не чуждалися:
У нас они венчалися,
У нас крестили детушек,
К нам приходили каяться,
Мы отпевали их.
А если и случалося,

Und eilig stimmen alle ein:
„Das war ganz einfach immer so!"
Der Pope „Amen!" sagt.
„Verzeiht, ihr Christenmenschen, mir!
Ich wollte euch nicht maßregeln,
hab eurer Bitte wegen nur
die Wahrheit euch gesagt.
So ehren ihren Gottesmann
die Bauern. Doch die Gutsherrn sind ..."
„Die kennen zur Genüge wir,
das, Vater, lass nur sein!"

„Dann schauen wir mal, Brüderlein,
wo eures Popen *Wohlstand* denn
so seinen Ursprung hat! ...
Im Russischen Imperium
fand vor nicht allzu langer Zeit
man Adelsgüter weit und breit
von guter alter Art.
Dort lebten Gutsherrn vornehme,
von namhaftem Geschlechte, wie
es sie heut kaum noch gibt!
Sie lebten üppig von der Fron,
bekamen Kinder noch und noch,
so viele, dass auch wir dabei
gut leben konnten. Feierten
so manch ein Hochzeitsfest ...
Zwar unnachgiebig, streng und hart,
so übten diese Herren doch
auch oft Barmherzigkeit,
sie mieden die Gemeinde nicht,
wir tauften ihre Kinder hier,
wir führten ihre Trauung durch,
zum Beichten kamen sie zu uns,
und wir begruben sie.
Selbst wenn der Herr nur in der Stadt

Что жил помещик в городе,
Так умирать наверное
В деревню приезжал.
Коли умрет нечаянно,
И тут накажет накрепко
В приходе схоронить.
Глядишь, ко храму сельскому
На колеснице траурной
В шесть лошадей наследники
Покойника везут —
Попу поправка добрая,
Мирянам праздник праздником...
А ныне уж не то!
Как племя иудейское,
Рассеялись помещики
По дальней чужеземщине
И по Руси родной.
Теперь уж не до гордости
Лежать в родном владении
Рядком с отцами, с дедами,
Да и владенья многие
Барышникам пошли.
Ой холеные косточки
Российские, дворянские!
Где вы не позакопаны?
В какой земле вас нет?

Потом, статья... раскольники...
Не грешен, не живился я
С раскольников ничем.
По счастью, нужды не было:
В моем приходе числится
Живущих в православии
Две трети прихожан.
А есть такие волости,

noch wohnte, nicht mehr auf dem Land,
so kam er doch mit Sicherheit
zum Sterben heim ins Dorf.
Und starb der Herr doch unverhofft,
so hatte er gewiss verfügt,
ihn zu begraben hier.
Die Hinterbliebnen brachten ihn
zur Kirche in sein Heimatdorf
auf einem Trauerwagen dann,
sechs Pferde vorgespannt.
Der Pope wurde gut bezahlt,
die Leute hatten mal ein Fest …
Das gibt es heut nicht mehr!
So wie der Stamm der Juden einst,
sind unsre Gutsherrn überall
in fernen Landen weit verstreut,
und auch in unserm Land.
Ihr Stolz gebietet's heut nicht mehr,
bei ihren Ahnen auf dem Gut
zu finden ihre letzte Ruh,
und oft gehörn die Güter jetzt
ja auch den Wucherern.
Oh, ihr verwöhnten Knochen, ihr,
ihr russischen, ihr adligen!
Wo liegt ihr nicht begraben heut?
Wo findet man euch nicht?

Ein Posten waren sonst ja auch
die Altgläubigen – doch zum Glück
braucht ich von denen nichts zu holn,
war nie in Not: denn gottseidank
gehörn in meinem Pfarrbereich
zwei Drittel der Bevölkerung
dem rechten Glauben an.
Wie aber soll in Gegenden,

Где сплошь почти раскольники,
Так тут как быть попу?

Всё в мире переменчиво,
Прейдет и самый мир…
Законы прежде строгие
К раскольникам, смягчилися,
А с ними и поповскому
Доходу мат пришел.
Перевелись помещики,
В усадьбах не живут они
И умирать на старости
Уже не едут к нам.
Богатые помещицы,
Старушки богомольные,
Которые повымерли,
Которые пристроились
Вблизи монастырей.
Никто теперь подрясника
Попу не подарит!
Никто не вышьет воздухов…
Живи с одних крестьян.,
Сбирай мирские гривенки;
Да пироги по праздникам,
Да яйца о святой.
Крестьянин сам нуждается,
И рад бы дал, да нечего…

А то еще не всякому
И мил крестьянский грош.
Угоды наши скудные,
Пески, болота, мхи,
Скотинка ходит впроголодь,
Родится хлеб сам — друг,
А если и раздобрится
Сыра земля — кормилица,

wo lauter Altgläubige sind,
ein Pope existiern?

Seht, alles ist veränderlich,
und selbst die Welt vergeht ...
Gesetze harte gab es einst
gegen den alten Glauben, doch
die sind gemildert – so entgeht
dem Popen manch Verdienst.
Fort sind die Gutsbesitzer jetzt,
sie leben auf dem Land nicht mehr
und kommen selbst im Alter nicht
zum Sterben mehr hierher
Die wohlbetuchten Herrinnen,
die frommen alten Weiber, die
bei Klöstern Obdach fanden einst,
gibt's heute kaum noch mehr.
Und niemand schickt dem Popen mehr
ein zart besticktes Altartuch,
ein gutes, neues Leinenhemd
zu tragen unterm Messgewand ...
Leb von den Bauern nur!
Treib den Gemeindegroschen ein,
Piroggen zu den Festtagen,
zu Ostern mal ein Ei!
Der Bauer gäbe gern, jedoch –
er leidet selber Not ...

Und manchmal schäme ich mich dann,
dass ich den Bauerngroschen nehm.
Karg sind die Ländereien hier,
nur Sumpf und Moos und Sand.
Halbhungrig läuft das Vieh umher,
das Korn trägt nur gering Ertrag,
und falls die Ernte doch gedeiht,
die feuchte Erde gnädig ist,

Так новая беда:
Деваться с хлебом некуда!
Припрёт нужда, продашь его
За сущую безделицу,
А там — неурожай!
Тогда плати втридорога,
Скотинку продавай.
Молитесь, православные!
Грозит беда великая
И в нынешнем году:
Зима стояла лютая,
Весна стоит дождливая,
Давно бы сеять надобно,
А на полях — вода!
Умилосердись, господи!
Пошли крутую радугу
На наши небеса!
(Сняв шляпу, пастырь крестится,
И слушатели тож.)

Деревни наши бедные,
А в них крестьяне хворые
Да женщины печальницы,
Кормилицы, поилицы,
Рабыни, богомолицы
И труженицы вечные,
Господь прибавь им сил!
С таких трудов копейками
Живиться тяжело!
Случается, к недужному
Придешь: не умирающий,
Страшна семья крестьянская
В тот час, как ей приходится
Кормильца потерять!
Напутствуешь усопшего
И поддержать в оставшихся

dann bringt das auch kein Glück:
Der Bauer wird das Korn nicht los,
und drückt die Not, verkauft er es
für'n Ei und Butterbrot.
Doch gibt es eine Missernte,
dann heißt es: Zahl das Dreifache
oder verkauf das Vieh!
Drum betet, betet, Christen ihr!
Denn Not und Unheil drohen uns
hier auch in diesem Jahr:
Gar grimmig war die Winterszeit,
verregnet ist das Frühjahr nun,
das Korn müsst längst im Boden sein,
doch steht das Wasser da.
Erbarm dich unser, großer Gott,
schick einen Regenbogen steil,
das Unheil wende ab!
(Er zieht den Hut, bekreuzigt sich,
die andern tun's ihm nach.)

Arm sind die Dörfer überall,
arm sind die Bauern, krank und schwach,
und nur die Frau – Fürbitterin,
und Hüterin, und Sklavin – müht
und plagt sich, schuftet immerfort,
die Bäurin ist's, die uns ernährt.
Gott, gib den Frauen Kraft!
Kopeken zu empfangen ist
sehr schwer aus einer solchen Hand!
Zum Kranken gehst du manches Mal,
und dich sorgt nicht der Sterbende,
nein, die Familie ängstigt dich
in jenem Augenblick, wo den
Ernährer sie verliert!
Den Abschiedssegen gibst du ihm,
versuchst, den Hinterbliebenen

По мере сил стараешься
Дух бодр! А тут к тебе
Старуха, мать покойника,
Глядь, тянется с костлявою,
Мозолистой рукой.
Душа переворотится,
Как звякнут в этой рученьке
Два медных пятака!
Конечно, дело чистое —
За требу воздаяние,
Не брать — так нечем жить,
Да слово утешения
Замрет на языке,
И словно как обиженный
Уйдешь домой... Аминь..."

. . . . . .

Покончил речь — и мерина
Хлестнул легонько поп.
Крестьяне расступилися,
Низенько поклонилися,
Конь медленно побрел.
А шестеро товарищей,
Как будто сговорилися,
Накинулись с упреками,
С отборной крупной руганью
На бедного Луку.

„Что взял? башка упрямая!
Дубина деревенская!
Туда же лезет в спор!
Дворяне колокольные —
Попы живут по — княжески.
Идут под небо самое
Поповы терема,

soweit wie möglich beizustehn
und Trost zu spenden! Plötzlich dann
kommt des Verstorbnen Mutter an,
und streckt dir hin die knochige
und schwielenreiche Hand.
Erschüttert dreht die Seele sich:
ein Kupfermünzchen reicht sie dir,
ein Zehnkopekenstück!
Und das ist rechtens – weise ich
das Entgelt ab fürs Abendmahl?
Ich lebe doch davon!
Doch frieren auf den Lippen mir
nun alle Trostesworte ein,
als hätt mich jemand schwer verletzt,
geh ich nach Hause ... Amen ..."

. . . . . .

Er nimmt die Peitsche und treibt leicht
den Wallach an. Das war's.
Die Bauern gehn beiseite schnell,
und sie verbeugen sich nochmal,
das Pferd zieht langsam an.
Die andern sechse fallen jetzt
sogleich, als sei es abgemacht,
über Luka, den Ärmsten, her,
beschuldigen, beschimpfen ihn
auf das Erlesenste:

„Da hast du's! Holzkopf, störrischer!
Du Bauerntölpel, dämlicher!
Behauptest, Popen lebten ganz
feudal, und nur in Saus und Braus,
das Popenhaus sei voller Pracht,
ganz wie im Paradies!
Der Kirchenglocken voller Klang,

Гудит попова вотчина —
Колокола горластые —
На целый божий мир.
Три года я, робятушки,
Жил у попа в работниках,
Малина — не житье!
Попова каша — с маслицем,
Попов пирог — с начинкою,
Поповы щи — с снетком!
Жена попова толстая,
Попова дочка белая,
Попова лошадь жирная,
Пчела попова сытая,
Как колокол гудет!
Ну, вот тебе хваленое
Поповское житье!
Чего орал, куражился?
На драку лез, анафема?
Не тем ли думал взять,
Что борода лопатою?
Так с бородой козел
Гулял по свету ранее,
Чем праотец Адам,
А дураком считается
И посейчас козел!.."

Лука стоял, помалчивал,
Боялся, не наклали бы
Товарищи в бока.
Оно быть так и сталося,
Да к счастию крестьянина
Дорога позагнулася —
Лицо попово строгое
Явилось на бугре…

der künde von der Popen Macht
in Gottes weiter Welt!
Drei Jahre hast du, Lügenbold,
im Popenhause Dienst getan?
Das Leben – fett und reich?
Die Popengrütz mit Butter nur,
Piroggen stets mit Fülle nur,
im Popenhaus die Kohlsuppe
sei stets mit Fleisch gekocht?
Schön kugelrund die Popenfrau,
schön weiß das Popentöchterlein,
das Popenpferd sei wohlgenährt
und satt des Popen Bienenvolk,
summt wie der Glocken Klang?
Da hast du die gepriesene
und fette Popenwelt!
Was hast du Kerl nur großgetan,
dich aufgebläht, verdammt noch mal?
Hast wohl geglaubt, dein Ziegenbart
hat dir das Recht gegeben, ja?
Der Ziegenbock hat seinen Bart
vor Stammväterchen Adam schon
zur Schau getragen. Trotzdem weiß
doch jedermann, dass so ein Bock
ein großer Dummkopf ist!"

Luka, der schweigt, steht reglos da
und hofft nur, dass die anderen
nicht windelweich ihn haun.
Die hätten es vielleicht getan,
doch hat er Glück – der Postweg macht
da oben einen Bogen – streng
zeigt in der Kurve sich nochmal
des Popen Angesicht …

Глава 2

Сельская ярмонка

Недаром наши странники
Поругивали мокрую,
Холодную весну.
Весна нужна крестьянину
И ранняя и дружная,
А тут — хоть волком вой!
Не греет землю солнышко,
И облака дождливые,
Как дойные коровушки,
Идут по небесам.
Согнало снег, а зелени
Ни травки, ни листа!
Вода не убирается,
Земля не одевается
Зеленым ярким бархатом
И, как мертвец без савана,
Лежит под небом пасмурным
Печальна и нага.

Жаль бедного крестьянина,
А пуще жаль скотинушку;
Скормив запасы скудные,
Хозяин хворостиною
Прогнал ее в луга,
А что там взять? Чернехонько!
Лишь на Николу вешнего
Погода поуставилась,
Зеленой свежей травушкой
Полакомился скот.

. . . . . .

Kapitel 2

Das Volksfest

Die sieben Pilger haben sich
ja nicht von ungefähr beschwert:
zu kalt sei's und zu nass!
Es klagt und stöhnt das Bauernvolk:
Nur wenn das Frühjahr freundlich ist,
füllt Scheune es und Fass.
Die liebe Sonne wärmt noch nicht,
und schwere Milchkuhwolken ziehn
da droben. Dauernd werden sie
gemolken. Weh und Ach!
Der Schnee ist weg, das Wasser steht,
es zieht sich einfach nicht zurück!
Kein Blatt, kein frischer Grashalm hat
in grünen Samt das Land bisher
gekleidet. Nichts erfreut den Blick.
Das Land liegt nackt und kalt und fremd,
als trüge es ein Leichenhemd,
unter dem trüben Dach.

Leid tut der arme Bauer uns,
doch noch mehr tut's das Vieh; es sind
die Tröge leer, der Bauer hat
das Vieh mit seiner Gerte schon
zur Weide raus gejagt.
Doch da wächst auch nichts. Alles schwarz!
Im Mai erst, zu Sankt Nikolaus,
kommt schönes Wetter, nun genießt
das Vieh auf seiner Weide erst
das frische grüne Gras.

. . . . . .

День жаркий. Под березками
Крестьяне пробираются,
Гуторят меж собой:
„Идем одной деревнею,
Идем другой — пустехонько!
А день сегодня праздничный,
Куда пропал народ?..."
Идут селом — на улице
Одни ребята малые,
В домах — старухи старые,
А то и вовсе заперты
Калитки на замок.
Замок — собачка верная:
Не лает, не кусается,
А не пускает в дом!

Прошли село, увидели
В зеленой раме зеркало:
С краями полный пруд.
Над прудом реют ласточки;
Какие-то комарики,
Проворные и тощие,
Вприпрыжку, словно посуху,
Гуляют по воде.
По берегам, в ракитнике,
Коростели скрыпят.
На длинном, шатком плотике
С вальком поповна толстая
Стоит, как стог подщипанный,
Подтыкавши подол.
На этом же на плотике
Спит уточка с утятами...
Чу! лошадиный храп!
Крестьяне разом глянули
И над водой увидели
Две головы: мужицкую,

Der Tag ist heiß. Die sieben gehn
durch einen kleinen Birkenhain
und wundern sich gar sehr:
„Im ersten Ort kein Mensch zu sehn,
dann kommen wir durchs nächste Dorf,
und wieder alles leer!
Wo können denn am Feiertag
nur all die Leute sein?"
Nur kleine Kinder sehen sie,
und ein paar alte Weiber noch,
und manch ein Hof ist ganz versperrt:
am Hoftor hängt ein Schloss.
Ein Schloss ist doch ein guter Hund:
Es bellt nicht, beißt nicht, dennoch lässt
es niemanden hinein.

Schon bald sind sie im nächsten Ort,
mit einem Dorfteich mittendrin:
ein Spiegel, grün umrahmt.
Dort jagen Schwalben hin und her,
und Wasserläufer fein und zart
wie Mücken, springen, wie auf Land,
lebendig, munter und gewandt
auf diesem Teich umher.
Ein kleiner Wachtelkönig knarrt
am Teich im Weidenbusch.
Mit Wäschebleuel, den Rock geschürzt,
ganz wie ein Schober dick und rund,
auf einem langen Schwimmsteg sehn
des Popen Tochter sie.
Ein Entchen mit acht Küken schläft
gleich neben ihr auf jenem Steg.
Doch horch! Da schnaubt ein Pferd!
Wie auf Kommando blicken sie
sich um und sehen auf dem Teich
zwei Köpfe schwimmen: da ein Kerl,

Курчавую и смуглую,
С серьгой (мигало солнышко
На белой той серьге),
Другую — лошадиную
С веревкой сажен в пять.
Мужик берет веревку в рот,
Мужик плывет — и конь плывет,
Мужик заржал — и конь заржал.
Плывут, орут! Под бабою,
Под малыми утятами
Плот ходит ходенем.

Догнал коня — за холку хвать!
Вскочил и на луг выехал
Детина: тело белое,
А шея как смола;
Вода ручьями катится
С коня и с седока.

„А что у вас в селении
Ни старого ни малого,
Как вымер весь народ?"
— „Ушли в село Кузьминское,
Сегодня там и ярмонка
И праздник храмовой".
— „А далеко Кузьминское?"

„Да будет версты три."

„Пойдем в село Кузьминское,
Посмотрим праздник — ярмонку!" —
Решили мужики,
А про себя подумали:
„Не там ли он скрывается,
Кто счастливо живет?.."

ein braungebrannter Lockenkopf,
im Ohr 'nen weißen Silberring,
der in der Sonne blinkt;
und dort an einem Strick ein Pferd,
der Strick zehn Meter lang.
Zwischen die Zähne nimmt der Mann
den Strick und schwimmt, das Pferd schwimmt auch.
Der Mann schnaubt laut, das Pferd schnaubt auch.
Man kann die beiden weithin hörn.
Es schwankt und schaukelt vehement
der Steg samt Weib und Ente.

Er hat das Pferd, er zieht es raus,
greift in die Mähne, springt dann auf
und ab zur Weide hin.
Von Ross und Kerl das Wasser rinnt;
was für ein Mannsbild: braun der Hals,
der Körper weiß wie Schnee!

„Was ist bloß los im Ort bei euch,
nicht Kind noch Kegel, Jung noch Alt,
hier aufzufinden sind?"
„Die sind heut in Kusmínskoje
und feiern unser Kirchenfest
zu Ehren von Sankt Nikolai,
und Jahrmarkt nebenbei!"

„Ist's weit dahin?" – „Nun, so drei Werst."

„Nun denn, auf nach Kusmínskoje,
zum Jahrmarkt und zum Kirchenfest!",
beschließen sie sofort
und denken: Vielleicht hat's ja den,
der glücklich ist in unserm Land,
verschlagen an den Ort ...

Кузьминское богатое,
А пуще того — грязное
Торговое село.
По косогору тянется,
Потом в овраг спускается,
А там опять на горочку
Как грязи тут не быть?
Две церкви в нем старинные,
Одна старообрядская,
Другая православная,
Дом с надписью: училище,
Пустой, забитый наглухо,
Изба в одно окошечко,
С изображеньем фельдшера,
Пускающего кровь.
Есть грязная гостиница,
Украшенная вывеской
(С большим носатым чайником
Поднос в руках подносчика,
И маленькими чашками,
Как гусыня гусятами,
Тот чайник окружен),
Есть лавки постоянные
Вподобие уездного
Гостиного двора…

Пришли на площадь странники:
Товару много всякого
И видимо — невидимо
Народу! Не потеха ли?
Кажись, нет ходу крестного,
А, словно пред иконами,
Без шапок мужики.
Такая уж сторонушка!
Гляди, куда деваются
Крестьянские шлыки:

Ein reicher Handelsort ist das,
vor allem aber dreckig ist
dies Dorf Kusmínskoje.
Es zieht an einem Hang sich hin,
und dann in eine Schlucht hinein,
und rauf auf einen Berg sodann –
das muss ja dreckig sein!
Zwei alte Kirchlein hat das Dorf:
für'n alten Glauben eine und
die andre orthodox.
Verriegelt und vernagelt steht
ein Haus mit Inschrift: „Lernanstalt",
am Fenster einer Hütte dann
ein Bild, das zeigt den Medikus
bei einem Aderlass.
An einem Gasthof kommen sie
vorbei, der ist so schmuddelig
wie dieser ganze Ort.
Ein Aushang vor dem Gasthof hängt
(ein Kellner mit Tablett, darauf
ein Teekessel mit Rüsselchen,
umringt von kleinen Tässelchen
wie eine Gans von Gösselchen).
Und Marktstände in langer Reih
als wenn's ein Kaufhof sei …

Der Markt ist mitten in dem Ort:
was sieht man nicht für Waren dort,
und Menschenmengen noch und noch!
Doch sollte es Vergnügen sein,
und keine Prozession!
Was stehen die denn alle rum,
als stünden vor Ikonen sie,
die Mützen in der Hand?
Seht nur, wovor die Kerle da
so demutsvoll die Mützen ziehn:

Помимо складу винного,
Харчевни, ресторации,
Десятка штофных лавочек,
Трех постоялых двориков,
Да „ренскового погреба",
Да пары кабаков,
Одиннадцать кабачников:
Для праздника поставили
Палатки на селе.
При каждой пять подносчиков;
Подносчики — молодчики,
Наметанные, дошлые,
А всё им не поспеть,
Со сдачей не управиться!
Гляди, что протянулося
Крестьянских рук, со шляпами,
С платками, с рукавицами.
Ой жажда православная,
Куда ты велика!
Лишь окатить бы душеньку,
А там добудут шапочки,
Как отойдет базар.

По пьяным по головушкам
Играет солнце вешнее…
Хмельно, горласто, празднично,
Пестро, красно кругом!
Штаны на парнях плисовы,
Жилетки полосатые,
Рубахи всех цветов;
На бабах платья красные,
У девок косы с лентами,
Лебедками плывут!
А есть еще затейницы,
Одеты по-столичному —
И ширится, и дуется

Denn neben Wirts – und Gasthäusern
mit Ausschank, einem Weinlager,
und Schnapsbudiken dutzendweis,
und einem Weingeschäft im Ort
(doch nur mit Außer – Haus – Verkauf),
ein paar Spelunken, haben doch
elf Kneipenwirte in dem Dorf
allein für dieses große Fest
elf Zelte aufgestellt.
Fünf Kellner unter jedem Zelt;
Prachtburschen – pfiffig, flink, jedoch
kaum schaffen können sie's!
Statt Geld zu geben, streckt als Pfand
den Burschen manche Bauernhand
den Handschuh hin, den Hut.
Oje, wie bist du groß, du Durst,
du rechtgläubiger, russischer!
Das Fest begießen wollen sie,
der armen Seele Trost gewährn.
Sie lösen ihre Handschuhe
und Mützen später wieder aus,
wenn der Basar dann schließt!

Auf all den trunknen Köpfen tanzt
die Frühlingssonne unbeschwert ...
Bunt, laut und festlich alles rings,
berauschend und berauscht!
In bunten Streifenwesten stehn,
und Samthosen, die Burschen da
und reden groß daher.
Die Weiber tragen Kleider rot,
die Mädchen Bänder in den Haarn,
wie Schwäne stolz und schön.
Und eine Krinoline bläht
sich auf und schwingt und plustert sich
heut unter manchem flotten Rock,

Подол на обручах!
Заступишь — расфуфырятся!
Вольно же, новомодницы,
Вам снасти рыболовные
Под юбками носить!
На баб нарядных глядючи,
Старообрядка злющая
Товарке говорит:
„Быть голоду! быть голоду!
Дивись, как всходы вымокли,
Что половодье вешнее
Стоит до Петрова!
С тех пор как бабы начали
Рядиться в ситцы красные, —
Леса не подымаются,
А хлеба хоть не сей!"

„Да чем же ситцы красные
Тут провинились, матушка?
Ума не приложу!"

„А ситцы те французские —
Собачьей кровью крашены!
Ну… поняла теперь?.."

По конной потолкалися,
По взгорью, где навалены
Косули, грабли, бороны,
Багры, станки тележные,
Ободья, топоры.
Там шла торговля бойкая,
С божбою, с прибаутками,
С здоровым, громким хохотом,
И как не хохотать?
Мужик какой-то крохотный
Ходил, ободья пробовал:

wie man ihn in der Hauptstadt trägt.
Trittst du mal drauf versehentlich,
dann plustert sich die Schöne auf.
Die Mode Zorn erregt:
Die Frauen schaut ein altes Weib
mit scheelem Blicke an:
„Die Fischfangtakelage seht,
Blamage auch, dort unterm Rock!
Mich überkommt das Grauen schon:
denn bald droht eine Hungersnot!
Kein Wunder, dass die Saat erstickt,
das Hochwasser bis Petri bleibt!
Denn seit das Weibsvolk sich so putzt,
und rote Baumwollkleider trägt,
seither wachsen die Wälder nicht,
das Korn will nicht gedeihn!"

„Was hat der rote Baumwollstoff
denn mit dem Hochwasser zu tun?
Das werd ich nicht gewahr!"

„Französisch ist der rote Stoff,
mit Hundeblut ist der gefärbt!
Na ... ist es dir jetzt klar?"

Sie schieben sich den Weg hinauf
am Hang, wo allerlei Gerät,
wie Pflüge, Eggen, Hakenstangen
Karkassen, Äxte, Reifen man
feilbietet zum Verkauf.
Welch muntres Handelstreiben dort,
sie klopfen Sprüche, schwören laut
und schütten sich vor Lachen aus.
Wie kann es anders sein?
Was macht der kleine Mann denn da?
Will eine Felge kaufen, scheint's:

Погнул один — не нравится,
Погнул другой, потужился,
А обод как распрямится —
Щелк по лбу мужика!
Мужик ревет под ободом
„Вязовою дубиною"
Ругает драчуна.
Другой приехал с разною
Поделкой деревянною —
И вывалил весь воз!
Пьяненек! Ось сломалася,
А стал ее уделывать —
Топор сломал! Раздумался
Мужик над топором,
Бранит его, корит его,
Как будто дело делает:
„Подлец ты, не топор!
Пустую службу, плевую
И ту не сослужил.
Всю жизнь свою ты кланялся,
А ласков не бывал!"

Пошли по лавкам странники:
Любуются платочками,
Ивановскими ситцами,
Шлеями, новой обувью,
Издельем кимряков.
У той сапожной лавочки
Опять смеются странники:
Тут башмачки козловые
Дед внучке торговал,
Пять раз про цену спрашивал,
Вертел в руках, оглядывал:
Товар первейший сорт!
„Ну, дядя! два двугривенных
Плати, не то проваливай!" —

probiert, ob sie auch biegsam ist,
und biegt sie jetzt mit ganzer Kraft,
die Felge aber springt zurück,
knallt an den Schädel ihm!
Er heult, sitzt wie ein Krüppel da,
beschimpft als Ulmenknüppel dann
die Übeltäterin.
Mit einer Ladung Holzgeschirr
kommt einer, doch die Fuhre kippt!
Der ist total bezecht!
Die Wagenachse ist kaputt,
er will sie reparieren, doch
dabei zerbricht er auch die Axt,
nun sitzt er da und sinnt.
Dann schimpft er auf die Axt wie toll,
so ganz, als trüge sie die Schuld:
„Du falsches, faules, mieses Stück,
stets tückisch, voller Hinterhalt,
machst ständig lauter dummes Zeug,
hast dich dein Lebtag nur verbeugt,
doch zärtlich warst du nie!"

Die Pilger gehn die Stände ab,
bestaunen all die Waren dort:
Aus Kimry Zaumzeug, neue Schuh,
und schöne Spitzen sind zu sehn,
und Tücher aus Iwanowo.
Bei einem Schuster gibt es dann
mal was zu lachen: Kaufen will
ein Kerl da Ziegenlederschuh
fürs Enkeltöchterchen.
Welch gute Ware, erste Wahl!
Er dreht sie hin, er dreht sie her,
fragt nach dem Preis fünf Mal.
„Zwei Zwanziger gib, Onkelchen,
ansonsten troll dich, mach dich dünn!"

Сказал ему купец.
„А ты постой!" Любуется
Старик ботинкой крохотной,
Такую держит речь:
Мне зять — плевать, и дочь смолчит,
Жена — плевать, пускай ворчит!
А внучку жаль! Повесилась
На шею, егоза:
Купи гостинчик, дедушка,
Купи! — Головкой шелковой
Лицо щекочет, ластится,
Целует старика.
Постой, ползунья босая
Постой, юла! Козловые
Ботиночки куплю…
Расхвастался Вавилушка,
И старому и малому
Подарков насулил,
А пропился до грошика!
Как я глаза бесстыжие
Домашним покажу?…

Мне зять — плевать, и дочь смолчит,
Жена — плевать, пускай ворчит!
А внучку жаль!…" — Пошел опять
Про внучку! Убивается!..

Народ собрался, слушает,
Не смеючись, жалеючи;
Случись, работой, хлебушком,
Ему бы помогли,
А вынуть два двугривенных —
Так сам ни с чем останешься.
Да был тут человек,
Павлуша Веретенников
(Какого роду, звания,

„Nun warte doch einmal!"
Der Mann fängt fast zu heulen an,
kann sich nicht trennen von den Schuhn:
„Verzeihen wird die Tochter mir,
auf ihren Kerl, da pfeife ich,
und keifen soll die Frau!
Jedoch die Kleine tut mir leid!
Ach Djeduschka, bring mir was mit!
Der Wildfang an den Hals sich hängt,
stupst ihren alten Djeduschka
mit seinem hübschen seidnen Kopf,
und küsst mich alten Mann.
Pass auf, sag ich, du Wirbelwind,
für deine nackten Füßchen kauf
ich hübsche Ziegenschuh.
So prahle ich, Wawiluschka:
Ich bringe allen etwas mit
vom Jahrmarkt dieses Jahr!
Versoffen hab ich's ganze Geld,
wie kann ich der Familie jetzt
noch in die Augen sehn? …

Ich pfeif auf meinen Schwiegersohn,
und keift die Frau, das krieg ich schon,
die Kleine tut mir leid!" Er weint,
weiß weder ein noch aus.

Die Leute lachen längst nicht mehr,
sie schaun ihn voller Mitleid an;
gern würden sie ihm helfen, teiln
ihr letztes Brot mit ihm!
Nur Geld ihm keiner geben kann,
sie hätten selber dann nichts mehr.
Doch einen gibt es da:
Pawluscha Weretennikow.
(Woher er stammt, wes Sohn er ist,

Не знали мужики,
Однако звали „барином".
Горазд он был балясничать,
Носил рубаху красную,
Поддевочку суконную,
Смазные сапоги;
Пел складно песни русские
И слушать их любил.
Его видали многие
На постоялых двориках,
В харчевнях, в кабаках),
Так он Вавилу выручил —
Купил ему ботиночки.
Вавило их схватил
И был таков! — На радости
Спасибо даже барину
Забыл сказать старик,
Зато крестьяне прочие
Так были разутешены,
Так рады, словно каждого
Он подарил рублем!

Была тут также лавочка
С картинами и книгами,
Офени запасалися
Своим товаром в ней.
„А генералов надобно?" —
Спросил их купчик — выжига.
„И генералов дай!
Да только ты по совести,
Чтоб были настоящие —
Потолще, погрозней".

„Чудные! как вы смотрите! —
Сказал купец с усмешкою, —
Тут дело не в комплекции…"

ist keinem hier bekannt,
jedoch ihn nennen alle „Herr",
er trägt ein rotes Russenhemd,
und einen Bauernkittel auch,
und Sämischlederschuh.
Er liebt den Plausch im Manneskreis,
des Volkes Liedern lauscht er gern,
die er selbst trefflich singt.
Man sieht den Weretennikow
in Schenken und in Gasthöfen,
wo er mit vielen Leuten spricht.)
Der rettet den Wawiluschka,
kauft ihm die Schühchen kurzerhand;
der Alte greift sie sich.
Und fort ist er, vor lauter Glück
bedankt er sich nicht mal.
Die andern Bauern, die dabei
gestanden haben, sind jedoch
erleichtert und so glückselig,
als hätt der Herr da jedem Mann
ein Rubelchen verehrt!

In einer andern Bude gibt
es Bilderchen und Bücherchen,
dort decken sich Hausierer ein,
fülln ihre Kiepen auf.
„Wollt ihr denn Generäle auch?",
fragt dieser Fuchs, der Händler, sie.
„Gib her, du Gauner, aber leg
uns bloß nicht rein, das müssen dann
schon echte, furchterregende
und schöne dicke sein!"

Mit leisem Spott der Handelsmann:
„Es kommt nicht auf den Körperbau –
aufs Innere kommt's an …"

„А в чем же? шутишь, друг!
Дрянь, что ли, сбыть желательно?
А мы куда с ней денемся?
Шалишь! Перед крестьянином
Все генералы равные,
Как шишки на ели:
Чтобы продать плюгавого,
Попасть на доку надобно,
А толстого да грозного
Я всякому всучу…
Давай больших, осанистых,
Грудь с гору, глаз навыкате,
Да — чтобы больше звезд!"

„А статских не желаете?"
— „Ну, вот еще со статскими!"
(Однако взяли — дешево! —
Какого-то сановника
За брюхо с бочку винную
И за семнадцать звезд.)
Купец — со всем почтением,
Что любо, тем и потчует
(С Лубянки — первый вор!) —
Спустил по сотне Блюхера,
Архимандрита Фотия,
Разбойника Сипко,
Сбыл книги: „Шут Балакирев"
И „Английский милорд"…
Легли в коробку книжечки,
Пошли гулять портретики
По царству всероссийскому,
Покамест не пристроятся
В крестьянской летней горенке,
На невысокой стеночке…
Черт знает для чего!

„Auf was? Was führst im Sinn du, Schelm?
Wo sollen wir denn hin damit?
Den Schund verkaufen willst du bloß!
Du Schlitzohr! Vor dem Bauern sind
doch wie ein Ei dem andern Ei
die Generäle alle gleich.
So einen unscheinbaren Kerl,
den kauft mir nur ein Kenner ab,
den dicken, schrecklichen jedoch,
den werd ich spielend los …
mit vielen Sternen, Glotzaugen,
so richtig imposant und groß,
den kaufen Leute gern!"

„Und Zivilisten wollt ihr nicht?"
„Geh weg! Was soll ich denn damit!"
Für billig Geld dann nehmen sie
letztendlich eine Amtsperson
mit Weinfassbauch, die selbstbewusst
trägt siebzehn Orden auf der Brust.
Ein Spitzbube der Händler ist,
weiß, was das Herz begehrt,
und vom Ljubjanka – Billigmarkt
besorgt er alles, was gut läuft.
Schon hat er hundert Bilderchen
vom Räuber Sipko, Blücher und
vom Nowgoroder Klosterabt
verkauft. Auch manchen andren Ramsch:
Komarows „Englischer Milord"
landet im Korb, auch „Peters Narr".
Der Schund und Ramsch, der wandert so
durchs große, weite Zarenland,
und findet seine letzte Ruh
an mancher Bauernstubenwand …
Der Teufel weiß, wozu …

Эх! эх! Придет ли времечко,
Когда (приди, желанное!..)
Дадут понять крестьянину,
Что розь портрет портретику,
Что книга книге розь?
Когда мужик не Блюхера
И не милорда глупого —
Белинского и Гоголя
С базара понесет?
Ой люди, люди русские!
Крестьяне православные!
Слыхали ли когда — нибудь
Вы эти имена?
То имена великие,
Носили их, прославили
Заступники народные!
Вот вам бы их портретики
Повесить в ваших горенках,
Их книги прочитать…

„И рад бы в рай, да дверь-то где?" —
Такая речь врывается
В лавчонку неожиданно.
„Тебе какую дверь?"
— „Да в балаган. Чу! музыка!.."
— „Пойдем, я укажу!"

Про балаган прослышавши,
Пошли и наши странники
Послушать, поглазеть.

Комедию с Петрушкою,
С козою с барабанщицей
И не с простой шарманкою,
А с настоящей музыкой
Смотрели тут они.

Wann endlich – ach! – kommt jene Zeit,
(seit langem sehn ich sie herbei!)
wo unsre Bauern wissen, dass
doch Bildchen nicht gleich Bildchen ist,
und Büchlein nicht gleich Buch?
Wo dann der Bauer Blücher nicht,
nicht den Milord, den dämlichen,
nein!, Gogol und Belinski sich
hier auf dem Jahrmarkt sucht!
Ach, Russen, Bauern, Christen, ihr,
habt ihr denn diese Namen schon
mal irgendwann gehört?
Die Namen sind tatsächlich groß!
Die Leute haben userm Volk
die größte Ehre schon gemacht,
sich für uns eingesetzt!
Kauft deren Bilder auf dem Markt,
lest ihre Bücher, hängt ihr Bild
in euren Stuben auf!

„Ich würd gern rein ins Paradies,
wo ist die Tür?", erklingt's da laut.
„Wie? Was? Wo möchtest du hinein?"
„Ins Kasperletheater. Horcht!
Hört ihr denn die Musike nicht …?"
„Komm mit, ich zeig es dir."

Musik? Theater? Puppenspiel?
Das lassen sie sich nicht entgehn!
Die sieben hinterher …

Und schon geht's los, schon sehen sie
Petruschka, jenen russischen
Hanswurst, die Trommlerziege auch,
und nicht mit Leierkasten, nein!
Mit richtiger Musik!

Комедия не мудрая,
Однако и не глупая,
Хожалому, квартальному
Не в бровь, а прямо в глаз!
Шалаш полным-полнехонек,
Народ орешки щелкает,
А то два-три крестьянина
Словечком перекинутся —
Гляди, явилась водочка:
Посмотрят да попьют!
Хохочут, утешаются
И часто в речь Петрушкину
Вставляют слово меткое,
Какого не придумаешь,
Хоть проглоти перо!

Такие есть любители —
Как кончится комедия,
За ширмочки пойдут,
Целуются, братаются,
Гуторят с музыкантами:
„Откуда, молодцы?"
— „А были мы господские,
Играли на помещика,
Теперь мы люди вольные,
Кто поднесет — попотчует,
Тот нам и господин!"

„И дело, други милые,
Довольно бар вы тешили,
Потешьте мужиков!
Эй! малый! сладкой водочки!
Наливки! чаю! полпива!
Цимлянского — живей!.."

Ein jeder Tropf versteht das Stück,
und dennoch ist das Stück nicht dumm:
Da endlich kriegt der Wachtmeister
sein Fett ab, was für'n Spaß!
Das trifft den Nagel auf den Kopf,
die Menschen stehen dicht an dicht,
sie knacken Nüsse nebenbei,
so manch ein Spruch fliegt hin und her,
auch Wodka fehlt hier nicht.
Voll bei der Sache sind sie jetzt,
sie trinken, amüsieren sich.
Auf einmal kommt ein Kommentar,
so witzig und so messerscharf:
Selbst wenn ich meine Feder fress,
nein, besser könnt ich's nicht!

Komödienfreunde gibt's, die stehn,
sobald die Aufführung vorbei,
hinter der Trennwand eins – zwei – drei,
dort bei den Musikern.
Sie küssen sich, verbrüdern sich:
„Wo seid ihr her?" – „Wir haben einst
als Leibeigne für unsre Herrn,
den Gutsherrn nur gespielt.
Jetzt sind wir Freie, Reisende,
Wer uns bewirtet, uns ernährt,
der ist jetzt unser Herr!"

„Und gut so, Jungs, genug habt ihr
für Herrensöhne Spaß gemacht,
jetzt sind wir Bauern dran!
He, Kellner, komm, wir feiern heut!
Wein! Schankbier! Tee und Wodka hol!
Likör! Los, halt dich ran!"

И море разливанное
Пойдет, щедрее барского
Ребяток угостят.

. . . . . .

Не ветры веют буйные,
Не мать — земля колышется —
Шумит, поет, ругается,
Качается, валяется,
Дерется и целуется
У праздника народ!
Крестьянам показалося,
Как вышли на пригорочек,
Что всё село шатается,
Что даже церковь старую
С высокой колокольнею
Шатнуло раз — другой! —
Тут трезвому, что голому,
Неловко... Наши странники
Прошлись еще по площади
И к вечеру покинули
Бурливое село...

Глава 3

Пьяная ночь

Не ригой, не амбарами,
Не кабаком, не мельницей,
Как часто на Руси,
Село кончалось низеньким
Бревенчатым строением
С железными решетками

In Strömen fließt der Alkohol.
Spendabler sind die Bauern heut
als ihre Herren einst.

. . . . . .

Wer hat denn sowas schon erlebt!
Es scheint, als ob die Erde bebt,
als ob ein Sturm hier tost!
Doch nein! Das Volk, es wankt und schwankt;
es trinkt und singt, es zetert, zankt,
es prügelt sich und küsst sich dann
an diesem Feiertag.
Vom Hügel unsre Bauern schaun
hinab auf das Geschehen dort.
Bei all dem Tosen, hat's da nicht
den Kirchturm angehoben grad?
Sehn sie den alten Glockenturm
nicht schwanken hin und her im Sturm?
Wer nüchtern ist, fühlt sich heut nackt.
Die sieben sehn sich auf dem Markt
noch etwas um, verlassen dann
alsbald den wilden Ort …

Kapitel 3

Die trunkene Nacht

Die sieben Wandrer sehen hier
am Ortsrand keine Schankwirtschaft,
auch Speicher, Mühle, Scheuer nicht,
wie man sie sonst in Russland sieht.
Am Ende dieses Dorfes sehn
ein Blockhaus sie, ein niedriges,

В окошках небольших.
За тем этапным зданием
Широкая дороженька,
Березками обставлена,
Открылась тут как тут.
По будням малолюдная,
Печальная и тихая,
Не та она теперь!

По всей по той дороженьке
И по окольным тропочкам,
Докуда глаз хватал,
Ползли, лежали, ехали,
Барахталися пьяные
И стоном стон стоял!

Скрыпят телеги грузные,
И, как телячьи головы,
Качаются, мотаются
Победные головушки
Уснувших мужиков!

Народ идет — и падает,
Как будто из-за валиков
Картечью неприятели
Палят по мужикам!

Ночь тихая спускается,
Уж вышла в небо темное
Луна, уж пишет грамоту
Господь червонным золотом
По синему по бархату,
Ту грамоту мудреную,
Которой ни разумникам,
Ни глупым не прочесть.

mit Gitterfensterchen.
Ein Nachtgewahrsam ist dies Haus
für Arrestanten, die man weg,
weit fort in die Verbannung treibt.
Es führt ein breiter Birkenweg
vom Blockhaus fort aus diesem Ort.
Der Weg ist alltags trist und leer,
doch heut herrscht Leben dort!

Da fahren, taumeln, seufzen laut,
da liegen, wälzen lallend sich,
soweit das Auge reicht,
Besoffne auf dem großen Weg,
und auf den Seitenwegen auch,
und überall Gestöhn!

Die voll beladnen Wagen knarrn,
auf jedem Wagen obendrauf
nickt kläglich mit dem Kopf und schwankt
in trunknem Schlaf ein Bauersmann,
so wie im Wind ein Rohr.

Die Leute gehn, die Leute falln,
als würden Feinde hinterrücks
belauern sie, mit Büchsen knalln,
beschießen sie mit Schrot.

Schon senkt sich still die Nacht herab,
den dunklen Himmel jetzt betritt
Frau Luna. Auf den blauen Samt
malt Gott der Herr mit Purpurgold
schon die geheimnisvolle Schrift,
die doch kein hochgelehrter Mann
und auch kein dummer Dummerjan –
die keiner lesen kann.

Дорога стоголосая
Гудит! Что море синее,
Смолкает, подымается
Народная молва:

„А мы полтинник писарю:
Прошенье изготовили
К начальнику губернии…"

„Эй! С возу куль упал!"

„Куда же ты, Оленушка?
Постой! Еще дам пряничка,
Ты, как блоха проворная,
Наелась — и упрыгнула,
Погладить не далась!"

„Добра ты, царска грамота,
Да не при нас ты писана…"

„Посторонись, народ!"
(Акцизные чиновники
С бубенчиками, с бляхами
С базара пронеслись.)

„А я к тому теперича:
И веник дрянь, Иван Ильич,
А погуляет по полу,
Куда как напылит!"

„Избави бог, Парашенька,
Ты в Питер не ходи!
Такие есть чиновники,
Ты день у них кухаркою,
А ночь у них сударкою —
Так это наплевать!"

Mit hundert Stimmen summt der Weg!
Die Stimmenflut erhebt sich mal,
und zieht sich wie das blaue Meer
dann schnell wieder zurück:

„Der Schreiber hat für'n Fünfziger
ne Bittschrift an den Gouverneur
für uns verfasst …"
    „He, pass doch auf,
Du hast nen Sack verlorn!"

„Wo willst du hin, Oljonuschka?
Bleib hier, ich schenk nen Kuchen dir,
du Floh hast dich hier sattgesaugt,
noch nicht mal streicheln konnt ich dich –
schon haust du wieder ab!"

„Des Zarn Ukas, uns zu befrein,
ist gut und schön, doch hat man uns,
die Bauern, nicht befragt."

„Iwan Iljitsch, ich seh das so:
der Besen ist zwar zu nichts nütz,
doch wirbelt Staub er hoch!"

„Habt acht!" (Da fliegen vom Basar
mit Schellenklang und Blechschildern
vom Steueramt die Herren schon
in schnellem Trab vorbei.)

„Behüte Gott, Paraschenka,
geh bloß nicht nach Sankt Petersburg!
In Piter ist das so:
Tags dienst du dem Beamten zwar
am Herd als Küchenmagd, doch nachts,
da will er dich im Bett!"

„Куда ты скачешь, Саввушка?"
(Кричит священник сотскому
Верхом, с казенной бляхою.)
— „В Кузьминское скачу
За становым. Оказия:
Там впереди крестьянина
Убили…" — „Эх!.. Грехи!.."

„Худа ты стала, Дарьюшка!"
— „Не веретенце, друг!
Вот то, что больше вертится,
Пузатее становится,
А я как день — деньской…"

„Эй, парень, парень глупенький,
Оборванный, паршивенький,
Эй! Полюби меня!
Меня, простоволосую,
Хмельную бабу, старую,
Зааа — пааа — чканную!.."

. . . . . .

Крестьяне наши трезвые,
Подглядывая, слушая,
Идут своим путем.

Средь самой средь дороженьки
Какой-то парень тихонький
Большую яму выкопал.
„Что делаешь ты тут?"
— „А хороню я матушку!"
— „Дурак! Какая матушка!
Гляди: поддевку новую
Ты в землю закопал!
Иди скорей да хрюкалом

„He, Sawwuschka, wohin so schnell?"
(Zum Polizeigehilfen, der
auf seinem Pferd vorüberprescht,
ein Pope ruft's) – „Kusminskoje,
zum Kommissar! Da drüben hat
man einen Bauern abgemurkst."
„Welche Sünde …! Na, dann los!"

„Bist abgemagert, Darjuschka!"
„Ich schinde mich auch Tag für Tag!
Ich bin ja keine Spindel nicht,
die runder, aufgeblähter wird,
je länger sie sich dreht …"

„Komm her, du abgerissenes,
verkommnes dummes Kerlchen, du,
komm her und Liebe schenk
mir altem und besoffnem Weib,
ba–arhäuptig und
befle–eeckt!"

. . . . . .

Die sieben gehn den Weg entlang
und schauen nüchtern allem zu,
und hörn sich alles an.

Da hat ein Kerl doch auf dem Weg
ein Loch gegraben, sitzt davor
ganz still, weint vor sich hin.
„Nun sag doch mal, was tust du da?"
„Beerdige mein Mütterchen!"
„Du Dummkopf, welches Mütterchen?
Was du da grad verbuddelt hast,
das ist dein Kittel, Mann!
Den Rüssel in den Graben häng,

В канаву ляг, воды испей!
Авось, соскочит дурь!"

„А ну, давай потянемся!"
Садятся два крестьянина,
Ногами упираются,
И жилятся, и тужатся,
Крехтят — на скалке тянутся,
Суставчики трещат!
На скалке не понравилось:
„Давай теперь попробуем
Тянуться бородой!"
Когда порядком бороды
Друг дружке поубавили,
Вцепились за скулы!
Пыхтят, краснеют, корчатся,
Мычат, визжат, а тянутся!
„Да будет вам, проклятые!
Не разольешь водой!"

В канаве бабы ссорятся,
Одна кричит: „Домой идти
Тошнее, чем на каторгу!"
Другая: „Врешь, в моем дому
Похуже твоего!
Мне старший зять ребро сломал,
Середний зять клубок украл,
Клубок — плевок, да дело в том —
Полтинник был замотан в нем,
А младший зять всё нож берет,
Того гляди убьет, убьет!.."

„Ну, полно, полно, миленький!
Ну, не сердись! — за валиком
Неподалеку слышится. —
Я ничего... Пойдем!"

trink Wasser, Unglücksrabe du,
dann lässt dein Rausch auch nach!"

Dort einigen zwei Bauern sich,
die Kräfte messen wollen sie:
Sie setzen sich auf einen Stein,
sie stoßen mit dem Fuß sich ab
sie stemmen sich, versuchen so,
den Gegner wegzuschiebn.
Und die Gelenke knirschen schon.
Doch so gefällt es ihnen nicht.
„Versuchen wir es mit dem Bart!"
Nachdem einander ordentlich
sie ihre Bärte ramponiert,
kralln sie sich in den Wangen fest.
Ein jeder keucht, brüllt wie ein Stier,
vor Schmerzen krümmen beide sich.
„Ihr beide seid viel schlimmer noch
als Kletten, gottverdammt!"

Zwei Weiber in dem Graben dort,
die zanken laut, wem's schlechter geht:
„Bei mir zu Haus ist's schlimmer noch
als Zwangsarbeit!" – „Du lügst ja wohl,
am schlimmsten habe ich's!
Der älteste Schwiegersohn brach mir
die Rippe, und der zweite stahl
ein Knäuel mir – das wär nicht schlimm,
doch war mein Geld darin.
Der jüngste mit dem Messer droht,
sticht irgendwann mich tot …!"

„Genug, genug, mein Liebling, Schluss!
Nicht zürnen, Liebster, hör jetzt auf",
ist hinterm Wall zu hörn.
„Schon gut … Komm, lass uns weitergehn!"

Такая ночь бедовая!
Направо ли, налево ли
С дороги поглядишь:
Идут дружненько парочки,
Не к той ли роще правятся?
Та роща манит всякого,
В той роще голосистые
Соловушки поют...

Дорога многолюдная
Что позже — безобразнее:
Всё чаще попадаются
Избитые, ползущие,
Лежащие пластом.
Без ругани, как водится,
Словечко не промолвится,
Шальная, непотребная,
Слышней всего она!
У кабаков смятение,
Подводы перепутались,
Испуганные лошади
Без седоков бегут;
Тут плачут дети малые,
Тоскуют жены, матери:
Легко ли из питейного
Дозваться мужиков?..

У столбика дорожного
Знакомый голос слышится,
Подходят наши странники
И видят: Веретенников
(Что башмачки козловые
Вавиле подарил)
Беседует с крестьянами.
Крестьяне открываются
Миляге по душе:

Oh, was für eine wilde Nacht!
Egal ob links, egal ob rechts,
wohin die sieben blicken, sehn
sie Liebespärchen überall.
Wo wollen die denn alle hin?
Zu jenem Wäldchen streben sie –
denn stimmgewaltig, wunderschön
singt dort die Nachtigall …

Je später, desto schlimmer wird's,
und widerlicher auf dem Weg:
Verdroschene, Besoffene –
kaum krauchen können die.
Manch einer liegt wie tot umher,
die sieben Bauern hören nur
Gefluche und Krakeele noch,
unflätig und obszön.
Vor allen Schenken Fuhrwerke,
verkeilt, vertauscht. Als würden sie
verfolgt von Bremsen, rasen da
verschreckte Gäule panisch los,
benommen und ganz irr.
Die Kinder brüllen, greinen laut,
die Weiber flehn die Kerle an,
doch mitzukommen, heimzufahrn –
verzweifelt sind die Frauen! …

An einem Wegpfahl horchen dann
die Bauern auf: die Stimme da
kommt sehr bekannt den sieben vor:
Das ist doch Weretennikow!
(Der hatte doch Wawiluschka
die Ziegenschuh geschenkt!)
Der redet von der Leber weg
mit allen Leuten frisch und frei.
Die Bauern leihen diesem Mann

Похвалит Павел песенку —
Пять раз споют, записывай!
Понравится пословица —
Пословицу пиши!
Позаписав достаточно,
Сказал им Веретенников:
„Умны крестьяне русские,
Одно нехорошо,
Что пьют до одурения,
Во рвы, в канавы валятся —
Обидно поглядеть!"

Крестьяне речь ту слушали,
Поддакивали барину.
Павлуша что-то в книжечку
Хотел уже писать.
Да выискался пьяненький
Мужик, — он против барина
На животе лежал,
В глаза ему поглядывал,
Помалчивал — да вдруг
Как вскочит! Прямо к барину —
Хвать карандаш из рук!
„Постой, башка порожняя!
Шальных вестей, бессовестных
Про нас не разноси!
Чему ты позавидовал!
Что веселится бедная
Крестьянская душа?
Пьем много мы по времени,
А больше мы работаем,
Нас пьяных много видится,
А больше трезвых нас.
По деревням ты хаживал?
Возьмем ведерко с водкою,
Пойдем — ка по избам:

ihr Ohr und auch ihr Herz.
Wenn Pawelchen ein Lied gefällt,
dann singen sie es fünfmal vor,
gefällt ihm eine Volksweisheit,
ein Bauernwort: „Schreib's auf!"
Er schreibt es auf, doch sagt er dann:
„Ach, klug sind Russlands Bauern zwar,
doch eines ist nicht gut:
Sie saufen, bis sie blöde sind,
sie liegen in den Gräben dann –
Das schmerzt und kränkt doch sehr!"

Die Bauern hören sich das an
und stimmen ihm sogar noch zu.
Pawluscha nickt und schreibt noch schnell
was in sein Heft hinein.
Direkt vor ihm liegt auf dem Bauch
die ganze Zeit ein alter Mann.
Bezecht ist der, wie alle schon,
guckt ihm ins Auge, schweigt.
Doch dann auf einmal springt er hoch,
springt auf den Herrn zu, reißt ihm – zack –
den Bleistift aus der Hand!
„Hör auf, du Wicht, du Hohlkopf, du!
Verbreite nicht solch schändliches
gewissenloses Zeug!
Worum beneidest du uns denn?
Dass wir mal feiern dann und wann?
Gewiss, wir trinken manchmal viel,
doch arbeiten wir noch viel mehr,
betrunkne Bauern sieht man oft,
doch nüchterne noch mehr!
Hast du dich schon mal umgesehn
in unsren Dörfern? Lass uns doch
zusammen durch die Hütten gehn
mit einem Eimer Schnaps:

В одной, в другой навалятся,
А в третьей не притронутся —
У нас на семью пьющую
Непьющая семья!
Не пьют, а также маются,
Уж лучше б пили, глупые,
Да совесть такова...
Чудно смотреть, как ввалится
В такую избу трезвую
Мужицкая беда, —
И не глядел бы!.. Видывал
В страду деревни русские?
В питейном, что ль, народ?
У нас поля обширные,
А не гораздо щедрые,
Скажи-ка, чьей рукой
С весны они оденутся,
А осенью разденутся?
Встречал ты мужика
После работы вечером?
На пожне гору добрую
Поставил, съел с горошину:
— Эй! богатырь! соломинкой
Сшибу, посторонись!
Сладка еда крестьянская,
Весь век пила железная
Жует, а есть не ест!
Да брюхо-то не зеркало,
Мы на еду не плачемся...
Работаешь один,
А чуть работа кончена,
Гляди, стоят три дольщика:
Бог, царь и господин!
А есть еще губитель-тать
Четвертый, злей татарина,
Так тот и не поделится,

In mancher Hütte wird man sich
drauf stürzen, in der nächsten dann
wird Schnaps nicht angerührt.
Es kommt auf jede trinkende
Familie eine, die nicht trinkt.
Nur: besser sind die auch nicht dran,
auch jene hätten Grund genug,
den Gram mal wegzuspüln!
Und seltsam: wie die anderen,
sucht Not und Unheil oftmals auch
solide Hütten heim!
Nicht anzusehen! Warst du schon
zur Erntezeit in einem Dorf?
Hast du in einer Schenke da
schon einmal Bauern sitzen sehn?
Ach, groß sind unsre Felder hier,
doch fruchtbar sind sie leider nicht.
Und wessen Hände, sage mir,
kleiden das Feld im Frühjahr ein,
entkleiden es im Herbst?
Trafst du den Bauern abends mal,
nachdem die Scheune er gefüllt?
Was er dann selbst zu fressen kriegt,
ist wahrlich nicht der Rede wert.
Pass auf, du Recke! Dich werf ich
mit einem Strohhalm um!
Du kennst den Spruch: Die Säge frisst,
zu beißen aber hat sie nichts.
Es schmeckt dem Bauche alles wohl,
wenn er nur hungrig ist.
Nicht das jedoch beklagen wir …
Der Bauer arbeitet allein,
doch ist er fertig, halten schon
drei Teilhaber die Hände auf:
Gott, Gutsbesitzer, Zar.
Es gibt noch einen vierten Dieb,

Всё слопает один!
У нас пристал третьеводни
Такой же барин плохонький,
Как ты, из — под Москвы.
Записывает песенки,
Скажи ему пословицу,
Загадку загани.
А был другой — допытывал,
На сколько в день сработаешь,
По малу ли, по многу ли
Кусков пихаешь в рот?
Иной угодья меряет,
Иной в селеньи жителей
По пальцам перечтет,
А вот не сосчитали же,
По скольку в лето каждое
Пожар пускает на ветер
Крестьянского труда?..

Нет меры хмелю русскому.
А горе наше меряли?
Работе мера есть?
Вино валит крестьянина,
А горе не валит его?
Работа не валит?
Мужик беды не меряет,
Со всякою справляется,
Какая не приди.
Мужик, трудясь, не думает,
Что силы надорвет,
Так неужли над чаркою
Задуматься, что с лишнего
В канаву угодишь?
А что глядеть зазорно вам,
Как пьяные валяются,
Так погляди поди,

der schlimmer ist als ein Tatar,
der teilt erst gar nicht, der zerstört,
verschlingt alles allein!
Aus Moskau einer kürzlich gab
uns keine Ruh, schrieb Lieder auf,
und Sprichwörter, und Rätsel auch,
war unnütz, so wie du.
Und einmal kam so einer an,
der wollte wissen, was wir so
pro Tag verdienen, ob wir denn
zu fressen hätten, hätt wohl gern
die Bissen noch gezählt.
Der Nächste zählt die Einwohner
an seinen Fingern ab!
Die Landstücke, die messen sie,
doch wer zählt, was zur Sommerzeit
pro Jahr von unsrer Arbeit Schweiß
die Feuersbrunst so frisst? …

In Russland hat der Suff kein Maß.
Doch sag, wer misst in Russland denn
die Arbeit und das Leid?
Der Schnaps reißt uns die Füße weg,
doch tut's das Leid nicht auch?
Und schuftet bis zum Umfalln nicht
der Bauer Tag für Tag?
Der Bauer misst das Unglück nicht,
er kommt mit jedem Unheil klar,
er überlegt beim Arbeiten
ja auch nicht, ob die Kraft noch reicht.
Warum wohl sollte überm Glas
er überlegen, ob er dann
in einem Graben liegt?
Wenn er sich dann im Graben wälzt,
geniert ihr euch: Wie anstößig!
Doch ist es nicht auch anstößig,

Как из болота волоком
Крестьяне сено мокрое,
Скосивши, волокут:
Где не пробраться лошади,
Где и без ноши пешему
Опасно перейти,
Там рать-орда крестьянская.
По кочам, по зажоринам
Ползком ползет с плетюхами, —
Трещит крестьянский пуп!

Под солнышком без шапочек,
В поту, в грязи по макушку
Осокою изрезаны,
Болотным гадом — мошкою
Изъеденные в кровь, —
Небось мы тут красивее?

Жалеть — жалей умеючи,
На мерочку господскую
Крестьянина не мерь!
Не белоручки нежные,
А люди мы великие
В работе и в гульбе!..

У каждого крестьянина
Душа что туча́ черная —
Гневна, грозна, — и надо бы
Громам греметь оттудова,
Кровавым лить дождям,
А всё вином кончается.
Пошла по жилам чарочка —
И рассмеялась добрая
Крестьянская душа!
Не горевать тут надобно,
Гляди кругом — возрадуйся!

wie dort im Sumpf der Bauer Heu
auf seiner Wiese macht?
Das schwere, nasse Heu sodann
hinausschleppt, wo nicht mal ein Pferd
hindurchkommt, wo's auch ohne Last
zu Fuß gefährlich ist?
Da robbt und kriecht die Bauernschar
mit ihren Heukörben durchs Moor,
der Boden schwankt, vor Anstrengung
zerreißen sie sich fast.

Sind wir denn hübscher anzusehn,
wenn in der Sonne ohne Hut
wir unsre Arbeit tun,
schön durchgeschwitzt bis obenhin,
vom Riedgras und von Stechmücken
gepeinigt bis aufs Blut?

Und wenn du Mitleid kundtun willst –
tu's richtig, miss den Bauern nicht
mit herrschaftlichem Maß!
Die Hände sind nicht weiß und zart,
beim Arbeiten und Saufen sind
jedoch die Größten wir!

Die Seele jedes Bauern ist
wie 'ne Gewitterwolke – schwarz,
bedrohlich, zornig – müsste da
nicht Regen prasseln blutiger,
nicht Donner grollen laut?
Der Zorn ertrinkt, ersäuft im Schnaps.
Wenn der so durch die Adern fließt,
die gute Bauernseele wärmt,
fängt die zu lachen an!
Komm, sieh dich um, zur Trauer ist
kein Grund. Stattdessen freue dich

Ай парни, ай молодушки,
Умеют погулять!
Повымахали косточки,
Повымотали душеньку,
А удаль молодецкую
Про случай сберегли!..„

Мужик стоял на валике,
Притопывал лаптишками
И, помолчав минуточку,
Прибавил громким голосом,
Любуясь на веселую,
Ревущую толпу:
„Эй! царство ты мужицкое,
Бесшапочное, пьяное, —
Шуми — вольней шуми!..„

„Как звать тебя, старинушка?„

„А что? запишешь в книжечку?
Пожалуй, нужды нет!
Пиши: *В деревне Босове*
Яким Нагой живет,
Он до смерти работает,
До полусмерти пьет!..„

Крестьяне рассмеялися
И рассказали барину,
Каков мужик Яким.

Яким, старик убогонький,
Живал когда-то в Питере,
Да угодил в тюрьму:
С купцом тягаться вздумалось!
Как липочка ободранный,
Вернулся он на родину

daran, wie Jungs und Mägdelein
zu feiern noch verstehn!
Zerschunden ist das müde Kreuz,
die müde Seele weint und schmerzt –
doch wenn's drauf ankommt, sind die Jungs
verwegen und beherzt!"

Mit seinen Bastschuhfüßen stampft
der Alte auf und schweigt sodann
für einen kurzen Augenblick,
wobei er auf die fröhliche
und laute Menge blickt.
Dann sagt er laut: „He, Himmelreich
der Bauern und der Ärmsten, du,
und der Besoffnen Himmelreich,
lärm unbeschwert und frei!"

„Wie ist dein Name, alter Mann?"

„Willst du ihn dir notieren? Nun,
das muss ja wohl nicht sein!
Obwohl – schreib doch: In Barfußdorf
Jakim Nagói, der Nackte, wohnt.
Jakim Nagói säuft sich halbtot
und arbeitet sich tot …!"

Die Bauern ringsum lachen los,
Jakim Nagóis Geschichte dann
erzählen sie dem Herrn:

In Piter lebte er dereinst,
mit einem Kaufmann wagte er's,
sich anzulegen, und er ging
natürlich in den Knast.
Dann kehrte er nach Haus zurück,
zerlumpt wie ein gerupftes Huhn,

И за соху взялся.
С тех пор лет тридцать жарится
На полосе под солнышком,
Под бороной спасается
От частого дождя,
Живет — с сохою возится,
А смерть придет Якимушке —
Как ком земли отвалится,
Что на сохе присох…

С ним случай был: картиночек
Он сыну накупил,
Развешал их по стеночкам
И сам не меньше мальчика
На них любил глядеть.
Пришла немилость божия,
Деревня загорелася —
А было у Якимушки
За целый век накоплено
Целковых тридцать пять.
Скорей бы взять целковые,
А он сперва картиночки
Стал со стены срывать;
Жена его тем временем
С иконами возилася,
А тут изба и рухнула —
Так оплошал Яким!
Слились в комок целковики,
За тот комок дают ему
Одиннадцать рублей…
„Ой брат Яким! недешево
Картинки обошлись!
Зато и в избу новую
Повесил их, небось?"

seit über dreißig Jahren nun,
bei Hitze und bei Sonnenschein,
geht hinterm Pflug Jakim Nagói,
und wenn es regnet, hat er nur
die Egge, die ihn schützt.
So lebt er, pflügt sein Ackerland,
und wenn er irgendwann mal stirbt,
dann wird er abfalln von dem Pflug,
so wie ein Klumpen Lehm …

Einmal passierte Folgendes:
Für seinen Sohn hatt Bildchen er
gekauft und sie dann aufgehängt,
genauso gerne wie sein Sohn
sah er die Bilder an.
Gott sandte einen Schicksalsschlag:
Das ganze Dorf geriet in Brand!
So fünfunddreißig Rubel hatt
Jakim zeitlebens sich erspart.
Die hätte er noch retten solln!
Jakim stattdessen aber riss
zuerst die Bilder ab;
sein armes Eheweib indes
holt' die Ikonen aus dem Haus,
bevor die Hütte einstürzte …
Wie unklug und verrückt!
Geschmolzen warn die Münzen dann,
den Silberklumpen holten sie
aus der verkohlten Hütte raus,
elf Rubel gab's dafür.
„Oh, teure Bilder waren das!
Sag ehrlich mir, Jakim: Gewiss
hast in der neuen Hütte du
sie wieder aufgehängt?"

„Повесил — есть и новые", —
Сказал Яким — и смолк.

Вгляделся барин в пахаря:
Грудь впалая; как вдавленный
Живот; у глаз, у рта
Излучины, как трещины
На высохшей земле;
И сам на землю — матушку
Похож он: шея бурая,
Как пласт, сохой отрезанный,
Кирпичное лицо,
Рука — кора древесная,
А волосы — песок.

Крестьяне, как заметили,
Что не обидны барину
Якимовы слова,
И сами согласилися
С Якимом: „Слово верное:
Нам подобает пить!
Пьем — значит, силу чувствуем!
Придет печаль великая,
Как перестанем пить!..
Работа не свалила бы,
Беда не одолела бы,
Нас хмель не одолит!
Не так ли?"
 — „Да, бог милостив!"

„Ну, выпей с нами чарочку!"

Достали водки, выпили.
Якиму Веретенников
Два шкалика поднес.

„Dort hängen sie, und neue auch",
sagt der, und schweigt darauf.

Der Herr schaut sich den Ackersmann
jetzt noch genauer an.
Er sieht die eingefallne Brust,
und auch der Bauch scheint eingedrückt,
und wie durch dürres Land
ziehn Furchen sich um Augen, Mund.
Der Mutter Erde ähnelt er:
der Hals wie Ackerstücke braun,
die grad ein Pflug zerschnitten hat,
das Antlitz Kupfer, Sand das Haar,
und Baumrinde die Hand.

Die andern Bauern merken nun,
dass jener Herr die Worte ihm
kein bisschen übelnimmt.
Auf einmal pflichten sie ihm bei:
„Recht hat Jakim, sein Wort ist wahr:
Das Trinken steht uns zu!
Wir fühlen uns beim Trinken stark,
erst wenn wir damit aufhören,
wird uns das Herze schwer.
Wo uns das Elend nicht besiegt,
die Arbeit uns zu Fall nicht bringt,
besiegt der Suff uns nimmermehr!
Nicht wahr?"
    „Bei Gott, wie wahr!"

„Dann komm und trink ein Gläschen mit!"

Sie holen Wodka, trinken drauf,
und Weretennikow schenkt selbst
Jakim zwei Gläser ein.

„Ай барин! не прогневался,
Разумная головушка!
(Сказал ему Яким.)
Разумной-то головушке
Как не понять крестьянина?
А свиньи ходят по земи —
Не видят неба век!.."

Вдруг песня хором грянула
Удалая, согласная:
Десятка три молодчиков,
Хмельненьки, а не валятся,
Идут рядком, поют,
Поют про Волгу-матушку,
Про удаль молодецкую,
Про девичью красу.
Притихла вся дороженька,
Одна та песня складная
Широко, вольно катится,
Как рожь под ветром стелется,
По сердцу по крестьянскому
Идет огнем-тоской!..

Под песню ту удалую
Раздумалась, расплакалась
Молодушка одна:
„Мой век — что день без солнышка,
Мой век — что ночь без месяца,
А я, млада-младешенька,
Что борзый конь на привязи,
Что ласточка без крыл!
Мой старый муж, ревнивый муж,
Напился пьян, храпом храпит,
Меня, младу—младешеньку,
И сонный сторожит!"

„Ei, Herr, sieh da, du zürnst mir nicht,
bist doch ein ganz vernünft'ger Kerl",
meint da Jakim: „Und warum wohl
sollt ein vernunftbegabter Mensch
uns Bauern nicht verstehn?
Nur Schweine laufen übers Land
und sehn den Himmel nie …!"

Auf einmal hören sie ein Lied –
im Chor: verwegen, vielstimmig.
Drei Dutzend junge Burschen gehn
beschwingt vom Wodka, singend da
den Birkenweg entlang.
Von Mutter Wolga singen sie,
von männlicher Verwegenheit,
von schönen Mägdelein.
Der ganze Weg ist still und lauscht,
und nur das wundersame Lied
rollt weithin übers Land.
Es rauscht wie Roggen unterm Wind,
den Bauern wird es warm ums Herz,
es brennt ganz wehmutsheiß.

Auch eine sehr, sehr junge Frau
hört dieses Lied, sie fängt sogleich
zu weinen an: „Mein Leben ist
ein Tag ganz ohne Sonnenschein,
ganz ohne Mondschein eine Nacht,
dabei bin ich noch jung,
ein Schwälbchen ohne Flügelchen,
ein schnelles Ross, doch angeschirrt.
Mein alter, eifersüchtiger,
besoffner Mann, der schnarcht und schnarcht,
doch über mich, sein junges Weib,
wacht er sogar im Schlaf!"

Так плакалась молодушка
Да с возу вдруг и спрыгнула!
„Куда?" — кричит ревнивый муж,
Привстал — и бабу за косу,
Как редьку за вихор!

Ой! ночка, ночка пьяная!
Не светлая, а звездная,
Не жаркая, а с ласковым
Весенним ветерком!
И нашим добрым молодцам
Ты даром не пошла!
Сгрустнулось им по женушкам,
Оно и правда: с женушкой
Теперь бы веселей!
*Иван кричит: „Я спать хочу",
А Марьюшка: „И я с тобой!"
Иван кричит: „Постель узка",
А Марьюшка: „Уляжемся!"
Иван кричит: „Ой, холодно",
А Марьюшка: „Угреемся!"*
Как вспомнили ту песенку,
Без слова — согласилися
Ларец свой попытать.

Одна, зачем бог ведает,
Меж полем и дорогою
Густая липа выросла.
Под ней присели странники
И осторожно молвили:
*„Эй! скатерть самобранная,
Попотчуй мужиков!"*

И скатерть развернулася,
Откудова ни взялися
Две дюжие руки:

Die junge Schöne weint und springt
vom Wagen plötzlich! „Halt! Wohin?",
schreit da ihr Mann und zieht sein Weib
am Zopf, als zöge Rettich er
am Schopf aus seinem Feld.

Welch trunkne Nacht, welch dunkle Nacht,
welch sternenreiche, kühle Nacht!
Ein zärtlicher, ein Frühlingswind
weht sanft. Auch unsre Recken sind
vom Heimweh nun erfasst.
Sie sehnen sich nach ihren Fraun,
mit denen wär es lustiger!
Den sieben kommt ein Hochzeitslied
auf einmal in den Sinn:
Iwan schreit: „Ich will schlafen gehn",
und Marjuschka: „Ich komme mit!",
Iwan schreit: „Viel zu eng das Bett",
und Marjuschka: „Das wird recht nett!",
Iwan schreit: „Mir ist kalt und klamm",
und Marjuschka: „Gleich wird uns warm!"
Die sieben Wandrer schaun sich an,
verstehn sich wortlos, holen dann
ihr Zauberkästchen raus.

Gott weiß allein, warum am Rain
da eine dichte Linde wächst,
so zwischen Feld und Weg.
Dort setzen sich die Pilger hin
und sagen leise, vorsichtig:
„He, Zauberlaken! Aufgetischt
für uns, die Bauersleut!"

Und sieh – das Laken breitet sich
schnell aus und dank dem Zauberwort
die Hände haben blitzeschnell

Ведро вина поставили,
Горой наклали хлебушка
И спрятались опять.

Крестьяне подкрепилися,
Роман за караульного
Остался у ведра,
А прочие вмешалися
В толпу — искать счастливого:
Им крепко захотелося
Скорей попасть домой…

Глава 4

Счастливые

В толпе горластой, праздничной
Похаживали странники,
Прокликивали клич:
„Эй! нет ли где счастливого?
Явись! Коли окажется,
Что счастливо живешь,
У нас ведро готовое:
Пей даром сколько вздумаешь —
На славу угостим!..“
Таким речам неслыханным
Смеялись люди трезвые,
А пьяные да умные
Чуть не плевали в бороду
Ретивым крикунам.
Однако и охотников
Хлебнуть вина бесплатного
Достаточно нашлось.
Когда вернулись странники

das Brot, so wie es abgemacht,
den Eimer Wodka hingestellt,
und sind schon wieder fort.

Die sieben Bauern stärken sich,
Roman bleibt dann beim Lindenbaum,
bewacht das Eimerchen.
Die andern sechse mischen sich
nun unters Volk – den Glücklichen
zu finden: Schließlich wollen sie
jetzt möglichst bald nach Haus ...

Kapitel 4

Die Glücklichen

Sie laufen zwischen all dem Volk,
dem feiernden und lärmenden,
umher und rufen laut:
„He, gibt's hier keinen Glücklichen?
Komm, zeig dich, falls du glücklich bist,
komm, zeig dich, doch sprich wahr!
Ein Eimer steht bereit für dich –
komm trink, denn wir bewirten dich
auf das Vortrefflichste!"
Die Nüchternen, die lachen ob
solch unerhörter Rede; doch
die Klugen und Besoffenen
die spucken jenen Schreihälsen
beinahe in den Bart.
Es finden sich natürlich auch
genügende, die gern umsonst
mal einen kippen wolln.
Die Wandrer rufen ihren Ruf

Под липу, клич прокликавши,
Их обступил народ.
Пришел дьячок уволенный,
Тощой, как спичка серная,
И лясы распустил,
Что счастие не в пажитях,
Не в соболях, не в золоте,
Не в дорогих камнях.
„А в чем же?"
    — „В благодушестве!
Пределы есть владениям
Господ, вельмож, царей земных,
А мудрого владение —
Весь вертоград Христов!
Коль обогреет солнышко
Да пропущу косушечку,
Так вот и счастлив я!"
— „А где возьмешь косушечку?"
— „Да вы же дать сулилися…"

„Проваливай! шалишь!.."

Пришла старуха старая,
Рябая, одноглазая
И объявила, кланяясь,
Что счастлива она:
Что у нее по осени
Родилось реп до тысячи
На небольшой гряде.
„Такая репа крупная,
Такая репа вкусная,
А вся гряда — сажени три,
А впоперечь — аршин!"
Над бабой посмеялися,
А водки капли не дали:

und gehn zur Linde dann zurück,
wo sie das Volk umringt.
Ein Küster, ein entlassener,
kommt an, dürr wie ein Schwefelholz,
und drischt viel leeres Stroh:
Glück sei nicht Reichtum, sei nicht Land,
nicht Zobelpelz, und sei nicht Gold,
und auch nicht Edelstein.
„Was ist denn Glück?"
    – „Gelassenheit!
Der Reichtum aller irdischen
Gebieter ist begrenzt, jedoch
des Weisen Reichtum ist fürwahr
das ganze Himmelreich!
Wenn ich mich in der Sonne wärm,
ein Viertelchen zu trinken hab,
dann reicht mir das zum Glück!"
„Und woher nimmst du's Viertelchen?"
„Nun ja, na ja, ihr sagtet doch …"

„Verschwinde bloß, du Schelm!"

Dann, pockennarbig, einäugig,
erscheint ein altes Hutzelweib,
verbeugt sich und erklärt darauf,
wie glücklich sie doch sei:
Sie hätt im Herbst, im letzten Jahr,
bald tausend Rüben angebaut
auf einem kleinen Beet.
So große Rüben seien das,
so leckre Rüben seien das,
das Beet sei sieben Schritte lang
und einen Schritt nur breit.
Die sieben Bauern krümmen sich
vor Lachen, und sie meinen dann:

„Ты дома выпей, старая,
Той репой закуси!"

Пришел солдат с медалями,
Чуть жив, а выпить хочется:
„Я счастлив!" — говорит.

„Ну, открывай, старинушка,
В чем счастие солдатское?
Да не таись, смотри!"
— „А в том, во-первых, счастие,
Что в двадцати сражениях
Я был, а не убит!
А во-вторых, важней того,
Я и во время мирное
Ходил ни сыт ни голоден,
А смерти не дался!
А в-третьих — за провинности,
Великие и малые,
Нещадно бит я палками,
А хоть пощупай — жив!"

„На! выпивай, служивенький!
С тобой и спорить нечего:
Ты счастлив — слова нет!"

Пришел с тяжелым молотом
Каменотес-олончанин,
Плечистый, молодой:
„И я живу — не жалуюсь, —
Сказал он, — с женкой, с матушкой
Не знаем мы нужды!"

„Да в чем же ваше счастие?"

„Du trink zu Haus, hier kriegst du nichts,
iss dich an Rüben satt!"

Halbtot, Medaillen auf der Brust,
kommt ein Soldat, auch der hat Durst,
sagt, dass er glücklich ist.

„Na, dann erzähl mal, Alterchen,
worin besteht Soldatenglück?
Verheimliche uns nichts!"
„Zuerst einmal darin, dass ich
in zwanzig Schlachten hab gekämpft
und habe überlebt!
Und zweitens, und vor alledem
war ich zu Friedenszeiten stets
nah am Verhungern, nie jedoch
ergab ich mich dem Tod!
Für größere und kleinere
Vergehen, drittens, schlug man mich
mit Stöcken ganz erbarmungslos –
doch fühlt mich an – ich leb!"

„Nun, Kamerad, dir glauben wir,
hast ohne Zweifel Glück gehabt.
Hier nimm, trink auf dein Los!"

Mit Hammer kommt ein Steinhauer,
ist jung und stark und breitschultrig,
stammt vom Onegasee.
„Ich lebe und ich klage nicht,
versorge Frau und Mütterchen.
Wir kennen keine Not!"

„Worin besteht denn euer Glück?"

„А вот гляди (и молотом,
Как перышком, махнул):
Коли проснусь до солнышка
Да разогнусь о полночи,
Так гору сокрушу!
Случалось не похвастаю,
Щебенки наколачивать
В день на пять серебром!"

Пахом приподнял „счастие"
И, крякнувши порядочно,
Работничку поднес:
„Ну, веско! а не будет ли
Носиться с этим счастием
Под старость тяжело?.."

„Смотри, не хвастай силою, —
Сказал мужик с одышкою,
Расслабленный, худой
(Нос вострый, как у мертвого,
Как грабли руки тощие,
Как спицы ноги длинные,
Не человек — комар). —
Я был — не хуже каменщик
Да тоже хвастал силою,
Вот бог и наказал!
Смекнул подрядчик, бестия,
Что простоват детинушка,
Учал меня хвалить,
А я-то сдуру радуюсь,
За четверых работаю!
Однажды ношу добрую
Наклал я кирпичей,
А тут его, проклятого,
И нанеси нелегкая:
„Что это? — говорит. —

„Oh, schaut nur her!" (Den Hammer schwingt
er wie ein Federchen):
„Steh ich vor Sonnenaufgang auf,
bieg Mitternacht den Rücken grad,
dann, ohne Prahlerei,
zerschmetter ich nen ganzen Berg,
fünf Silberrubel kriege ich
manchmal an einem Tag!"

Pachom hebt dieses „Glück" kurz an,
ächzt ordentlich, dann fragt er ihn:
„Oh, was für ein Gewicht!
Hast du nicht Sorge, dass dir dann,
wenn irgendwann du älter wirst,
die Glückslast wird zu schwer?"

„Pass auf, prahl nicht mit deiner Kraft",
sagt da ein Mann ganz atemlos,
sehr mager und sehr schwach
(die Hände wie zwei Rechen dürr,
die Beine wie zwei Speichen lang,
die Nase leichenspitz –
kein Mann mehr, eine Mücke nur).
„Ich war mal Maurer, voller Saft
und Kraft, hab auch damit geprahlt,
und Gott hat mich gestraft.
Mein Unternehmer, dieses Tier,
hat schnell gemerkt, wie dumm ich war,
hat dauernd mich gelobt!
Und ich bin fast geplatzt vor Stolz
und hab darauf für vier geschafft.
Einmal hab ich ne Kiepe voll
mit Ziegelstein' gepackt.
Und da ritt diesen Kerl, den Schuft,
auf einmal wohl der Höllenfürst.
Er sagte: „Was ist das?

Не узнаю я Трифона!
Идти с такою ношею
Не стыдно молодцу?"
— „А коли мало кажется,
Прибавь рукой хозяйскою!" —
Сказал я, осердясь.
Ну, с полчаса, я думаю,
Я ждал, а он подкладывал,
И подложил, подлец!
Сам слышу — тяга страшная,
Да не хотелось пятиться.
И внес ту ношу чертову
Я во второй этаж!
Глядит подрядчик, дивится,
Кричит, подлец, оттудова:
„Ай, молодец, Трофим!
Не знаешь сам, что сделал ты:
Ты снес один по крайности
Четырнадцать пудов!"
Ой, знаю! сердце молотом
Стучит в груди, кровавые
В глазах круги стоят,
Спина как будто треснула…
Дрожат, ослабли ноженьки.
Зачах я с той поры!…
Налей, брат, полстаканчика!"

„Налить? Да где ж тут счастие?
Мы потчуем счастливого,
А ты что рассказал!"

„Дослушай! будет счастие!"

„Да в чем же, говори!"

Erkenn ich den Trofim nicht mehr?
Schämt sich denn dieser Recke nicht,
mit sowas loszugehn?"
„Nun, wenn du meinst, dass das nicht reicht,
dann leg doch selber noch was drauf!",
gab ich zurück voll Wut,
stand eine halbe Stunde da,
und er hat immer draufgepackt,
der Kerl, er sei verflucht.
Die Schreckenslast – ich spürte sie,
doch wollt ich nicht blamieren mich
und schlepp die Teufelskiepe noch
hoch in den zweiten Stock!
Der Unternehmer guckt und staunt,
und schreit, der Schuft, von unten hoch:
„Was für ein Recke, was für Kraft!
Trofim, du weißt nicht, was du tust:
Du hast wohl an die vierzehn Pud
allein da hoch geschafft!"
Ich wusste es! Mein Herz, das schlug
als Vorschlaghammer in der Brust,
ich sah nur Ringe blutige,
die Beine zitterten, mir schien,
als ob mein Kreuz zersprungen sei …
Seitdem bin ich so siech …!
Schenk, Bruder, ein – ein halbes Glas!"

„Wie das? Doch nur den Glücklichen
bewirten wir. Was du erzählst,
zeugt wahrlich nicht von Glück!"

„Hört zu! Das Glück, das kommt doch noch!"

„Na los, erzähl uns mehr!"

„А вот в чем. Мне на родине,
Как всякому крестьянину,
Хотелось умереть.
Из Питера, расслабленный,
Шальной, почти без памяти,
Я на машину сел.
В вагоне — лихорадочных,
Горячечных работничков
Нас много набралось,
Всем одного желалося,
Как мне: попасть на родину,
Чтоб дома помереть.
Однако нужно счастие
И тут: мы летом ехали,
В жарище, в духоте
У многих помутилися
Вконец больные головы,
В вагоне ад пошел:
Тот стонет, тот катается,
Как оглашенный, по полу,
Тот бредит женкой, матушкой.
Ну, на ближайшей станции
Такого и долой!
Глядел я на товарищей,
Сам весь горел, подумывал —
Несдобровать и мне!
В глазах кружки багровые,
И всё мне, братец, чудится,
Что режу пеунов
(Мы тоже пеунятники,
Случалось в год откармливать
До тысячи зобов).
Где вспомнились, проклятые!
Уж я молиться пробовал,
Нет! всё с ума нейдут!
Поверишь ли? вся партия

„Nun, das war so: ich wollte gern,
wie jeder Bauer es wohl will,
zum Sterben heim ins Dorf.
Und halb von Sinnen, schwach und krank,
fuhr ich dann mit der Eisenbahn
von Petersburg nach Haus.
Voll war die ganze Eisenbahn:
die einen hatten Schüttelfrost,
und andre waren fieberkrank
und delirierten schon.
Wir hatten alle nur den Wunsch:
zurück nach Hause, heim ins Dorf,
um dort zu sterben dann.
Doch zeigte sich: Glück brauchte man
selbst hier, denn es war sommerheiß
und stickig. So verwirrten sich
und trübten in der Hitze sich
die letzten kranken Köpfe noch.
Die Hölle war die Fahrt:
Der eine stöhnt, ein andrer wälzt
sich auf den Bohlen wie besengt,
ein dritter gar halluziniert
von seiner Frau – den warfen sie
beim nächsten Halt dann raus.
Ich sah die Kameraden an,
und glühte selbst, und dachte mir:
Das war's dann wohl, mein Freund!
Blutrote Kreise vor dem Blick,
und immer wieder kam's mir vor,
als ob ich Hähne schlachtete.
(Selbst züchteten wir Hühner einst
und mästeten so manches Jahr
Kapaune, tausend Stück.)
Wie kamen in den Sinn mir nur
die Hähne, die verdammten die?
Da half auch Beten nicht!

Передо мной трепещется!
Гортани перерезаны,
Кровь хлещет, а поют!
А я с ножом: „Да полно вам!"
Уж как господь помиловал,
Что я не закричал?
Сижу, креплюсь… по счастию,
День кончился, а к вечеру
Похолодало, — сжалился
Над сиротами бог!
Ну, так мы и доехали,
И я добрел на родину,
А здесь, по божьей милости,
И легче стало мне…"

„Чего вы тут расхвастались
Своим мужицким счастием? —
Кричит, разбитый на ноги,
Дворовый человек. —
А вы меня попотчуйте:
Я счастлив, видит бог!
У первого боярина,
У князя Переметьева,
Я был любимый раб.
Жена — раба любимая,
А дочка вместе с барышней
Училась и французскому
И всяким языкам,
Садиться позволялось ей
В присутствии княжны…
Ой! как кольнуло!.. батюшки!.."
(И начал ногу правую
Ладонями тереть.)
Крестьяне рассмеялися.
„Чего смеетесь, глупые, —
Озлившись неожиданно

Glaubt mir, ich wurde sie nicht los:
die ganze Charge zappelt, zuckt,
durchschnitten sind die Kehlen schon,
das Blut spritzt, doch sie krähn!
Ich stehe mit dem Messer da:
‚Genug, genug!' Der liebe Gott
war gnädig: Ich blieb still!
Da saß ich und besann mich nun …
der Tag verging, und abends dann
wurd's kühler – Gott sei Dank!
Gott hatt sich unser doch erbarmt!
Wir kamen an, ich schleppte mich
nach Haus, mit Gottes Gnade find
ich hier jetzt meine Ruh …"

„Was prahlt ihr Bauern denn so rum
mit eurem ordinären Glück?",
schreit ein Lakai, ein ältlicher,
mit krummen Beinen da:
„Gott ist mein Zeuge, ich bin der,
der glücklich ist. Bewirtet mich!
Mein Herr war ein Bojar,
und zwar weiß Gott nicht irgendwer –
beim Fürsten Peremetjew war
der liebste aller Sklaven ich,
die liebste Sklavin meine Frau,
und unsre Tochter lernte gar
Französisch mit dem Fürstenkind
und durft sich sogar setzen in
des Fräuleins Gegenwart …
Au, au! Das pikt, oh, das tut weh!"
(Den rechten Fuß beginnt er mit
den Händen zu massiern.)
Die andern Bauern lachen los.
„Was lacht ihr dummen Bauern da!",
schreit plötzlich er erbost.

Дворовый закричал. —
Я болен, а сказать ли вам,
О чем молюсь я господу,
Вставая и ложась?
Молюсь: „Оставь мне, господи,
Болезнь мою почетную,
По ней я дворянин!"
Не вашей подлой хворостью,
Не хрипотой, не грыжею —
Болезнью благородною
Какая только водится
У первых лиц в империи,
Я болен, мужичье!
По-да-грой именуется!
Чтоб получить ее —
Шампанское, бургонское,
Токайское, венгерское
Лет тридцать надо пить…
За стулом у светлейшего
У князя Переметьева
Я сорок лет стоял,
С французским лучшим трюфелем
Тарелки я лизал,
Напитки иностранные
Из рюмок допивал…
Ну, наливай!"
 — „Проваливай!
У нас вино мужицкое,
Простое, не заморское —
Не по твоим губам!"

Желтоволосый, сгорбленный,
Подкрался робко к странникам
Крестьянин-белорус,
Туда же к водке тянется:

„Ja, ich bin krank, doch sag ich euch:
wenn abends ich zu Bette geh
und morgens aufsteh, was ich mir
vom lieben Gott erbitt!
Ich bete: Gott, erhalte mir
die Krankheit, denn sie adelt mich,
denn nicht gemeine Krankheit ist's,
nicht Heiserkeit, nicht Leistenbruch,
die mir zu schaffen macht!
An meiner Krankheit, Bauernpack,
da leiden nur die Herrschaften,
die ist von edler Art!
Man nennt sie Gicht, Po-da-gra auch!
Um daran krank zu werden, trank
ich über dreißig Jahre lang
die besten Weine jeden Tag:
Burgunder und Tokajskoje,
Champagner, Ungarwein!
Beim Fürsten, dem durchlauchtigsten
von Peremetjew stand ich wohl
so vierzig Jahre hinterm Stuhl,
und leckte all die Teller ab
mit besten Trüffelchen,
von ausländischen Weinen trank
ich jeden Tag die Neige aus.
Na, schenk schon ein!"
      – „Hau du bloß ab!
Wir haben hier nur Bauernwein,
nichts aus dem Ausland – und für dich
ist der nicht gut genug!"

Ganz zaghaft schleicht sich nun heran
aus Weißrussland ein Bauersmann,
gelbhaarig ist er, buckelig.
Auch ihn zieht's hin zum Schnaps:

„Налей и мне маненичко,
Я счастлив!" — говорит.

„А ты не лезь с ручищами!
Докладывай, доказывай
Сперва, чем счастлив ты?"

„А счастье наше — в хлебушке:
Я дома в Белоруссии
С мякиною, с кострикою
Ячменный хлеб жевал;
Бывало, вопишь голосом,
Как роженица корчишься,
Как схватит животы.
А ныне, милость божия! —
Досыта у Губонина
Дают ржаного хлебушка,
Жую — не нажуюсь!"

Пришел какой-то пасмурный
Мужик с скулой свороченной,
Направо всё глядит:
„Хожу я за медведями,
И счастье мне великое:
Троих моих товарищей
Сломали мишуки,
А я живу, бог милостив!"

„А ну-ка влево глянь?"

Не глянул, как ни пробовал,
Какие рожи страшные
Ни корчил мужичок:
„Свернула мне медведица
Маненичко скулу!"
— „А ты с другой померяйся,

„Schenkt mir doch auch'n kleinen Schluck,
wo ich doch glücklich bin!"

„Halt deine Pranken ja zurück!
Zuerst erklär, berichte uns:
Worin besteht dein Glück?"

„Das Brot ist heute unser Glück:
Ich bin zu Haus in Weißrussland,
und kaute früher Kaffbrot nur
aus Gerste, Schäben, Spreu;
und kamen die Koliken dann,
hab ich wie ne Gebärende
gekrümmt mich und geheult.
Doch heute gibt es Roggenbrot,
Gott und Gubonin sei's gedankt!
So gut schmeckt dieses Brot – ich krieg
niemals genug davon!"

Ein missmutiger Kerl kommt dann,
verschoben die Visage ist,
guckt immer nur nach rechts:
„Bin Bärenwärter, hab dabei
sogar noch großes Glück gehabt:
denn drei Kollegen haben ja
die Petze umgebracht.
Bei Gott, ihr seht: Ich lebe noch!"

„Dann guck doch mal nach links!"

Wie sehr er sich auch Mühe gibt,
was immer er für Fratzen zieht,
das kriegt der Mann nicht hin.
„Die eine Bärin hat mir mal
am Jochbein bisschen was verpasst!"
„Kämpf doch mit einer andren noch,

Подставь ей щеку правую —
Поправит..." — Посмеялися,
Однако поднесли.

Оборванные нищие,
Послышав запах пенного,
И те пришли доказывать,
Как счастливы они:
„Нас у порога лавочник
Встречает подаянием,
А в дом войдем , так из дому
Проводят до ворот...
Чуть запоем мы песенку,
Бежит к окну хозяюшка
С краюхою, с ножом,
А мы-то заливаемся:
„*Давай, давай — весь каравай,
Не мнется и не крошится,
Тебе скорей, а нам спорей...*"

. . . . . .

Смекнули наши странники,
Что даром водку тратили,
Да кстати и ведерочку
Конец. „Ну, будет с вас!
Эй, счастие мужицкое!
Дырявое, с заплатами,
Горбатое с мозолями,
Проваливай домой!"

„А вам бы, други милые,
Спросить Ермилу Гирина, —
Сказал, подсевши к странникам,
Деревни Дымоглотова
Крестьянин Федосей. —

halt ihr die rechte Wange hin,
die richtet's wieder …" Das war Spaß,
doch schenken sie ihm ein.

Selbst abgerissne Bettler spürn
den Wodkaduft und folgen ihm,
und wollen jetzt beweisen, dass
sie doch ganz glücklich sind.
„Der Krämer, der empfängt uns schon
an seiner Tür mit Almosen,
und gehn wir in ein Haus hinein,
dann bringt man uns zum Tor hinaus.
Kaum stimmen wir ein Liedchen an,
kommt schon die Hausfrau angerannt
zum Fenster, einen Kanten Brot
und's Messer in der Hand:
> *‚Gib raus, Weib, Weib – den ganzen Laib,*
> *der krümelt nicht, der bröselt nicht,*
> *fort sind wir blitzeschnell, bist los uns auf der Stell*

. . . . . .

Die Wandrer haben's längst gemerkt:
Umsonst vergeuden sie den Schnaps.
Doch ist der Eimer nun auch leer.
Das war's: „Genug für heut!
He, abgerissnes Bauernglück,
zerlumptes und zerlöchertes,
du schwieliges und buckliges,
scher dich nach Hause jetzt!"

„Ihr, liebe Freunde, solltet mal
Jermila Girin fragen", rät
ein Bauer da aus Kohldampfdorf
mit Namen Fedossej.
Er setzt sich zu den Pilgern ran:

Коли Ермил не выручит,
Счастливцем не объявится,
Так и шататься нечего..."

„А кто такой Ермил?
Князь, что ли, граф сиятельный?"

„Не князь, не граф сиятельный,
А просто он — мужик!"

„Ты говори толковее,
Садись, а мы послушаем,
Какой такой Ермил?"

„А вот какой: сиротскую
Держал Ермило мельницу
На Унже. По суду
Продать решили мельницу:
Пришел Ермило с прочими
В палату на торги.
Пустые покупатели
Скоренько отвалилися,
Один купец Алтынников
С Ермилом в бой вступил,
Не отстает, торгуется,
Наносит по копеечке.
Ермило как рассердится —
Хвать сразу пять рублей!
Купец опять копеечку,
Пошло у них сражение:
Купец его копейкою,
А тот его рублем!
Не устоял Алтынников!
Да вышла тут оказия:
Тотчас же стали требовать
Задатков третью часть,

„Wenn euch Jermil nicht helfen kann,
sich nicht für glücklich euch erklärt,
braucht ihr nicht mehr umherzuziehn."

„Wer ist denn der Jermil?
Ein Fürst? Ein Graf durchlauchtiger?"

„Kein Fürst, kein Graf durchlauchtiger,
ganz einfach nur ein Mann."

„Du, rede mal verständlicher,
wir hören, setz dich näher ran!
Erzähl uns von Jermil!"

„Die Kornmühle am Unsha-Fluss
hatt er vom Waisenamtsgericht
gepachtet. Das Gericht beschloss
dann aber den Verkauf:
Jermil fuhr zur Versteigerung.
Die meisten Bieter gaben bald
schon auf, und übrig blieben zwei:
Es boten nur Altynnikow,
ein Kaufmann, noch und der Jermil.
Der Kaufmann gab nicht auf, der bot
und trieb den Preis kopekenweis
nach oben. Wütend legt' Jermil
noch, zack, fünf Rubel drauf,
der Kaufmann ein Kopekchen dann,
und weiter ging die Bieterschlacht:
Jermil er mit Kopeken schlug,
mit Rubeln ihn Jermil.
Altynnikow gab auf, doch kam
das dicke Ende plötzlich nach:
Sie forderten als Anzahlung
sofort den dritten Teil.
Das waren tausend Rubelchen!

А третья часть — до тысячи.
С Ермилом денег не было,
Уж сам ли он сплошал,
Схитрили ли подьячие,
А дело вышло дрянь!
Повеселел Алтынников:
„Моя, выходит, мельница!"
„Нет! — говорит Ермил,
Подходит к председателю. —
Нельзя ли вашей милости
Помешкать полчаса?"

„Что в полчаса ты сделаешь?"

„Я деньги принесу!"

„А где найдешь? В уме ли ты?
Верст тридцать пять до мельницы,
А через час присутствию
Конец, любезный мой!"

„Так полчаса позволите?"

„Пожалуй, час промешкаем!"

Пошел Ермил; подьячие
С купцом переглянулися,
Смеются, подлецы!
На площадь на торговую
Пришел Ермило (в городе
Тот день базарный был),
Стал на воз, видим: крестится,
На все четыре стороны
Поклон, — и громким голосом
Кричит: „Эй, люди добрые!
Притихните, послушайте,

Jermila hatt kein Geld dabei.
Ob das nun sein Versäumnis war?
Vermutlich aber hatten da
die Schreiberlein getrickst!
Was für'n Schlamassel! Ganz infam
grinst da Altynnikow ihn an:
‚Also gehört die Mühle mir!'
Jermil darauf: ‚Da irrst du dich!'
Er ging zum Vorsitzenden hin:
‚Ich bitte Eure Gnaden um
ein halbes Stündchen Zeit!'

‚Du meinst, das regelst du so schnell?'

‚Ich bringe Euch das Geld!'

‚Woher? Bist du noch bei Verstand?
Zur Mühle sind's gut dreißig Werst,
in einer Stunde endet hier
die Sitzung, lieber Mann!'

‚Die halbe Stunde gebt Ihr mir?'

‚Ein Stündchen warten wir wohl noch.'

Jermil ging los; die Schreiberlein,
der Kaufmann tauschten Blicke aus
und grinsten amüsiert.
Jermila kam zum Wochenmarkt
(es war grad Markttag in der Stadt),
bestieg ein Fuhrwerk, und wir sahn:
zuerst bekreuzigte er sich,
verbeugte nach vier Seiten sich,
und rief dann: ‚Gute Leute, ihr!
Um Ruhe bitt ich: Hört mich an,
zu sagen hab ich was!'

Я слово вам скажу!"
Притихла площадь людная,
И тут Ермил про мельницу
Народу рассказал:
„Давно купец Алтынников
Присватывался к мельнице,
Да не плошал и я,
Раз пять справлялся в городе,
Сказали: с переторжкою
Назначены торги.
Без дела, сами знаете,
Возить казну крестьянину
Проселком не рука:
Приехал я без грошика,
Ан глядь — они спроворили
Без переторжки торг!
Схитрили души подлые,
Да и смеются нехристи:
„Что часом ты поделаешь?
Где денег ты найдешь?"
Авось найду, бог милостив!
Хитры, сильны подьячие,
А мир их посильней,
Богат купец Алтынников,
А всё не устоять ему
Против мирской казны —
Ее, как рыбу из моря,
Века ловить — не выловить.
Ну, братцы! видит бог,
Разделаюсь в ту пятницу!
Не дорога мне мельница,
Обида велика!
Коли Ермила знаете,
Коли Ермилу верите,
Так выручайте, что ль!..."

Dort auf dem Platz verstummte jetzt
das Treiben. Er berichtete
dem Volk von seiner Mühle nun.
‚Schon lange war Altynnikow
auf meine Mühle scharf.
Doch ich war auch nicht faul: fünf Mal
fuhr ich zur Stadt, zum Amtsgericht,
und fragte nach. Man sagte mir,
dass mit dem Sieger der Auktion
noch nachverhandelt würd.
Ihr wisst ja selbst: ein Bauer schleppt
nicht unnütz, wenn er es nicht braucht,
sein Geld mit sich herum.
Drum kam ich heute ohne Geld.
Die Teufel aber haben sich
ganz schnell was ausgedacht: Zahl bar!
So haben die mich reingelegt
und lachen sich jetzt in den Bart:
Wie willst in einer Stunde du
beschaffen all das Geld?
In Gottes Ohr: Ich schaffe es!
Gerissen sind die Schreiberlein,
und machtvoll, doch die Bauern sind
gemeinsam auch sehr stark!
Altynnikow ist reich, doch kommt
er trotzdem gegen uns nicht an:
Der Bauern Reichtum ist ein Fisch
im Meer, den man nicht greifen kann.
Gott, Brüder, soll mein Zeuge sein:
Am Freitag kriegt ihr es zurück!
Hier geht's nicht um die Mühle mehr,
die Kränkung ist zu groß!
Kennt ihr Jermil, und glaubt ihr ihm,
kennt ihr Jermil, und traut ihr ihm,
dann, bitte, helft mir aus …!'

И чудо сотворилося:
На всей базарной площади
У каждого крестьянина,
Как ветром, полу левую
Заворотило вдруг!
Крестьянство раскошелилось,
Несут Ермилу денежки,
Дают, кто чем богат.
Ермило парень грамотный,
Да некогда записывать,
Успей пересчитать!
Наклали шляпу полную
Целковиков, лобанчиков,
Прожженной, битой, трепаной
Крестьянской ассигнации.
Ермило брал — не брезговал
И медным пятаком.
Еще бы стал он брезговать,
Когда тут попадалася
Иная гривна медная
Дороже ста рублей!

Уж сумма вся исполнилась,
А щедрота народная
Росла: „Бери, Ермил Ильич,
Отдашь, не пропадет!"
Ермил народу кланялся
На все четыре стороны,
В палату шел со шляпою,
Зажавши в ней казну.
Сдивилися подьячие,
Позеленел Алтынников,
Как он сполна всю тысячу
Им выложил на стол!..
Не волчий зуб, так лисий хвост, —
Пошли юлить подьячие,

Und sieh, das Wunder, das geschah:
Auf jenem Marktplatz wendeten
sich bei den Bauern blitzeschnell
als bliese dort ein Wind hinein,
die Kitteltaschen links!
Kein Bauer ließ sich lumpen, gab,
so viel er konnte, trug das Geld
gern zu Jermila hin.
Jermil kann rechnen, schreiben zwar,
doch war zum Schreiben keine Zeit,
er konnt es grad noch zähln!
Bald war Jermilas Hut gefüllt
mit Münzen, mit zerfledderten,
total zerlumpten Rubelchen,
zerschlissnen, abgegriffenen. –
Jermil nahm alles an,
verschmähte Kupfermünzen nicht,
und waren sie auch noch so klein.
Wie könnte er sie auch verschmähn,
viel mehr als hundert Rubel ist
manch Kupfergroschen wert!

Die Summe war zusammen bald,
das Volk jedoch gab immer mehr:
‚Nimm ruhig hin, Jermil Iljitsch,
du gibst es ja zurück!'
Es dankte und verbeugte sich
Jermila vor dem Volke tief,
den Hut eng an den Leib gedrückt
ging er zum Amtsgericht.
Wie staunten da die Schreiberlein,
Altynnikow, der wurd ganz grün,
als tausend Rubel abgezählt
dort lagen auf dem Tisch! …
Die Schreiber gratulierten ihm,
scharwenzelten, denn letztlich gilt:

Да не таков Ермил Ильич,
Не молвил слова лишнего,
Копейки не дал им!

Глядеть весь город съехался,
Как в день базарный, пятницу,
Через неделю времени
Ермил на той же площади
Рассчитывал народ.
Упомнить где же всякого?
В ту пору дело делалось
В горячке, второпях!
Однако споров не было,
И выдать гроша лишнего
Ермилу не пришлось.
Еще, он сам рассказывал,
Рубль лишний — чей бог ведает! —
Остался у него.
Весь день с мошной раскрытою
Ходил Ермил, допытывал:
Чей рубль? да не нашел.
Уж солнце закатилося,
Когда с базарной площади
Ермил последний тронулся,
Отдав тот рубль слепым…
Так вот каков Ермил Ильич."

„Чуден! — сказали странники. —
Однако знать желательно —
Каким же колдовством
Мужик над всей округою
Такую силу взял?"

„Не колдовством, а правдою.
Слыхали про Адовщину,
Юрлова — князя вотчину?"

Das Hemd ist näher als die Büx.
Doch fiel Jermila nicht drauf rein,
die Schreiber kriegten nix!

Die Woche drauf, am Freitag dann,
als wieder Markttag war im Ort,
da kamen alle, anzuschaun,
wie auf demselben Marktplatz er
zurückgab all das Geld.
Wie wusste er nur, wer wie viel
gegeben hatt? – Es war doch so
spontan, so schnell geschehn!
Doch gab es keinen Streit und Zank,
und keinen Groschen musste er
zu viel zurückbezahln.
Es war sogar, erzählte er,
ein Rubel übrig. Gott allein
weiß wohl, wem der gehört.
Mit offner Börse lief Jermil
umher. Vergeblich fragte er
wes Rubel das nun sei.
Und erst nach Sonnenuntergang
verließ den Markt als Letzter er,
nachdem er diesen Rubel dann
den Blinden übergeben hatt.
So einer ist Jermil!"

Die sieben staunten, meinten dann:
„Ein Wunder – doch wir wüssten gern:
durch welche Zauberkraft
hat in der ganzen Gegend hier
ein Bauer solche Macht?"

„Durch Ehrlichkeit, nicht Zauberkraft.
Habt ihr vom Satansgut gehört?
Des Fürsten von Satánow Gut?"

„Слыхали, ну так что ж?"

„В ней главный управляющий
Был корпуса жандармского
Полковник со звездой,
При нем пять-шесть помощников,
А наш Ермило писарем
В конторе состоял.

Лет двадцать было малому,
Какая воля писарю?
Однако для крестьянина
И писарь человек.
К нему подходишь к первому,
А он и посоветует
И справку наведет;
Где хватит силы — выручит,
Не спросит благодарности,
И дашь, так не возьмет!
Худую совесть надобно —
Крестьянину с крестьянина
Копейку вымогать.

Таким путем вся вотчина
В пять лет Ермилу Гирина
Узнала хорошо,
А тут его и выгнали…
Жалели крепко Гирина,
Трудненько было к новому,
Хапуге, привыкать,
Однако делать нечего,
По времени приладились
И к новому писцу.
Тот ни строки без трешника,
Ни слова без семишника,

„Ja, schon! Wieso? Warum?"

„Als Hauptverwalter war dort einst
ein Oberst des Gendarmenkorps
vom Fürsten eingesetzt.
Hatt fünf, sechs Assistenten noch,
und im Kontor Jermila war
als Schreiber angestellt.

Da war er zwanzig Jahre alt.
Entscheiden kann so'n Schreiber nichts,
trotzdem ist für die Bauernschaft
er doch ein wicht'ger Mann.
Er ist der erste Mensch im Amt,
zu dem man kommt; er rät, empfiehlt,
er stellt die Scheine aus;
hilft dem, der mal nicht weiterweiß,
erwartet keine Dankbarkeit
nimmt kein Bestechungsgeld!
Gewissenlos muss der schon sein,
der, selber doch ein Bauernsohn,
Kopeken sich erpresst!

Fünf Jahre war Jermila dort,
die Leute lernten ihn dadurch
gut kennen, doch dann warf man ihn
hinaus, und das gesamte Gut
bedauerte das sehr …
Schwer war's, sich abzufinden mit
dem neuen Schreiber, denn der war
ein Raffke. Doch was nützte es?
Und mit der Zeit gewöhnte man
sich an den neuen auch.
Der – ohne Sechser nicht ein Wort!
Der abgefeimte Pfaffensohn

Прожженный, из кутейников —
Ему и бог велел!

Однако, волей божией,
Недолго он процарствовал, —
Скончался старый князь,
Приехал князь молоденький,
Прогнал того полковника,
Прогнал его помощника,
Контору всю прогнал,
А нам велел из вотчины
Бурмистра изобрать.
Ну, мы не долго думали,
Шесть тысяч душ, всей вотчиной
Кричим: „Ермилу Гирина!" —
Как человек един!
Зовут Ермилу к барину.
Поговорив с крестьянином,
С балкона князь кричит:
„Ну, братцы! будь по-вашему.
Моей печатью княжеской
Ваш выбор утвержден:
Мужик проворный, грамотный,
Одно скажу: не молод ли?.."
А мы: „Нужды нет, батюшка,
И молод, да умен!"

Пошел Ермило царствовать
Над всей княжою вотчиной,
И царствовал же он!
В семь лет мирской копеечки
Под ноготь не зажал,
В семь лет не тронул правого,
Не попустил виновному,
Душой не покривил…"

schrieb keine Zeile ohne Geld –
Gott hat's wohl so gewollt!

Doch Gottes Wille war es auch,
dass er nicht lange Herrscher spielt –
bald starb der alte Fürst.
Der junge Fürst kam angereist,
verjagte gleich den Obersten,
verjagte dessen Helferlein,
verjagte das Kontor.
Und uns vom Gut befahl er dann,
den Bürgermeister selbst zu wähln.
Wir dachten nicht erst lange nach,
sechstausend Seelen plötzlich schrien
wie auf Kommando los:
‚Jermila Girin wählen wir!'
Zum Herrn gerufen wurde er,
der Fürst sprach mit Jermiluschka,
und rief dann vom Balkon:
‚Nun, Leutchen! Sei's, wie ihr es wünscht.
Mit meinem Fürstensiegel ist
die Wahl bestätigt nun.
Gewitzt ist er und schreibkundig,
allein: Ist nicht zu jung der Mann?'
Und wir darauf: ‚Das macht nichts, Herr,
dafür hat er Verstand!'

Das Fürstengut regierte nun
Jermila sieben Jahre lang,
und wie, das sag ich euch!
Nicht ein Kopekchen riss er sich
unter den Nagel in der Zeit.
Der, der im Recht war, Recht bekam!
Er strafte den, von dessen Schuld
er überzeugt sich sah …"

„Стой!" — крикнул укорительно
Какой-то попик седенький
Рассказчику. — Грешишь!
Шла борона прямехонько,
Да вдруг махнула в сторону —
На камень зуб попал!
Коли взялся рассказывать,
Так слова не выкидывай
Из песни: или странникам
Ты сказку говоришь?..
Я знал Ермилу Гирина…"

„А я небось не знал?
Одной мы были вотчины,
Одной и той же волости,
Да нас перевели…"

„А коли знал ты Гирина,
Так знал и брата Митрия,
Подумай-ка, дружок".

Рассказчик призадумался
И, помолчав, сказал:
„Соврал я: слово лишнее
Сорвалось на маху!
Был случай, и Ермил-мужик
Свихнулся: из рекрутчины
Меньшого брата Митрия
Повыгородил он.
Молчим: тут спорить нечего,
Сам барин брата старосты
Забрить бы не велел,
Одна Ненила Власьева
По сыне горько плачется,
Кричит: не наш черед!
Известно, покричала бы

„Halt, halt!", schrie da ganz vorwurfsvoll
ein kleines, graues Pöpchen laut.
„Das ist nicht wahr, da sündigst du!
Die Egge lief stets geradeaus,
dann schlug sie einen Zahn sich aus
und kam vom Wege ab!
Erzählst du's schon, dann sing das Lied
auch ganz und lass kein Wörtchen aus:
Du willst doch wohl den Pilgern hier
kein Märchenzeug erzähln?
Ich hab den Girin gut gekannt …"

„Und ich, hab ich ihn nicht gekannt?
Vom selben Gutshof stammen wir,
vom selben Amtsbezirk, obwohl –
uns gab man später weg …"

„Nun, hast den Girin du gekannt,
so kanntest du den Bruder auch,
den Mitri. Denk mal nach!"

Ganz kurz nur überlegt der Mann,
schweigt einen Augenblick und sagt:
„Im Feuereifer hab ich wohl
den Bogen überspannt!
Einmal wich er vom rechten Weg
dann doch ab, er verhinderte,
dass Mitri eingezogen wurd,
schob einen andren vor.
Da beißt die Maus kein' Faden ab,
obwohl – zu den Soldaten hätt
der Fürst des Schulzen Brüderlein
wohl selber nicht geschickt.
Doch weinte, schrie die Wlassjewna
ganz bitterlich um ihren Sohn:
,Wir waren gar nicht dran!'

Да с тем бы и отъехала.
Так что же? Сам Ермил,
Покончивши с рекрутчиной,
Стал тосковать, печалиться,
Не пьет, не ест: тем кончилось,
Что в деннике с веревкою
Застал его отец.
Тут сын отцу покаялся:
„С тех пор, как сына Власьевны
Поставил я не в очередь,
Постыл мне белый свет!"
А сам к веревке тянется.
Пытали уговаривать
Отец его и брат,
Он всё одно: „Преступник я!
Злодей! вяжите руки мне,
Ведите в суд меня!"
Чтоб хуже не случилося,
Отец связал сердечного,
Приставил караул.

Сошелся мир, шумит, галдит,
Такого дела чудного
Вовек не приходилося
Ни видеть, ни решать.
Ермиловы семейные
Уж не о том старалися,
Чтоб мы им помирволили,
А строже рассуди —
Верни парнишку Власьевне,
Не то Ермил повесится,
За ним не углядишь!
Пришел и сам Ермил Ильич,
Босой, худой, с колодками,
С веревкой на руках,
Пришел, сказал: „Была пора,

Normalerweise hätte es
ihr nichts genützt, doch ganz bedrückt,
ein Häufchen Unglück war Jermil.
Die Rekrutierung war vorbei,
Jermila aß und trank nicht mehr,
sein Vater fand im Schuppen ihn,
den Strick schon in der Hand.
Der Sohn dem Vater beichtete:
‚Seit ich den Sohn der Wlassjewna
an Mitris Stelle setzte, ist
das Leben mir ein Gräuel!'
Und wieder griff er nach dem Strick,
nur Bruder, Vater hielten ihn
mit Mühe noch zurück.
Er immerzu: ‚Ein Schuft bin ich,
ein Übeltäter! Bindet mich
und bringt mich vor Gericht!'
Um Schlimmres zu vermeiden, band
der Vater den geliebten Sohn,
ließ eine Wache da.

Zusammen kam die Bauernschaft,
sie lärmten, und sie schrien laut,
so eine Sache hätten sie
noch nie entschieden hier.
Jermils Familie flehte nicht
um Nachsicht: Strengstens wolle er
gerichtet werden jetzt!
‚Der Wlassjewna bringt ihren Sohn,
ansonsten können wir nichts tun,
sonst hängt Jermil sich auf!'
In Fesseln kam Jermil Iljitsch,
ganz mager, barfuß, barhäuptig,
den Strick noch in der Hand.
Er sprach: ‚Es gab mal eine Zeit
als ich euch richtete.

Судил я вас по совести,
Теперь я сам грешнее вас:
Судите вы меня!"
И в ноги поклонился нам.
Ни дать ни взять юродивый,
Стоит, вздыхает, крестится,
Жаль было нам глядеть,
Как он перед старухою,
Перед Ненилой Власьевой,
Вдруг на колени пал!

Ну, дело всё обладилось,
У господина сильного
Везде рука: сын Власьевны
Вернулся, сдали Митрия,
Да, говорят, и Митрию
Нетяжело служить,
Сам князь о нем заботится.
А за провинность с Гирина
Мы положили штраф:
Штрафные деньги рекруту,
Часть небольшая Власьевне,
Часть миру на вино…

Однако после этого
Ермил не скоро справился,
С год как шальной ходил.
Как ни просила вотчина,
От должности уволился,
В аренду снял ту мельницу
И стал он пуще прежнего
Всему народу люб:
Брал за помол по совести,
Народу не задерживал,
Приказчик, управляющий,
Богатые помещики

Nach bestem Wissen tat ich es,
nach dem Gewissen tat ich es.
Gesündigt hab ich selber schwer –
drum richtet jetzt auch mich!'
Stand wie ein Narr in Christo da,
bekreuzigte sich, seufzte laut!
Es schmerzte uns, mit anzusehn,
wie vor Nenila Wlassjewna,
vor dieser Alten der Jermil
zu Füßen plötzlich fiel!

Man regelte die Sache dann,
der Fürst hat seine starke Hand
ja überall: Bald kam der Sohn
der Wlassjewna zurück.
Und den Rekrutendienst trat nun
der Mitri an; es heißt sogar,
dass er's nicht schlecht getroffen hätt,
der Fürst persönlich kümmre sich.
Jermila musste Strafe zahln:
ein Strafgeld an die Wlassjewna,
ein Strafgeld dem Rekruten, und
ein Spendengeld ans Dorf …

Wie vor den Kopf geschlagen lief
Jermila dann ein Jahr lang rum,
erholte sich nicht bald.
So sehr das Dorf auch bettelte
und bat, er gab sein Amt dann ab,
besagte Mühle pachtet' er
und wurde bei den Leuten noch
beliebter als zuvor:
Was er fürs Mahlen nahm, war fair,
zu warten brauchte keiner lang,
es herrschte strikte Ordnung dort:
ob Gutsverwalter, Handelsmann,

И мужики беднейшие —
Все очереди слушались,
Порядок строгий вел!
Я сам уж в той губернии
Давненько не бывал,
А про Ермилу слыхивал,
Народ им не нахвалится,
Сходите вы к нему".

„Напрасно вы проходите, —
Сказал уж раз заспоривший
Седоволосый поп. —
Я знал Ермилу Гирина,
Попал я в ту губернию
Назад тому лет пять
(Я в жизни много странствовал,
Преосвященный наш
Переводить священников
Любил)... С Ермилой Гириным
Соседи были мы.
Да! был мужик единственный!
Имел он всё, что надобно
Для счастья: и спокойствие,
И деньги, и почет,
Почет завидный, истинный,
Не купленный ни деньгами,
Ни страхом: строгой правдою,
Умом и добротой!
Да только, повторяю вам,
Напрасно вы проходите,
В остроге он сидит..."

„Как так?"
— „А воля божия!
Слыхал ли кто из вас,
Как бунтовалась вотчина

ob reicher Gutsherr, oder auch
das allerärmste Bäuerlein –
ein jeder musste warten, bis
er an der Reihe war!
Schon lange war ich nicht mehr dort,
doch hab ich von Jermil gehört.
Die Menschen können nicht genug
ihn loben. Geht zu ihm!"

„Da würdet ihr umsonst hingehn",
der grauhaarige Pope sagt,
der schon mal widersprochen hat:
„Jermila Girin kannte ich,
ich kam in sein Gouvernement –
fünf Jahre ist's wohl her.
(Ich kam im Leben viel herum,
die Eminenz versetzte gern
die Pfarrer dann und wann)…
Jermila war mein Nachbar dort.
Ja, einzigartig war der Mann!
Er hatte Ruhe, Ehre, Geld –
er hatte, was die Menschheit halt
so braucht zum Glücklichsein.
Die Ehre war beneidenswert,
war nicht mit Angst und Geld erkauft,
nein, echt war sie, und wohlverdient
durch große Güte und Verstand,
und durch Wahrhaftigkeit!
Und trotzdem sag ich's euch noch mal,
ihr würdet dort umsonst hingehn:
Jermila sitzt in Haft …"

„Wie das?"
„Gott hat's wohl so gewollt!
Hat einer von euch denn schon mal
von der Erhebung auf dem Gut

Помещика Обрубкова,
Испуганной губернии,
Уезда Недыханьева,
Деревня Столбняки?..
Как о пожарах пишется
В газетах (я их читывал):
„Осталась неизвестною
Причина" — так и тут:
До сей поры неведомо
Ни земскому исправнику,
Ни высшему правительству,
Ни столбнякам самим,
С чего стряслась оказия,
А вышло дело дрянь.
Потребовалось воинство,
Сам государев посланный
К народу речь держал,
То руганью попробует
И плечи с эполетами
Подымет высоко,
То ласкою попробует
И грудь с крестами царскими
Во все четыре стороны
Повертывать начнет.
Да брань была тут лишняя,
А ласка непонятная:
„Крестьянство православное!
Русь-матушка! царь-батюшка!"
И больше ничего!
Побившись так достаточно,
Хотели уж солдатикам
Скомандовать: пали!
Да волостному писарю
Пришла тут мысль счастливая,
Он про Ермилу Гирина
Начальнику сказал:

der Herrschaften von Holzenklotz
im Furchtsamen Gouvernement,
im Landkreis Halt-den-Atem-an,
in Starrkrampfdorf gehört …?
Genau wie in den Zeitungen,
wenn über Feuersbrünste sie
berichten, stets zu lesen ist
(ich las die Blätter einst),
die Ursache sei ungeklärt,
so war's auch hier: Regierung und
der Polizeichef wüssten nicht,
und selbst die Starrkrampfdörfler nicht
den Grund, wie's zur Revolte kam.
Und keine Lösung sei in Sicht,
man bräuchte Militär!
Vom Zaren höchstpersönlich kam
ein Abgesandter, dieser hielt
ne Rede an das Volk.
Erst geiferte und schimpfte er
und zog die Epauletten hoch,
versuchte dann die milde Tour,
die Brust, die kreuzbehangene,
(die Kreuze hatte er vom Zarn)
die streckte er hervor.
Nichts half: nicht Schimpfen, Milde nicht:
‚Rechtgläubig seid ihr Bauern doch!
Denkt doch an Russland-Mütterchen!
Denkt doch ans Väterchen, den Zarn!' –
Das dumme Volk verstand ihn nicht.
Das war's dann wohl! Sein Möglichstes
hatt er getan und wollte schon
den Schießbefehl erteiln!
Dem Schreiber jenes Amtsbezirks
kam da in jenem Augenblick
die rettende Idee:
‚Da gibt es wen, dem glauben sie,

„Народ поверит Гирину,
Народ его послушает…"
— „Позвать его живей!"

. . . . . .

Вдруг крик:" Ай, ай! помилуйте!",
Раздавшись неожиданно,
Нарушил речь священника,
Все бросились глядеть:
У валика дорожного
Секут лакея пьяного —
Попался в воровстве!
Где пойман, тут и суд ему:
Судей сошлось десятка три,
Решили дать по лозочке,
И каждый дал лозу!
Лакей вскочил и, шлепая
Худыми сапожнишками,
Без слова тягу дал.
„Вишь, побежал, как встрепанный! —
Шутили наши странники,
Узнавши в нем балясника,
Что хвастался какою-то
Особенной болезнию
От иностранных вин. —
Откуда прыть явилася!
Болезнь ту благородную
Вдруг сняло, как рукой!"

. . . . . .

„Эй, эй! куда ж ты, батюшка!
Ты доскажи историю,
Как бунтовалась вотчина

Da gibt es wen, dem folgen sie,
Jermila Girin heißt der Mann ...'
‚Dann flott, man ruf ihn her!'"

. . . . . .

„Erbarmen, auu!" Es unterbricht
ein lauter Schrei den Redenden.
Sie rennen alle hin.
Am Wegrand wird da grade ein
besoffener Lakai versohlt –
beim Klauen hat man ihn erwischt!
An Ort und Stelle, gleich sofort,
wird er verurteilt jetzt.
Gut dreißig Richter finden sich,
verpassen Rutenschläge ihm –
ein jeder setzt nen Schlag!
Der Kerl springt auf, die Stiefelchen,
die ausgeleierten, verliert
er um ein Haar. Er macht sich schnell
und wortlos aus dem Staub.
„Sieh an, wie der noch rennen kann!",
die Wandrer frotzeln, denn den Schelm,
der mit der edlen Krankheit sich
gebrüstet hat, den haben sie
von weitem schon erkannt.
„Wie flink er doch noch laufen kann!
Die edle Krankheit, sie verschwand,
ganz wie von Geisterhand!"

. . . . . .

„He, Väterchen, wo willst du hin,
von der Geschichte schuldest du
uns noch das Ende: Wie erhob

Помещика Обрубкова,
Деревня Столбняки?"

„Пора домой, родимые.
Бог даст, опять мы встретимся,
Тогда и доскажу!"

. . . . . .

Под утро все поразъехались,
Поразбрелась толпа.
Крестьяне спать надумали,
Вдруг тройка с колокольчиком
Откуда ни взялась,
Летит! а в ней качается
Какой-то барин кругленький,
Усатенький, пузатенький,
С сигарочкой во рту.
Крестьяне разом бросились
К дороге, сняли шапочки,
Низенько поклонилися,
Повыстроились в ряд
И тройке с колокольчиком
Загородили путь…

Глава 5

Помещик

Соседнего помещика
Гаврилу Афанасьича
Оболта-Оболдуева
Та троечка везла.
Помещик был румяненький,

sich denn das Gut vom Holzenklotz
in jenem Starrkrampfdorf?"

„Ihr Lieben, Zeit, nach Haus zu gehn.
So Gott will, sehen wir uns noch,
den Rest erzähl ich dann."

. . . . . .

Am frühen Morgen jedermann
fährt, trottet, trollt sich nun nach Haus,
um auszuschlafen dort.
Gott weiß woher, mit Schellenklang
kommt eine Troika an:
Sie fliegt herbei, darinnen sitzt
mit nem Zigarrchen ganz bequem
ein kleiner, kugelrunder Herr
mit Schnauzbart und mit Bauch.
Die sieben Bauern springen schnell
zum Weg. Die Mützen in der Hand,
verbeugen sie sich tief.
Da stehen sie in Reih und Glied,
der Troika mit dem Schellenklang
versperren sie den Weg …

Kapitel 5

Der Gutsbesitzer

Ein Herr in dieser Troika sitzt
von Adel: Depp von Deppenau,
Gawrila Afanasjewitsch
vom nachbarlichen Gut.
Mit roten Bäckchen, würdevoll,

Осанистый, присадистый,
Шестидесяти лет;
Усы седые, длинные,
Ухватки молодецкие,
Венгерка с бранденбурами,
Широкие штаны.
Гаврило Афанасьефич,
Должно быть, перетрусился,
Увидев перед тройкою
Семь рослых мужиков.
Он пистолетик выхватил,
Как сам, такой же толстенький,
И дуло шестиствольное
На странников навел:
„Ни с места! Если тронетесь,
Разбойники! грабители!
На месте уложу!..“
Крестьяне рассмеялися:
„Какие мы разбойники,
Гляди — у нас ни ножика,
Ни топоров, ни вил!“
— „Кто ж вы? чего вам надобно?“

„У нас забота есть,
Такая ли заботушка,
Что из домов повыжила,
С работой раздружила нас,
Отбила от еды.
Ты дай нам слово крепкое
На нашу речь мужицкую
Без смеха и без хитрости,
По правде и по разуму,
Как должно отвечать,
Тогда свою заботушку
Поведаем тебе…“

ein stämmiger, ein stattlicher,
ein Mann von sechzig Jahrn;
in weiten Hosen, Ungarrock,
mit langem Schnauzbart, schon ergraut,
gebärdet er sich stolz und kühn –
welch jugendlicher Held!
Gawrila Afanasjewitsch
erschrickt gar sehr, als plötzlich da
die sieben großen Mannsbilder
vor seiner Troika stehn.
Nach dem Pistölchen langt er flink,
genau wie er kompakt und dick,
die sechsläufige Mündung dann
schnell richtet er auf sie:
„Bewegt euch nicht! Denn rührt ihr euch,
Banditen!, Räuberbande ihr!,
leg ich euch sofort um!" –
Die Bauern lachen fröhlich los:
„Sehn wir denn wie Banditen aus?
Wir haben weder Mistgabel,
noch Messer oder Beil!"
„Was wollt ihr? Und wer seid ihr denn?"

„Oh, uns treibt eine Frage um,
die ist so groß, dass sie uns schon
aus unsrem Haus getrieben hat,
die Lust zur Arbeit nahm sie uns,
die Lust am Essen auch.
Gib, Gutsherr, uns dein Manneswort
auf unser einfaches Begehr,
dass du uns, wie es sich gehört,
vernünftig und gewissenhaft,
ganz ohne Spott und Hintersinn
die Antwort gibst, dann legen wir
dir unsre Sorge dar …"

„Извольте: слово честное,
Дворянское даю!"
— „Нет, ты нам не дворянское,
Дай слово христианское!
Дворянское с побранкою,
С толчком да с зуботычиной,
То непригодно нам!"

Эге! какие новости!
А впрочем, будь по вашему!
Ну, в чем же ваша речь?..."
— „Спрячь пистолетик! выслушай!
Вот так! мы не грабители,
Мы мужики смиренные,
Из временнообязанных,
Подтянутой губернии,
Уезда Терпигорева,
Пустопорожней волости,
Из разных деревень:
Заплатова, Дырявина,
Разутова, Знобишина,
Горелова, Неелова —
Неурожайка тож.
Идя путем — дорогою,
Сошлись мы невзначай,
Сошлись мы — и заспорили:
Кому живется счастливо,
Вольготно на Руси?
Роман сказал: помещику,
Демьян сказал: чиновнику,
Лука сказал: попу.
Купчине толстопузому, —
Сказали братья Губины,
Иван и Митродор.
Пахом сказал: светлейшему,
Вельможному боярину,

„Nun gut, ich gebe euch mein Wort
als wahrer Edelmann!"
„O nein, kein Wort als Edelmann,
gib uns dein Wort als Christenmensch!
Nach Rüffel klingt das Adelswort,
nach Prügel und nach Backenstreich,
das Wort für uns nicht taugt!"

„Oha! Was höre ich da raus!
Im Übrigen, ganz wie ihr wollt!
Nun, worum geht es euch?"
„Steck dein Pistölchen ein, hör zu!
Denn wir sind keine Räuber nicht,
wir sind nur brave Bauersleut,
auf Zeit Frondienstverpflichtete,
vom Hungertuchgouvernement,
dem Landkreis Oberklagenburg,
dem Amtsbezirke Sorgenfeld,
aus Dörfern mancherlei:
aus Kummerow und Leidenstedt,
aus Nothweiler, Kleinelendsdorf
Brandstade und aus Flickenhof
und aus Großlöcheritz.
Wir trafen uns per Zufall bloß,
als alle unterwegs wir warn.
Wir trafen uns – und stritten gleich:
Wer lebt in Russland froh und frei,
wer hat das beste Los?
Der Gutsbesitzer, sagt' Roman,
nein, der Beamte, sagt' Demjan,
der Pope, sagt' Luka.
Die Brüder Gubin meinten dann
(Iwan und Mitrodor),
der Kaufmann wohl, der fette Wanst.
Pachom, der sagte: die Durchlaucht,
am besten ging's dem Würdenmann,

Министру государеву,
А Пров сказал: царю…
Мужик что бык: втемяшится
В башку какая блажь —
Колом ее оттудова
Не выбьешь! Как ни спорили,
Не согласились мы!
Поспоривши — повздорили,
Повздоривши — подралися,
Подравшися — удумали
Не расходиться врозь,
В домишки не ворочаться,
Не видеться ни с женами,
Ни с малыми ребятами,
Ни с стариками старыми,
Покуда спору нашему
Решенья не найдем,
Покуда не доведаем
Как ни на есть доподлинно:
Кому жить любо-весело,
Вольготно на Руси?

Скажи ж ты нам по-божески,
Сладка ли жизнь помещичья?
Ты как — вольготно, счастливо,
Помещичек, живешь?"

Гаврило Афанасьевич
Из тарантаса выпрыгнул,
К крестьянам подошел:
Как лекарь, руку каждому
Пощупал, в лица глянул им,
Схватился за бока
И покатился со смеху…
„Ха-ха! ха-ха! ха-ха! ха-ха!"
Здоровый смех помещичий

Minister unsrer Majestät,
Prow sagte glatt: der Zar …
Stur wie ein Ochs der Bauer ist,
starrköpfig wie ne Zick –
was er sich in den Schädel setzt,
kriegst du nicht raus: so stritten wir
und einigten uns nicht!
Wir stritten und wir zankten uns,
wir zankten und wir rauften uns,
wir rauften und besannen uns
und wir beschlossen dann,
nach Hause nicht zurückzugehn,
und unsre Frauen nicht zu sehn,
und unsre kleinen Kinder nicht,
und unsre alten Eltern nicht,
bevor die Frage wir nicht klärn,
nicht lösen diesen Streit,
die Antwort nicht gefunden ist,
die Wahrheit, die wahrhaftige:
Wer lebt in Russland froh und frei,
wer hat das beste Los?

Nun sag uns ehrlich, halt dein Wort:
Wie ist das Gutsherrnleben so?
Lebst du denn, Gutsherr, süß und frei
und glücklich immerfort …?"

Gawrila Afanasjewitsch
springt nun aus seiner Kutsche raus,
tritt an die Bauern ran,
schaut einem jeden ins Gesicht
fühlt wie ein Doktor jede Hand,
und fängt zu lachen an.
Sogar das Bäuchlein hält er sich …
So lacht er sich halb kringelig,
Haha, hoho! Hoho, haha!

По утреннему воздуху
Раскатываться стал...

Нахохотавшись досыта,
Помещик не без горечи
Сказал: „Наденьте шапочки,
Садитесь, господа!"

„Мы господа не важные,
Перед твоею милостью
И постоим..."
  — „Нет! нет!
Прошу садиться, *граждане*!"
Крестьяне поупрямились,
Однако делать нечего,
Уселись на валу.
„И мне присесть позволите?
Эй, Прошка! рюмку хересу,
Подушку и ковер!"

Расположась на коврике
И выпив рюмку хересу,
Помещик начал так:

„Я дал вам слово честное
Ответ держать по совести,
А нелегко оно!
Хоть люди вы почтенные,
Однако не ученые,
Как с вами говорить?
Сперва понять вам надо бы,
Что значит слово самое:
Помещик, *дворянин*.
Скажите, вы, любезные,
О родословном дереве
Слыхали что-нибудь?"

Des Herrn Gelächter dröhnt und rollt
laut durch die Morgenluft ...

Nachdem er sich so sattgelacht,
spricht er nicht ohne Bitternis:
„Nehmt Platz, ich bitt euch, *Herrschaften,*
setzt eure Mützen auf!"

„Wir sind doch keine Herrschaft nicht,
vor Euer Gnaden können wir
auch stehn ..."
  „O nein, ach was!
Ich bitt euch, *Bürger,* setzt euch doch!"
Ein bisschen zieren sie sich noch,
jedoch – was tun? Sie setzen sich
dann doch am Wegrand hin.
„Gestattet, dass auch ich mich setz!
He, Proschka, bring nen Sherry her,
ein Kissen, Teppich, schnell!"

Gemütlich macht es sich der Herr,
nimmt seinen Sherry ganz in Ruh,
hebt dann zu reden an:

„Mein Wort gegeben hab ich euch
gewissenhaft zu antworten.
Doch einfach ist das nicht!
Zwar seid ihr sicher ehrenwert,
doch, nun, gebildet seid ihr nicht,
wie soll ich's euch erklärn?
Zunächst mal solltet ihr verstehn,
was dies Wort, *Adel,* eigentlich
bedeutet, also – heißt.
Nun sagt doch, werte Herrschaften:
habt ihr schon irgendwann einmal
vom Stammbaum was gehört?"

— Леса нам не заказаны —
Видали древо всякое!" —
Сказали мужики.
„Попали пальцем в небо вы!..
Скажу вам вразумительней:
Я роду именитого,
Мой предок Оболдуй
Впервые поминается
В старинных русских грамотах
Два века с половиною
Назад тому. Гласит
Та грамота: „Татарину
Оболту Оболдуеву
Дано суконце доброе,
Ценою два рубля:
Волками и лисицами
Он тешил государыню,
В день царских именин,
Спускал медведя дикого
С своим, и Оболдуева
Медведь тот ободрал…"
Ну, поняли, любезные?"
— „Как не понять! С медведями
Немало их шатается,
Прохвостов, и теперь".

„Вы всё свое, любезные!
Молчать! уж лучше слушайте,
К чему я речь веду:
Тот Оболдуй, потешивший
Зверями государыню,
Был корень роду нашему,
А было то, как сказано,
С залишком двести лет.
Прапрадед мой по матери
Был и того древней:

„Verboten ist der Wald uns nicht,
so manche Bäume kennen wir!",
darauf die Bauern hier.
„Total daneben! Eben das
hab ich gemeint! Ich will es euch
erklärn, dass ihr's versteht:
Ich stamm aus einem namhaften
Geschlechte – der von Deppenau.
Die wurden schon vor langer Zeit,
vor zweieinhalb Jahrhunderten
in Urkunden erwähnt.
In einer steht, dass ein Tatar
mit Namen Depp von Deppenau
ein gutes Stückchen Tuch erhält,
zwei ganze Rubel wert.
Die Zarin höchstpersönlich er
mit Wölfen, Füchsen unterhielt,
und an der Zarin Namenstag
ließ einen wilden Bären er
auf seinen eignen los, der hat
den Deppenau zerfetzt …
Nun, habt ihr das begriffen, Jungs!"
„Wie sollten wir das nicht verstehn!
Auch heute treibt manch Lumpenpack
sich noch mit Bären rum."

„Ihr müsst wohl dauernd euren Senf
dazutun! Schweigt, hört lieber zu,
denn jener Deppenau, der so
die Zarin unterhalten hat,
der war die Wurzel unseres
Geschlechts, und das war, wie gesagt,
vor gut zweihundert Jahrn.
Und mein Geschlecht, das ist sogar
noch älter mütterlicherseits:
das derer von Schtschepin!

„Князь Щепин с Васькой Гусевым
(Гласит другая грамота)
Пытал поджечь Москву,
Казну пограбить думали,
Да их казнили смертию",
А было то, любезные,
Без мала триста лет.
Так вот оно откудова
То дерево дворянское
Идет, друзья мои!"

„А ты, примерно, яблочко
С того выходишь дерева?" —
Сказали мужики.

„Ну, яблочко, так яблочко!
Согласен! Благо, поняли
Вы дело наконец.
Теперь — вы сами знаете —
Чем дерево дворянское
Древней, тем именитее,
Почетней дворянин.
Не так ли, благодетели?"

„Так! — отвечали странники. —
Кость белая, кость черная,
И поглядеть, так разные, —
Им разный и почет!"

„Ну, вижу, вижу: поняли!
Так вот, друзья — и жили мы,
Как у Христа за пазухой,
И знали мы почет.
Не только люди русские,
Сама природа русская
Покорствовала нам.

Einst wollt mein Ururgroßvater,
(wie'n weitres Dokument besagt),
mit Wassjka Gussjew im Komplott
erst Moskau abfackeln und dann
die Staatskasse erbeuten, doch
man richtete sie hin.
Das war vor fast dreihundert Jahrn.
Da also ist der Stammbaum her
des edlen, namhaften Geschlechts –
jetzt wisst ihr's, meine Herrn!"

„Dann bist du sozusagen wohl
von jenem Baum ein Äpfelchen?",
kommt's von den Bauern da.

„Ein Äpfelchen? Nun, wie ihr meint!
Dann eben Äpfelchen! Ihr habt's
begriffen, gottseidank!
Nun, ist das so – ihr wisst ja selbst –
je älter so ein Stammbaum ist,
desto mehr Ehre dem gebührt
der diesen Namen trägt.
Nicht wahr, ihr Herren, was meint ihr?"

„So ist es", sagen diese nun.
„Das blaue Blut, das rote Blut,
sie sehen ganz verschieden aus –
verschieden man sie ehrt."

„Ich seh, dass ihr verstanden habt!
So, Freunde, lebten wir wie Gott
in Frankreich. Ehre wurde uns
von allen stets zuteil.
Und nicht nur von den Leuten, nein,
es unterwarf sich uns auch brav
die russische Natur.

Бывало, ты в окружности
Один, как солнце на небе,
Твои деревни скромные,
Твои леса дремучие,
Твои поля кругом!
Пойдешь ли деревенькою —
Крестьяне в ноги валятся,
Пойдешь лесными дачами —
Столетними деревьями
Преклонятся леса!
Пойдешь ли пашней, нивою —
Вся нива спелым колосом
К ногам господским стелется,
Ласкает слух и взор!
Там рыба в речке плещется:
„Жирей-жирей до времени!"
Там заяц лугом крадется:
„Гуляй-гуляй до осени!"
Всё веселило барина,
Любовно травка каждая
Шептала: „Я твоя!"

Краса и гордость русская,
Белели церкви божии
По горкам, по холмам,
И с ними в славе спорили
Дворянские дома.
Дома с оранжереями,
С китайскими беседками
И с английскими парками;
На каждом флаг играл,
Играл-манил приветливо,
Гостеприимство русское
И ласку обещал.
Французу не предвидится
Во сне, какие праздники,

Manchmal, da war ich weit und breit
allein, der Sonne oben gleich,
die schlichten Dörfer waren mein,
die dichten Wälder waren mein,
und rings die Felder auch!
Die Bauern fieln zu Füßen mir,
wenn ich durch so ein Dorf dann ging!
Und ging ich durch ein Forstrevier,
verneigten sich die Bäume, selbst
die hundertjährigen!
Betrat ich Acker, Feld und Flur,
dann legten reife Ähren sich
vor ihrem Herrn darnieder und
umwarben Blick und Ohr!
Im Fluss die Fischlein plätscherten:
‚Wachst weiter, bis schön fett ihr seid!'
Ein Hase sich im Feld versteckt:
‚Lauf, hoppel bis zum Herbst!'
All das ergötzt den feinen Herrn,
gefühlvoll flüstert jeder Halm
ganz zärtlich: ‚Ich bin dein!'

Von Höhen, Hügeln strahlen weiß,
weithin die Gotteshäuser hier,
sind Russlands Stolz und Zier.
In ihrer Schönheit, ihrem Ruhm
die Gutshäuser versuchten einst,
es ihnen gleichzutun:
prunkten mit Parks, mit englischen,
mit Teehäusern chinesischen,
und mit Orangerien.
Auf jedem Gutshaus wehte da
verspielt und freundlich einladend
die Fahne, und versprach dem Gast
russische Gastfreundschaft.
Was wir für Feste feierten –

Не день, не два — по месяцу
Мы задавали тут.
Свои индейки жирные,
Свои наливки сочные,
Свои актеры, музыка,
Прислуги — целый полк!
Пять поваров да пекаря,
Двух кузнецов, обойщика,
Семнадцать музыкантиков
И двадцать два охотника
Держал я... Боже мой!.."

Помещик закручинился,
Упал лицом в подушечку,
Потом привстал, поправился:
„Эй, Прошка!" — закричал.
Лакей, по слову барскому,
Принес кувшинчик с водкою.
Гаврило Афанасьевич,
Откушав, продолжал:
„Бывало, в осень позднюю
Леса твои, Русь-матушка,
Одушевляли громкие
Охотничьи рога.
Унылые, поблекшие
Леса полураздетые
Жить начинали вновь,
Стояли по опушечкам
Борзовщики-разбойники,
Стоял помещик сам,
А там, в лесу, выжлятники
Ревели, сорвиголовы,
Варили варом гончие.
Чу! подзывает рог!..
Чу! стая воет! сгрудилась
Никак, по зверю красному

nicht tage-, o nein, wochenlang!
Selbst ein Franzose hätt sich das
im Traum nie vorgestellt!
Der Fruchtlikör war eigener,
die schönen fetten Puten auch,
ein Regiment Bediensteter
gehörte mir allein!
Fünf Köche, Bäcker, Polsterer,
die Schauspieler und Musiker,
zwei Schmiede, zwanzig Jagdgeselln
hielt ich mir ... O mein Gott!"

Auf einmal weint der Herr, vergräbt
im Kissen seine Nase dann,
kommt wieder zu sich, stützt sich auf:
„He, Proschka!", schreit er laut.
Darauf bringt der Lakai sogleich
vom Wodka ein Karäffchen ihm;
Gawrila Afanasjewitsch
trinkt erst und fährt dann fort:
„Im Herbst ertönten manches Mal,
o Russland du, o Mütterchen,
die Jagdhörner durch deinen Wald –
wie wundervoll das war!
Die tristen, fahlen, welkenden,
halb nackten Wälder lebten da
noch einmal wieder auf.
Der Gutsherr mit der Reiterei,
der tollkühnen, am Waldrand stand,
die Windhunde dabei.
Horcht! Horcht! Im Wald die Draufgänger,
die Meutenführer, treiben laut,
mit Horngeblase und Geschrei,
die Hundemeute an!
Horcht! Horcht! Die Meute jault und heult:
Sind sie gar hinter Füchsen her?

Погнали?.. улю-лю!
Лисица чернобурая,
Пушистая, матерая
Летит, хвостом метет!
Присели, притаилися,
Дрожа всем телом, рьяные,
Догадливые псы:
Пожалуй, гостья жданная!
Поближе к нам, молодчикам,
Подальше от кустов!
Пора! Ну, ну! не выдай, конь!
Не выдайте, собаченьки!
Эй! улю-лю! родимые!
Эй! — улю-лю!.. а-ту!..“
Гаврило Афанасьевич,
Вскочив с ковра персидского,
Махал рукой, подпрыгивал,
Кричал! Ему мерещилось,
Что травит он лису…

Крестьяне молча слушали,
Глядели, любовалися,
Посмеивались в ус…

„Ой ты, охота псовая!
Забудут всё помещики,
Но ты, исконно-русская
Потеха! не забудешься
Ни во веки веков!
Не о себе печалимся,
Нам жаль, что ты, Русь-матушка,
С охотою утратила
Свой рыцарский, воинственный,
Величественный вид!
Бывало, нас по осени
До полусотни съедется

He, Rüde, hussa, he!
Und da! Ein ausgewachsner Fuchs,
schwarzbraun, mit schönem dichten Fell,
flieht, fliegt, sein Schwanz, der weht.
Am ganzen Leibe zittern jetzt
die Hunde, die gelehrigen,
sie sitzen auf dem Sprung.
Komm näher, Fuchs, wir warten schon,
komm her, fort von den Büschen da,
komm näher zu uns ran!
Gleich, gleich! Mein Pferd, verrat uns nicht!
Verratet uns nicht, Hündchen, still!
He, ho! Ihr Lieben, jetzt geht's los!
He, hussa, hussa, ho …!"
Gawrila Afanasjewitsch
springt von dem Perserteppich hoch,
er winkt und springt, er hüpft und schreit!
Ihn dünkt es gar, dass er es sei,
der grad das Füchslein hetzt …

Die Bauern hören schweigend zu,
sie schaun ihn an und schmunzeln sich
ganz leise in den Bart …

„Ach, ach, du schöne Meutejagd!
Selbst wenn wir Gutsbesitzer einst
nichts anderes mehr wissen – du,
urrussisches Vergnügen du,
wirst unvergessen sein!
Nicht um uns selber trauern wir,
uns tut es leid, dass Russland, dir,
mit dieser Jagd verloren ging
dein ritterliches, streitbares,
erhabenes Gesicht!
So manches Mal versammelten
auf den entlegnen Feldern sich

В отъезжие поля;
У каждого помещика
Сто гончих в напуску,
У каждого по дюжине
Борзовщиков верхом,
При каждом с кашеварами,
С провизией обоз.
Как с песнями да с музыкой
Мы двинемся вперед,
На что кавалерийская
Дивизия твоя!
Летело время соколом,
Дышала грудь помещичья
Свободно и легко.
Во времена боярские,
В порядки древнерусские
Переносился дух!
Ни в ком противоречия,
Кого хочу — помилую,
Кого хочу — казню.
Закон — мое желание!
Кулак — моя полиция!
Удар искросыпительный,
Удар зубодробительный,
Удар скуловорррот!.."

Вдруг, как струна порвалася,
Осеклась речь помещичья.
Потупился, нахмурился,
„Эй, Прошка!" — закричал.
Глонул — и мягким голосом
Сказал: „Вы сами знаете,
Нельзя же и без строгости?
Но я карал — любя.
Порвалась цепь великая —
Теперь не бьем крестьянина,

im Herbst so fünfzig Mann.
Und hundert Brachen führte da
in seiner Meute jeder Mann,
ein Dutzend Windhundführer noch
mit Hunden, hoch zu Ross,
und jeder hatt ein Fuhrwerk bei,
mit Provision und Koch.
Wir rückten vorwärts mit Gesang
und mit Musik, viel besser noch,
als eine ganze Division
der Reiterei es kann.
Die Zeit flog falkengleich dahin,
es hob die Brust des Gutsherrn sich
so mühelos und leicht!
Und, ach, zu jener Herrenzeit,
da herrschte noch der alte Geist,
da atmeten wir frei!
Nie wagte jemand Widerspruch,
ich henkte und begnadigte,
wie mir zumute war.
Mein Wunsch allein war das Gesetz,
die Polizei war meine Faust!
Ein Faustschlag, und die Funken sprühn,
ein Faustschlag, Jochbein krumm und schief,
ein Faustschlag, Zähne r-r-raus …!"

Die Rede bricht auf einmal ab,
als risse eine Saite ihr.
Sein Blick, der senkt, verfinstert sich,
„He, Proschka", schreit er dann.
Ein Schlückchen, und in sanftrem Ton
spricht er dann weiter: „Wie ihr wisst,
geht's ohne Strenge nicht!
Doch strafte ich stets liebevoll.
Gesprengt die große Kette ist,
wir schlagen keine Bauern mehr,

Зато уж и отечески
Не милуем его.
Да, был я строг по времени,
А впрочем, больше ласкою
Я привлекал сердца.

Я в воскресенье светлое
Со всей своею вотчиной
Христосовался сам!
Бывало, накрывается
В гостиной стол огромнейший,
На нем и яйца красные,
И пасха, и кулич!
Моя супруга, бабушка,
Сынишки, даже барышни
Не брезгуют, целуются
С последним мужиком.
„Христос воскрес!" — „Воистину!"
Крестьяне разговляются,
Пьют брагу и вино…

Пред каждым почитаемым
Двунадесятым праздником
В моих парадных горницах
Поп всенощну служил.
И к той домашней всенощной
Крестьяне допускалися,
Молись — хоть лоб разбей!
Страдало обоняние,
Сбивали после с вотчины
Баб отмывать полы!
Да чистота духовная
Тем самым сберегалася,
Духовное родство!
Не так ли, благодетели?"

gewähren aber auch nicht mehr
die Gnade väterlich.
Nun ja, ich war bisweilen hart,
doch, notabene, ich errang
mit Güte meist das Herz!

Am Ostersonntag küsst ich selbst
das ganze Gut, den Ostergruß
sprach ich. Dann wurde eingedeckt
die große Tafel im Salon:
gefärbte Eier, Kuchen und
natürlich Osterbrot!
Der Gattin, Großmama, dem Sohn,
den jungen Damen merkte man
den Widerwillen niemals an,
den letzten Bauern küssten sie:
‚Christus ist auferstanden' – ‚Ja,
wahrhaftig, auferstanden!'
Die Bauern tranken Bier und Wein,
das Fasten war vorbei …

Vor jedem großen Kirchenfest,
zwölf Mal im Jahr, da feierte
der Pope bei uns im Salon
den Abendgottesdienst.
Wir beteten die ganze Nacht,
was immer das auch bringen sollt,
man ließ da auch die Bauern zu,
oh, was für ein Gestank!
Zum Dielenschrubben ließen wir
danach vom Gut die Weiber holn.
Auf diese Weise wurde auch
die geistige Verbundenheit
und Reinheit uns bewahrt!
Nun, meine Herren, stimmt das so?"

„Так!" — отвечали странники,
А про себя подумали:
„Колом сбивал их, что ли, ты
Молиться в барский дом?.."

„Зато, скажу не хвастая,
Любил меня мужик!
В моей сурминской вотчине
Крестьяне всё подрядчики,
Бывало, дома скучно им,
Все на чужую сторону
Отпросятся с весны...
Ждешь — не дождешься осени,
Жена, детишки малые
И те гадают, ссорятся:
„Какого им гостинчику
Крестьяне принесут!"
И точно: поверх барщины,
Холста, яиц и живности —
Всего, что на помещика
Сбиралось искони, —
Гостинцы добровольные
Крестьяне нам несли!
Из Киева — с вареньями,
Из Астрахани — с рыбою,
А тот, кто подостаточней,
И с шелковой материей:
Глядь, чмокнул руку барыне
И сверток подает!
Детям игрушки, лакомства,
А мне, седому бражнику,
Из Питера вина!
Толк вызнали, разбойники,
Небось не к Кривоногову,
К французу забежит.
Тут с ними разгуляешься,

„Nun ja", die Wanderer darauf,
und dachten sich: ‚Die Bauern hast
du mit nem Stock zum Beten wohl
ins Herrenhaus gejagt …?'

„Doch sag ich ohne Prahlerei:
Der Bauer liebte mich!
Von meinem Gut in Surmino
verdingten alle Bauern sich:
sie langweilten sich wohl zu Haus;
und baten mich um Freistellung
vom Frühjahr an, um fortzugehn …
Und kaum erwarten konnten wir
die Rückkehr dann im Herbst.
Die Frau, die Kinder waren schon
auf ihre Mitbringsel gespannt:
‚Was kaufen sie uns wohl?'
Und richtig: außer Fronsteuer,
Geflügel, Eiern, Leinentuch
die Bauern brachten jedes Jahr
auch mit, was in der Fremde sie
für ihren Herrn beschafft.
Aus freien Stücken taten sie's!
Aus Kiew Konfitüren fein,
und schönen Fisch aus Astrachan,
und wer noch etwas mehr besaß,
der kam mit Seidentüchern an,
küsst seiner Herrin – schmatz! – die Hand,
bracht ihr das Päckchen dar.
Den Kleinen Naschwerk, Spielzeug auch,
für mich Genießer alten gab's
dann Wein aus Petersburg!
Den kauften beim Franzosen sie,
und nicht beim Russen, da sind die
Schlawiner doch sehr schlau!
Da wurd auch ich mal leichtsinnig,

По-братски побеседуешь,
Жена рукою собственной
По чарке им нальет.
А детки тут же малые
Посасывают прянички
Да слушают досужие
Рассказы мужиков —
Про трудные их промыслы,
Про чужедальны стороны,
Про Петербург, про Астрахань,
Про Киев, про Казань…

Так вот как, благодетели,
Я жил с моею вотчиной,
Не правда ль, хорошо?..“
— „Да, было вам, помещикам,
Житье куда завидное,
Не надо умирать!“

„И всё прошло! всё минуло!…
Чу! похоронный звон!..“

Прислушалися странники,
И точно: из Кузьминского
По утреннему воздуху
Те звуки, грудь щемящие,
Неслись: „Покой крестьянину
И царствие небесное!“ —
Проговорили странники
И покрестились все…

Гаврило Афанасьевич
Снял шапочку — и набожно
Перекрестился тож:
„Звонят не по крестьянину!
По жизни по помещичьей

und eigenhändig goss die Frau
auch mal ein Gläschen ein.
Da klönt man auch mal freundschaftlich,
die kleinen Kinder warn dabei,
lutschten am Naschwerk, hörten dann
den weitgereisten Bauern und
all den Histörchen zu –
von fernen, fremden Gegenden,
von ihrer harten Arbeit dort,
von Petersburg und Astrachan,
von Kiew und Kasan …

So war das früher, Herrschaften,
so lebte ich auf meinem Gut,
das war doch schön, nicht wahr?"
„O ja, euch Gutsherrn ging es gut,
ertragen ließ solch Leben sich,
war schon beneidenswert!"

„Vorbei ist alles! Alles fort …!
Hört ihr die Totenglocken dort!"

Die Bauern horchen. Wahrhaftig
ertönt dort aus Kusminskoje
in aller Früh der Glockenklang,
der's Herz beklemmt und drückt.
„In Frieden, sanft, der Bauer ruh,
zuteil werd ihm das Himmelreich",
so sprechen unsre Wanderer,
bekreuzigen sich gleich …

Gawrila Afanasjewitsch
nimmt ebenfalls sein Mützchen ab,
bekreuzigt sich sehr fromm:
„Sie läuten nicht dem Bauern nach!
O nein! Nur dem verlorenen,

Звонят!.. Ой жизнь широкая!
Прости-прощай навек!
Прощай и Русь помещичья!
Теперь не та уж Русь!
Эй, Прошка!" (выпил водочки
И посвистал)...
    „Невесело
Глядеть, как изменилося
Лицо твое, несчастная
Родная сторона!
Сословье благородное
Как будто всё попряталось,
Повымерло! Куда
Ни едешь, попадаются
Одни крестьяне пьяные,
Акцизные чиновники,
Поляки пересыльные
Да глупые посредники,
Да иногда пройдет
Команда. Догадаешься:
Должно быть, взбунтовалося
В избытке благодарности
Селенье где-нибудь!
А прежде что тут мчалося
Колясок, бричек троечных,
Дормезов шестерней!
Катит семья помещичья —
Тут маменьки солидные,
Тут дочки миловидные
И резвые сынки!
Поющих колокольчиков,
Воркующих бубенчиков
Наслушаешься всласть.
А нынче чем рассеешься?
Картиной возмутительной
Что шаг — ты поражен:

dem Gutsbesitzerglück!
Leb wohl, du freies Leben, du!
Leb wohl, feudales Russland, du!
Bist nicht dasselbe mehr!
He, Proschka! Bring den Wodka her!"
(Er trinkt, pfeift leis ...)
„Nicht lustig ist's
zu sehen, wie dein Antlitz sich
verändert hat, du glückloses,
du unser Vaterland!
Wo ist der edle Stand denn nur?
Es ist, als hätten alle sich
versteckt! Wohin man fährt,
wohin man blickt, man sieht nur noch
besoffne Bauern überall,
stupide Krämer hier und da,
Beamte von der Steuer, und
verbannte Polen noch.
Manchmal kommt Militär vorbei,
dann denkt man sich: Aha, da gibt's
mal wieder Unruh, da hat wohl
vor lauter Dank und Übermut
ein Dörfchen revoltiert!
Was flog dagegen früher so
an Troikas, Sechsgespannen und
Kaleschen hier entlang! –
Mit Gutsherrn und Familien:
den respektablen Mamenkas
und ihren hübschen Töchterchen,
den Söhnen feurig – wild!
Wie hell die Glöckchen klingelten,
die Schellen munter bimmelten!
Was für ein Klang! Welch Bild!
Doch was kann heut das Herz erfreun?
Ein Anblick, schändlich, unfassbar,
erschüttert dich auf Schritt und Tritt:

Кладбищем вдруг повеяло,
Ну, значит, приближаемся
К усадьбе… Боже мой!
Разобран по кирпичику
Красивый дом помещичий,
И аккуратно сложены
В колонны кирпичи!
Обширный сад помещичий,
Столетьями взлелеянный,
Под топором крестьянина
Весь лег, — мужик любуется,
Как много вышло дров!
Черства душа крестьянина,
Подумает ли он,
Что дуб, сейчас им сваленный,
Мой дед рукою собственной
Когда-то насадил?
Что вон под той рябиною
Резвились наши детушки,
И Ганичка и Верочка,
Аукались со мной?
Что тут, под этой липою,
Жена моя призналась мне,
Что тяжела она
Гаврюшей, нашим первенцем,
И спрятала на грудь мою
Как вишня покрасневшее
Прелестное лицо?..
Ему была бы выгода —
Радехонек помещичьи
Усадьбы изводить!
Деревней ехать совестно:
Мужик сидит — не двинется,
Не гордость благородную —
Желчь чувствуешь в груди.
В лесу не рог охотничий,

man wittert plötzlich Friedhofsluft,
das heißt, dass man sich einem Gut
schon wieder nähert ... Gott!
Denn Ziegelstein um Ziegelstein
ist da das Gutshaus schon zerlegt,
die Ziegel hat man aufgetürmt
schön säuberlich und fein!
Der alte Gutspark, liebevoll
gehegt, gepflegt seit hundert Jahrn,
gefällt von einer Bauernaxt –
der Bauer freut sich, dass er jetzt
so reichlich Brennholz hat!
Des Bauern Herz ist roh und kalt –
ob er wohl jemals daran denkt,
dass die gefällte Eiche einst
mein Großvater mit eigner Hand
hatt liebevoll gepflanzt?
Dass meine Kinder fröhlich einst –
die Ganitschka, die Verotschka –
dort unterm Vogelbeerenbaum
getollt, Versteck gespielt?
Dass unter jener Linde da
mein liebes Weibchen sagte, dass
Gawrjuschka, unsren Ältesten,
sie unterm Herzen trug,
verschämt an meine Brust geschmiegt
das kirschleinrot errötete
liebreizende Gesicht? ...
O nein, der will nur Vorteil sehn,
hat Spaß daran, das Herrengut
ganz auszurotten nun!
Wie peinlich, durch ein Dorf zu fahrn:
Der Bauer sitzt da, rührt sich nicht –
da spür ich keinen edlen Stolz,
die Galle kommt mir hoch!
Statt eines Jagdhorns klingt im Wald

Звучит-топор разбойничий,
Шалят!.. а что поделаешь?
Кем лес убережешь?..
Поля — недоработаны,
Посевы — недосеяны,
Порядку нет следа!
О матушка! о родина!
Не о себе печалимся,
Тебя, родная, жаль.
Ты, как вдова печальная,
Стоишь с косой распущенной,
С неубранным лицом!..

Усадьбы переводятся,
Взамен их распложаются
Питейные дома!..
Поят народ распущенный,
Зовут на службы земские,
Сажают, учат грамоте, —
Нужна ему она!
На всей тебе, Русь-матушка,
Как клейма на преступнике,
Как на коне тавро,
Два слова нацарапаны:
„Навынос и распивочно".
Чтоб их читать, крестьянина
Мудреной русской грамоте
Не стоит обучать!..

А нам земля осталася…
Ой ты, земля помещичья!
Ты нам не мать, а мачеха
Теперь… „А кто велел? —
Кричат писаки праздные, —
Так вымогать, насиловать
Кормилицу свою!"

die Axt. Die Räuber plündern ihn!
… Jedoch, was kann ich tun?
Wer schützt denn heut noch Wald und Flur?
Die Felder sind nur halb bestellt,
die Saat zur Hälfte eingebracht,
von Ordnung keine Spur!
Oh, liebe Heimat! Mütterchen!
Nein, nicht uns selbst bedauern wir,
das Mitleid, es gilt dir!
Wie eine Witwe stehst du da
in Trauer, völlig ungeschminkt
und mit gelöstem Haar! …

Die Herrengüter gehen ein,
doch Schenken sprießen überall
in übergroßer Zahl!
Das Volk verlottert, und es säuft,
verrichten soll's Gemeindedienst,
und lesen lernen soll es auch –
als ob es sowas braucht!
Man hat dich, liebes Vaterland,
gebrandmarkt, so als seiest du
ein Räuber oder Pferd.
Und aufgestempelt hat man dir
zwei Dinge: ‚Ausschank außer Haus',
und ‚Ausschank im Lokal'.
Das Lesen und das Schreiben lernt
der Bauer nun dafür?

Und uns bleibt nur das Gutsland noch!
Das Land ist eine Stiefmutter
und keine Mutter mehr …
Die faulen Schreiberlinge schrein:
‚Wer hat euch eigentlich erlaubt,
dies Land – das Land, das euch ernährt,
so auszupressen mit Gewalt?'

А я скажу: „А кто же ждал?"
Ох! эти проповедники!
Кричат: „Довольно барствовать!
Проснись, помещик заспанный!
Вставай! — учись! трудись!.."

Трудись! Кому вы вздумали
Читать такую проповедь!
Я не крестьянин-лапотник —
Я божиею милостью
Российский дворянин!
Россия — не неметчина,
Нам чувства деликатные,
Нам гордость внушена!
Сословья благородные
У нас труду не учатся.
У нас чиновник плохонький
И тот полов не выметет,
Не станет печь топить…
Скажу я вам, не хвастая,
Живу почти безвыездно
В деревне сорок лет,
А от ржаного колоса
Не отличу ячменного,
А мне поют: „Трудись!"

А если и действительно
Свой долг мы ложно поняли
И наше назначение
Не в том, чтоб имя древнее,
Достоинство дворянское
Поддерживать охотою,
Пирами, всякой роскошью
И жить чужим трудом,
Так надо было ранее
Сказать… Чему учился я?

‚Und, seid ihr besser?', frag ich bloß.
Da kreischen die Propheten los:
‚Wach auf, du Müßiggänger, du!
Lern arbeiten, dann kannst du dich
allein versorgen bald!'

Ich? Arbeiten? Wie anmaßend!
Die predigen mit welchem Recht?
Ich bin doch wohl kein Bäuerlein,
von Gottes Gnaden bin ich doch
von altem russischem Geschlecht,
und nicht ein Hottentott!
Im Gegenteil, zu zartem Sinn
und Stolz hat man erzogen uns!
Die edlen Stände mussten nie
verrichten niedre Arbeiten!
Sogar ein Staatsbediensteter,
und sei er noch so unbrauchbar,
würd nie den Ofen heizen selbst.
Die Stube fegen? Nie!
Ich sag euch ohne falschen Stolz:
Seit vierzig Jahren leb ich hier
doch kenne ich den Unterschied
von Gerste und von Roggen nicht.
So? Arbeiten soll ich?

Doch haben wir tatsächlich falsch
unsre Berufung aufgefasst,
dass unsre Pflicht es sei,
den alten Namen ehrenvoll
und würdig zu repräsentiern
durch Luxus und Gesellschaften,
dadurch, dass andre arbeiten
für unsren Lebensstil –
Man hätt's uns früher sagen solln!
Denn so … Was hab ich denn gelernt?

Что видел я вокруг?..
Коптил я небо божие,
Носил ливрею царскую,
Сорил казну народную
И думал век так жить…
И вдруг… Владыко праведный!..„

Помещик зарыдал…

. . . . . .

Крестьяне добродушные
Чуть тоже не заплакали,
Подумав про себя:
„Порвалась цепь великая,
Порвалась — расскочилася:
Одним концом по барину,
Другим по мужику!..„

КРЕСТЬЯНКА
(Из третьей части)

Пролог

„Не всё между мужчинами
Отыскивать счастливого,
Пощупаем-ка баб!" —
Решили наши странники
И стали баб опрашивать.
В селе Наготине
Сказали, как отрезали:
„У нас такой не водится,

Was hab ich denn gesehn?
Mit Stolz trug ich die Hoflivree,
genossen hab das Nichtstun ich
und Staatsgelder verprasst,
so sollt es immer weitergehn …
Doch jetzt … Gerechter Herrgott, du!"

Der Gutsbesitzer schluchzt …

. . . . . .

Die Augen unsrer Bäuerlein,
der guten, werden schon ganz feucht,
bedauernd denken sie:
„Die große Kette, sie zersprang,
die große Kette, sie zerbrach,
das eine Ende traf den Herrn,
das andere traf uns!"

DIE BÄUERIN
(aus dem dritten Teil)

Prolog

Die Wanderer beschließen jetzt:
„Wir müssen ja nicht Kerle nur
befragen nach dem Glück.
Wir fühlen mal die Frauen ab!",
und fragen gleich im nächsten Ort,
ob die denn glücklich sind.
Die sagen ihnen klipp und klar:
„So eine gibt es nicht bei uns,

А есть в селе Клину:
Корова холмогорская,
Не баба! доброумнее
И глаже — бабы нет.
Спросите вы Корчагину
Матрену Тимофеевну,
Она же: губернаторша…"

Подумали — пошли.

Уж налились колосики.
Стоят столбы точеные,
Головки золоченые,
Задумчиво и ласково
Шумят. Пора чудесная!
Нет веселей, наряднее,
Богаче нет поры!
„Ой, поле многохлебное!
Теперь и не подумаешь,
Как много люди божии
Побились над тобой,
Покамест ты оделося
Тяжелым, ровным колосом
И стало перед пахарем,
Как войско пред царем!
Не столько росы теплые,
Как пот с лица крестьянского
Увлажили тебя!.."

Довольны наши странники,
То рожью, то пшеницею,
То ячменем идут.
Пшеница их не радует:
Ты тем перед крестьянином,
Пшеница, провинилася,
Что кормишь ты по выбору,

geht nach dem Dorfe Klin!
Da gibt's ein Weib – ne Rassekuh!
Ihr findet keins vernünftiger
und schöner weit und breit!
Fragt dort nach der Kortschagina
Matrjona Timofejewna,
die man auch Gouverneursche nennt …"

Kurz nachgedacht – und hin!

Schon sind die Ähren dicht und prall,
spitz wie ein Pfeil steht jeder Halm,
und ganz versonnen rauschen sanft
die goldnen Köpfchen dort im Feld,
Nie wird es schöner sein als jetzt,
verschwenderischer, fröhlicher –
welch wunderbare Zeit!
„Ach, Kornfeld, Kornfeld, üppiges!
Blick ich dich an, vergesse ich,
wie sehr sich doch der Erdensohn
auf dir geschunden hat,
eh du dich eingekleidet hast
in Ähren, schwer und gleichmäßig,
dich aufgestellt vorm Ackersmann
wie vor dem Zarn das Heer.
Des Bauern Schweiß benetzte dich
viel mehr noch als der warme Tau
und spendete dir Nass!"

Zufrieden gehn die Wanderer
an Roggen-, Weizen-, Gerstenfeld
vorbei: „Steht alles gut!"
Der Weizen interessiert nicht so,
der ist ja nicht für jeden Stand,
der ist nur für die Herrschaften.
Doch freuen sie sich umso mehr

Зато не налюбуются
На рожь, что кормит всех.

„Льны тоже нонче знатные…
Ай! бедненький! застрял!"
Тут жаворонка малого,
Застрявшего во льну,
Роман распутал бережно,
Поцеловал: „Лети!"
И птичка ввысь помчалася,
За нею умиленные
Следили мужики…

Поспел горох! Накинулись,
Как саранча на полосу:
Горох, что девку красную,
Кто ни пройдет — щипнет!
Теперь горох у всякого —
У старого, у малого,
Рассыпался горох
На семьдесят дорог!

Вся овощь огородная
Поспела; дети носятся
Кто с репой, кто с морковкою,
Подсолнечник лущат,
А бабы свеклу дергают,
Такая свекла добрая!
Точь-в-точь сапожки красные,
Лежит на полосе.

Шли долго ли, коротко ли,
Шли близко ли, далеко ли,
Вот наконец и Клин.
Селенье незавидное:
Что ни изба — с подпоркою,

am Roggen – der nährt jeden Mann,
der ist für alle da!

„Der Flachs steht prachtvoll dieses Jahr …
Oh, Ärmste, steckst du fest?"
Die kleine Lerche, die sich da
im Flachs verheddert hat, macht jetzt
Roman ganz sachte wieder los,
er küsst die Kleine: „Flieg!"
Die Lerche fliegt schnell hoch hinaus,
die Bauern sehen ganz verzückt
dem kleinen Vogel nach …

„Oh, Schoten!" Und sie fallen gleich
wie Heuschrecken darüber her:
Ein jeder Mann, der gerade hier
vorbeikommt, kneift die Schoten, so
als sei'n sie Mägdelein.
„Ein Rätsel: Hagel, rund und grün?
– Entglitten ist die Schüssel grad
dem Aschenbrödel, Mann!"

Im Garten ist jetzt alles reif:
Gemüse, Sonnenblumenkern';
mit Möhre rennt ein Bengel da,
mit Rettich rennt ein anderer,
und auf dem Feld die Weiber dort
ziehn wacker dicke Rüben aus –
die liegen auf dem Acker rum
wie rote Stiefelchen.

Sie wandern, wandern; irgendwann
dann kommen sie in Klin auch an.
Das Dorf sieht schäbig aus:
kein Hüttchen, das nicht abgestützt,
als sei's mit Stock ein Bettelweib;

Как нищий с костылем;
А с крыш солома скормлена
Скоту. Стоят, как остовы,
Убогие дома.
Ненастной, поздней осенью
Так смотрят гнезда галочьи,
Когда галчата вылетят
И ветер придорожные
Березы обнажит...
Народ в полях — работает.
Заметив за селением
Усадьбу на пригорочке,
Пошли пока — глядеть.

Огромный дом, широкий двор,
Пруд, ивами обсаженный,
Посереди двора.
Над домом башня высится,
Балконом окруженная,
Над башней шпиль торчит.

В воротах с ними встретился
Лакей, какой-то буркою
Прикрытый: „Вам кого?
Помещик за границею,
А управитель при смерти!.." —
И спину показал.
Крестьяне наши прыснули:
По всей спине дворового
Был нарисован лев.
„Ну, штука!" Долго спорили,
Что за наряд диковинный,
Пока Пахом догадливый,
Загадки не решил:
„Холуй хитер: стащит ковер,
В ковре дыру проделает,

und von den Dächern ist das Stroh
zum Teil verfüttert schon.
Wie elende Gerippe stehn
die Häuschen da. So sehen wohl
im Herbst die Dohlennester aus,
wenn kalter Wind die Birken hat
entblößt, und wenn die Jungen schon
längst ausgeflogen sind.
Die Leute sind grad auf dem Feld.
Die Wandrer sehen hinterm Dorf
ein Gut auf einer Anhöhe
und gehen erst mal dort hinauf,
sich etwas umzusehn.

Ein großes Haus, ein Hof, ein Teich
mit Trauerweiden drum herum
inmitten dieses Hofs.
Ein Turm, umgeben von Balkons,
erhebt sich überm Haus, darauf
ragt eine Spitze hoch.

Am Tor kommt ein Lakai schon an,
trägt einen Umhang, oder so:
„Ihr wollt zu wem? Der Herr ist weg,
im Ausland. Der Verwalter liegt
im Sterben grade jetzt."
Den Rücken dreht er ihnen zu.
Da prusten unsre Bauern los:
Denn da auf seinem Rücken prangt
ein Riesen-Löwentier.
„Der sieht ja aus!" Nun streiten sie,
was dieses ausgefallene
Gewand wohl sei. Pachom ist schlau
und löst das Rätsel bald:
„Ein Spitzbube ist der Lakai:
Klaut einen Teppich, schneidet schnell

В дыру просунет голову
Да и гуляет так!..“

Как прусаки слоняются
По нетопленой горнице,
Когда их вымораживать
Надумает мужик,
В усадьбе той слонялися
Голодные дворовые,
Покинутые барином
На произвол судьбы.
Все старые, все хворые
И как в цыганском таборе
Одеты. По пруду
Тащили бредень пятеро.

„Бог на помочь! Как ловится?..“

„Всего один карась!
А было их до пропасти,
Да крепко навалились мы,
Теперь — свищи в кулак!“

„Хоть бы пяточек вынули!“ —
Проговорила бледная
Беременная женщина,
Усердно раздувавшая
Костер на берегу.

„Точеные-то столбики
С балкону, что-ли, умница?“ —
Спросили мужики.

„С балкону!“
        „То-то высохли!
А ты не дуй! сгорят они

ein Loch rein, steckt den Kopf hindurch –
so läuft er jetzt umher …!"

Wie träge Kakerlaken in
der eisigkalten Bauernstub,
die man zur Winterszeit versucht,
mit Frost zu liquidiern,
so kraucht jetzt das verhungerte,
vom ihrem Herrn verlassene
Gesinde auf dem Gut umher,
dem Schicksal ausgesetzt.
Gekleidet wie Zigeuner sind
sie, alle alt und alle krank.
Fünf Männer ziehen mühselig
durch jenen Teich ein Netz.

„Gott sei mit euch! Wie ist der Fang?"

„Eine Karausche. Früher gab's
in Hülle und in Fülle sie.
Der Teich ist leergefischt, und jetzt
sind auch die Bäuche leer!"

„Ach, könntet ihr doch wenigstens
so Stücker fünf herausziehn", sagt
da eine blasse Schwangere,
die auch am Ufer steht; sie bläst
ein Feuer eifrig an.

„Die spitzen Latten hast du wohl,
du Ausgefuchste, vom Balkon
da oben abmontiert?"

„Genau!"
            „Dann blas mal lieber nicht!
So trocken sind die, dass sie dir

Скорее, чем карасиков
Изловят на уху!"

„Жду — не дождусь. Измаялся
На черством хлебе Митенька,
Эх, горе — не житье!"
И тут она погладила
Полунагого мальчика
(Сидел в тазу заржавленном
Курносый мальчуган).

„А что? ему, чай, холодно, —
Сказал сурово Провушка, —
В железном-то тазу?" —
И в руки взять ребеночка
Хотел. Дитя заплакало,
А мать кричит: „Не тронь его!
Не видишь? Он катается!
Ну, ну! пошел! Колясочка
Ведь это у него!.."

Что шаг, то натыкалися
Крестьяне на диковину:
Особая и странная
Работа всюду шла.
Один дворовый мучился
У двери: ручки медные
Отвинчивал; другой
Нес изразцы какие-то.
„Наковырял, Егорушка?" —
Окликнули с пруда.
В саду ребята яблоню
Качали. „Мало, дяденька!
Теперь они осталися
Уж только наверху,
А было их до пропасти!"

verbrennen, noch bevor der Fisch
für dich gefangen ist!"

„Kann's kaum erwarten! Mitenka
ist schon ganz schwach vom harten Brot.
Kein Leben ist das hier!"
Sie streichelt einen Hosenmatz
mit Stupsnase, der neben ihr
halbnackt in einem Kessel sitzt,
in einem rostigen.

„Es ist doch wohl zu kalt für ihn
in diesem Eisending!", sagt da
zutiefst empört der Prow,
will auf den Arm ihn nehmen, doch
das Kind weint plötzlich los.
Die Mutter schreit: „Fass ihn nicht an!
Das ist doch seine Kutsche hier!
Siehst du denn nicht? Er fährt spaziern!
Na komm, fahr weiter, Kind!"

Die Wanderer beobachten
auf Schritt und Tritt hier seltsames,
absonderliches Tun!
Der eine vom Gesinde quält
sich an den Türen – mühsam schraubt
er Messingknäufe ab.
Seht: Ofenkacheln schleppt ein Kerl
da fort. „He du, Jegoruschka!"
klingt es herüber von dem Teich:
„Hast wieder was geklaut?"
Im Garten drüben schütteln Jungs
an einem Apfelbaum. „Jetzt sind's
nicht mehr so viele, Onkelchen!
Ganz oben noch, doch hatten wir
mal massenhaft davon!"

„Да что в них проку? зелены!"

„Мы рады и таким!"

Бродили долго по саду:
„Затей-то! горы, пропасти!
И пруд опять… Чай, лебеди
Гуляли по пруду?..
Беседка… стойте! с надписью!.."
Демьян, крестьянин грамотный,
Читает по складам.

„Эй, врешь!" Хохочут странники…
Опять — и то же самое
Читает им Демьян.
(Насилу догадалися,
Что надпись переправлена:
Затерты две-три литеры,
Из слова благородного
Такая вышла дрянь!)

Заметив любознательность
Крестьян, дворовый седенький
К ним с книгой подошел:
„Купите!" Как ни тужился,
Мудреного заглавия
Не одолел Демьян:
„Садись-ка ты помещиком
Под лирой на скамеечку
Да сам ее читай!"

„А тоже грамотеями
Считаетесь!.. — с досадою
Дворовый прошипел. —
На что вам книги умные?
Вам вывески питейные

„Die sind ja aber noch ganz grün!"

„Besser als nichts, egal!"

Die Bauern schlendern durch den Park:
Was haben die hier angelegt!
„Schaut: Hügel, Schluchten, und ein Teich …
Da warn bestimmt mal Schwäne drauf!"
„Und eine Laube! Halt mal, hier
ist eine Inschrift!" Der Demjan
kann lesen, buchstabiert.

„Was? So ein Quatsch!" Sie lachen laut,
und noch einmal liest der Demjan
dasselbe ihnen vor.
(Erst langsam kommen sie darauf,
dass jemand diese Inschrift wohl
gekürzt hat: ein paar Lettern weg,
und statt des einstmals edlen Worts
steht jetzt ein Schimpfwort da.)

Ein kleiner grauer Hoflakai
bemerkt nun ihre Wissbegier,
kommt eins – zwei – drei herbei:
„Dies Buch hier, das verkauf ich euch!"
So sehr er sich auch müht, Demjan
entziffert diesen Titel nicht,
er ist zu kompliziert.
„Setz du dich untern Lindenbaum,
lies selber, spiel den Herrn!"

„Und so einer behauptet glatt,
dass er des Lesens kundig sei!",
zischt wütend der Lakai.
„Was nützen euch die Bücher denn,
die schlauen? Dummes Bauernvolk!

Да слово „воспрещается",
Что на столбах встречается,
Достаточно читать!"

„Дорожки так загажены,
Что срам! У девок каменных
Отшибены носы!
Пропали фрукты-ягоды,
Пропали гуси-лебеди
У холуя в зобу!
Что церкви без священника,
Угодам без крестьянина,
То саду без помещика! —
Решили мужики.
Помещик прочно строился,
Такую даль загадывал,
А вот..." (Смеются шестеро,
Седьмой повесил нос.)
Вдруг с вышины откуда-то
Как грянет песня! Головы
Задрали мужики:
Вкруг башни по балкончику
Похаживал в подряснике
Какой-то человек
И пел... В вечернем воздухе,
Как колокол серебряный,
Гудел громовый бас...
Гудел — и прямо за сердце
Хватал он наших странников:
Не русские слова,
А горе в них такое же,
Как в русской песне, слышалось,
Без берегу, без дна.
Такие звуки плавные,
Рыдающие... „Умница,
Какой мужчина там?" —

Es reicht, wenn ihr entziffern könnt,
was an der Schenke steht, und was
verboten ist für euch!"

Die Wege hier sind so verdreckt,
welch Schande! Bei den Steinmädchen
sind schon die Nasen ab!
Die Früchte und die Beeren weg,
die Gänse und die Schwäne sind
verschlungen schon vom Knecht!
Wie Kirchen ohne Prediger
und Äcker ohne Bauersmann
ist so ein Gutspark ohne Herrn –
das sehn die Bauern jetzt.
Solide, dauerhaft, durchdacht
hat einst der Gutsherr dies erbaut,
jetzt aber ... (Sechse lachen laut,
nur einer wiegt den Kopf.)
Ein Lied erschallt mit einem Mal
von oben – in den Nacken wirft
den Kopf ein jeder jetzt.
Da läuft auf dem Balkon ein Mann
im Leibgewand rund um den Turm
und singt ... Und in der Abendluft
wie eine Silberglocke dröhnt
sein Bass, sein urgewaltiger,
und sein Gesang ergreift sofort
ein jedes Bauernherz:
Es ist kein Russisch, doch es klingt
in seinem Lied derselbe Schmerz,
so bodenlos, so uferlos,
wie man's in Russland singt.
So fließend, schluchzend tönt das Lied ...
„Erzähl uns, gute Frau, von ihm,
sag nur, wer ist der Mann?"
Roman ist's, der die Frau befragt.

Спросил Роман у женщины,
Уже кормившей Митеньку
Горяченькой ухой.

„Певец Ново-Архангельский,
Его из Малороссии
Сманили господа.
Свезти его в Италию
Сулились, да уехали…
А он бы рад-радехонек —
Какая уж Италия! —
Обратно в Конотоп.
Ему здесь делать нечего…
Собаки дом покинули
(Озлилась круто женщина),
Кому здесь дело есть?
Да у него ни спереди,
Ни сзади… кроме голосу…"

„Зато уж голосок!"

„Не то еще услышите,
Как до утра пробудете:
Отсюда версты три
Есть дьякон… тоже с голосом…
Так вот она затеяли
По-своему здороваться
На утренней заре.
На башню как подымется
Да рявкнет наш: „Здо-ро-во ли
Жи-вешь, о-тец И-пат?"
Так стекла затрещат!
А тот ему оттуда-то:
„Здо-ро-во, наш со-ло-ву-шко!
Жду вод-ку пить!" — „И-ду!.."
„Иду"-то это в воздухе

Die füttert ihren Mitenka
mit schöner, heißer Suppe grad
aus frisch gefangnem Fisch.

„Nowoarchangelsk, Kleinrussland –
da stammt er her. Die Herrschaften,
die hatten ihn hierhergelockt.
Versprachen, nach Italien ihn
zu bringen; sind dann ohne ihn
ganz einfach abgehaun …
Nun, aus Italien wird nun nichts,
nach Hause würde er gern gehn,
zurück nach Konotop.
Er hat ja hier nichts mehr zu tun,
die Ratten sind längst fort vom Schiff
(die Frau scheint wirklich aufgebracht),
er hat nichts vor sich, hinter sich,
hat seine Stimme nur …"

„Doch was für'n Stimmchen hat der Mann!"

„Nun, seid ihr morgen früh noch da,
könnt ihr sogar noch Bessres hörn:
Ein Küster wohnt drei Werst von hier …
mit großer Stimme auch … Die zwei,
die haben sich nun abgemacht
zu grüßen sich auf ihre Art –
ganz früh, im Morgengraun.
Ruft unsrer donnernd da vom Turm
hinüber: ‚Guuten Moorgen, heeh!
Wie geeht's, Vater Ipaat?'
Sogar die Scheiben klirren da!
Und jener ruft von dort zurück:
‚Ich grüüß dich, Naachtigaal, Komm heer!
Auf einen Wod-kaa nur herzuuh!'
Das uuh liegt eine Stunde lang

Час целый откликается...
        Такие жеребцы!..“

Домой скотина гонится,
Дорога запылилася,
Запахло молоком.
Вздохнула мать Митюхина:
„Хоть бы одна коровушка
На барский двор вошла!“

— „Чу! песня за деревнею,
Прощай, горюшка бедная!
Идем встречать народ“.
Легко вздохнули странники:
Им после дворни ноющей
Красива показалася
Здоровая, поющая
Толпа жнецов и жниц, —
Всё дело девки красили
(Толпа без красных девушек
Что рожь без васильков).

„Путь добрый! А которая
Матрена Тимофеевна?“

„Что нужно, молодцы?“

Матрена Тимофеевна
Осанистая женщина,
Широкая и плотная,
Лет тридцати осьми.
Красива; волос с проседью,
Глаза большие, строгие,
Ресницы богатейшие,
Сурова и смугла.
На ней рубаха белая,

noch in der Luft ..."
„Welch Stimmgewalt!"

Dort unten treiben sie das Vieh
nach Haus, Staub wirbelt auf dem Weg.
Ein Duft von frischer Milch!
„Ach, könnt sich nicht mal eine Kuh
auf unsern Herrenhof verirrn?",
seufzt Mitjas Mutter da.

„Horcht! Hört ihr's Lied da hinterm Dorf!
Gesinde armes, trauriges!
Lebt wohl, dort gehn wir hin!"
Die Bauern atmen endlich auf,
denn gegen dieses trostlose
Gesinde, ach, wie schön erscheint
die singende, die frische Schar
der Schnitterinnen da!
Und hübsche Mädchen sind dabei
(wo Menschen sind, sind Mägdelein
wie Kornblumen im Feld)!

„Grüßt Gott! Sagt, welche von euch ist
Matrjona Timofejewna?"

„Was wollt ihr, wackre Jungs?"

Matrjona Timofejewna
ist eine würdevolle Frau
von etwa achtunddreißig Jahrn,
stabil und sonnenbraun
und schön; das Haar leicht angegraut,
die Augen groß, mit strengem Blick,
die Wimpern lang und dicht.
Ein weites, weißes Hemd trägt sie,
und einen kurzen Sarafan,

Да сарафан коротенький,
Да серп через плечо.

„Что нужно вам, молодчики?"

Помалчивали странники,
Покамест бабы прочие
Не поушли вперед,
Потом поклон отвесили:
„Мы люди чужестранные,
У нас забота есть,
Такая ли заботушка,
Что из домов повыжила,
С работой раздружила нас,
Отбила от еды.
Мы мужики степенные,
Из временнообязанных,
Подтянутой губернии,
Уезда Терпигорева,
Пустопорожней волости,
Из смежных деревень:
Заплатова, Дырявина,
Разутова, Знобишина,
Горелова, Неелова —
Неурожайка тож.
Идя путем-дорогою,
Сошлись мы невзначай,
Сошлись мы — и заспорили:
Кому живется счастливо,
Вольготно на Руси?
Роман сказал: помещику,
Демьян сказал: чиновнику,
Лука сказал: попу,
Купчине толстопузому, —
Сказали братья Губины,
Иван и Митродор.

und auf der breiten Schulter liegt
die Sichel. Welch ein Bild!

„Was wünscht ihr wackren Kerle, ihr?"

Die Wandrer warten, schweigen jetzt
so lange, bis die andern Frauen
vorbeigegangen sind,
verneigen sich dann achtungsvoll:
„Wir sieben kommen von weit her,
es treibt uns eine Sorge um,
die ist so groß, dass sie uns schon
getrieben hat aus unserm Haus,
die Lust zur Arbeit nahm sie uns,
die Lust am Essen auch.
Wir sind solide Bauersleut,
auf Zeit Frondienstverpflichtete,
vom Hungertuchgouvernement,
dem Landkreis Oberklagenburg,
dem Amtsbezirke Sorgenfeld,
aus Dörfern mancherlei:
aus Kummerow und Leidenstedt,
aus Nothweiler, Kleinelendsdorf
Brandstade und aus Flickenhof
und aus Großlöcheritz.
Wir trafen uns per Zufall nur,
als alle unterwegs wir warn.
Wir trafen uns – und stritten gleich:
Wer lebt in Russland froh und frei,
wer hat das beste Los?
‚Der Gutsbesitzer', sagt' Roman,
‚nein', der Beamte, sagt' Demjan,
der Pope, sagt' Luka.
Die Brüder Gubin meinten dann
(Iwan und Mitrodor),
der Kaufmann wohl, der fette Wanst.

Пахом сказал: светлейшему,
Вельможному боярину,
Министру государеву,
А Пров сказал: царю…
Мужик что бык: втемяшится
В башку какая блажь —
Колом ее оттудова
Не выбьешь! Как ни спорили,
Не согласились мы!
Поспоривши, повздорили,
Повздоривши, подралися,
Подравшися, удумали
Не расходиться врозь,
В домишки не ворочаться,
Не видеться ни с женами,
Ни с малыми ребятами,
Ни с стариками старыми,
Покуда спору нашему
Решенья не найдем,
Покуда не доведаем
Как ни на есть доподлинно:
Кому жить любо-весело,
Вольготно на Руси?..

Попа уж мы доведали,
Доведали помещика,
Да прямо мы к тебе!
Чем нам искать чиновника,
Купца, министра царского,
Царя (еще допустит ли
Нас, мужичонков, царь?) —
Освободи нас, выручи!
Молва идет всесветная,
Что ты вольготно, счастливо
Живешь… Скажи по-божески:
В чем счастие твое?"

Pachom, der meinte: die Durchlaucht,
am besten ging's dem Würdenmann,
Minister unsrer Majestät!
Prow sagte dann: der Zar ...
Stur wie ein Ochs der Bauer ist,
starrköpfig wie ne Zick –
was er sich in den Schädel setzt,
kriegst du nicht raus: so stritten wir
und einigten uns nicht!
Wir stritten und wir zankten uns,
wir zankten und wir rauften uns,
wir rauften und besannen uns
und wir beschlossen dann,
nach Hause nicht zurückzugehn,
und unsre Frauen nicht zu sehn,
und unsre kleinen Kinder nicht,
und unsre alten Eltern nicht,
bevor die Frage wir nicht klärn,
nicht lösen diesen Streit,
gefunden nicht die Antwort wir
die Wahrheit, die wahrhaftige:
Wer lebt in Russland froh und frei,
wer hat das beste Los?

Wir haben einen Popen schon
und einen Gutsherrn ausgefragt,
und kommen jetzt zu dir!
Beamte fragen wir nicht mehr,
auch Kaufleute, Minister nicht,
den Zaren nicht (der sowieso
uns Bauern wohl nicht zu sich lässt)!
Erlöse uns, befreie uns!
Die Leute sagen überall,
du seiest eine, die ganz frei
und glücklich lebt. Sag ehrlich drum:
Worin besteht dein Glück?"

Не то чтоб удивилася
Матрена Тимофеевна,
А как-то закручинилась,
Задумалась она…

„Не дело вы затеяли!
Теперь пора рабочая,
Досуг ли толковать?..“

„Полцарства мы промеряли,
Никто нам не отказывал!“ —
Просили мужики.

„У нас уж колос сыпется,
Рук не хватает, милые“.

„А мы на что, кума?
Давай серпы! Все семеро
Как станем завтра — к вечеру
Всю рожь твою сожнем!“

Смекнула Тимофеевна,
Что дело подходящее.
„Согласна, — говорит, —
Такие-то вы бравые,
Нажнете, не заметите,
Снопов по десяти!“

„А ты нам душу выложи!“

„Не скрою ничего!“

Покуда Тимофёевна
С хозяйством управлялася,
Крестьяне место знатное
Избрали за избой:

Nicht eigentlich verwundert, doch
auf eine Weise traurig wirkt
Matrjona Timofejewna,
denkt eine Weile nach …

„Was habt ihr euch da ausgedacht?
Jetzt, mitten in der Ernte ist
zum Schwätzen keine Zeit!"

„Doch haben wir durchwandert schon
das halbe Zarenreich! Uns hat
noch keiner abgesagt!"

„Ach, meine Lieben! Überreif
ist schon das Korn. Wir schaffen's kaum …"

„Das kriegen wir doch hin!
Gib Sensen her, Gevatterin!
Wir helfen dir – geschnitten ist
dein Roggen morgen schon!"

Die Timofejewna erkennt,
dass dies kein schlechter Handel ist.
„Nun gut", sagt sie. „Ich seh euch an,
dass ihr die Arbeit schaffen könnt.
Legt ihr erst los, zehn Garben schafft
ihr jeder wohl im Nu!"

„Und du red dir das Herze frei!"

„Ich werde offen sein!"

Die Timofejewna versorgt
noch Haus und Hof geschwind.
Die Bauern suchen hinterm Haus
inzwischen sich ein Plätzchen aus.

Тут рига, конопляники,
Два стога здоровенные,
Богатый огород.
И дуб тут рос — дубов краса.
Под ним присели странники:
„Эй, скатерть самобранная,
Попотчуй мужиков".

И скатерть развернулася,
Откудова ни взялися
Две дюжие руки,
Ведро вина поставили,
Горой наклали хлебушка
И спрятались опять…
Гогочут братья Губины:
Такую редьку схапали
На огороде — страсть!

Уж звезды рассажалися
По небу темно-синему,
Высоко месяц стал,
Когда пришла хозяюшка
И стала нашим странникам
„Всю душу открывать…"

Глава 1

До замужества

„Мне счастье в девках выпало:
У нас была хорошая,
Непьющая семья.
За батюшкой, за матушкой,
Как у Христа за пазухой,

Ein Garten ist dort: üppig, groß,
zwei riesengroße Heuschober,
ein Hanffeld und ein Stall.
Und eine Eiche – wunderschön!
Sie setzen untern Baum sich nun:
„He, Zauberlaken, aufgetischt
für uns, die Bauersleut!"

Sieh da – das Laken breitet sich
schnell aus. Und dank dem Zauberwort
zwei Hände haben wie der Blitz
Wein hingestellt, Brot hingelegt,
und sind schon wieder fort.
O nein! Die Gubin-Brüderlein,
die amüsiern sich: Haben doch
soo einen Riesenrettich aus
dem Garten grad stibitzt!

Die Sterne warten oben schon
am tiefen, blauen Himmelszelt,
der Mond steht hoch und hell,
als endlich auch die Bäurin kommt,
und sie beginnt, den Wanderern
ihr Leben zu erzähln.

Kapitel 1

Vor der Ehe

„Ich hatte großes Glück als Kind,
denn meine Eltern tranken nicht,
behandelten uns gut!
So wie im Schoße Abrahams
wuchs ich in meinem Elternhaus

Жила я, молодцы.
Отец, поднявшись до свету,
Будил дочурку ласкою,
А брат веселой песенкой;
Покамест одевается,
Поет: „*Вставай, сестра!*
По избам обряжаются,
В часовенках спасаются —
Пора, вставать пора!
Пастух уж со скотиною
Угнался; за малиною
Ушли подружки в бор,
В полях трудятся пахари,
В лесу стучит топор!“
Управится с горшечками,
Всё вымоет, всё выскребет,
Посадит хлебы в печь —
Идет родная матушка,
Не будит — пуще кутает:
„Спи, милая касатушка,
Спи, силу запасай!
В чужой семье — недолог сон!
Уложат спать позднехонько!
Будить придут до солнышка,
Лукошко припасут,
На донце бросят корочку:
Сгложи ее — да полное
Лукошко набери!..“

Да не в лесу родилася,
Не пеньям я молилася,
Не много я спала.
В день Симеона батюшка
Сажал меня на бурушку
И вывел из младенчества
По пятому годку,

umsorgt, behütet auf.
Mein Vater war sehr früh schon auf,
vor Sonnenaufgang, und er strich
mir übers Haar, mein Bruder sang
ein Lied, ein lustiges:
‚*Komm, Schwesterchen, steh auf!*
Die Jungfern machen sich schon fein,
Sie wollen hin zum Kirchelein,
Komm, Schwesterchen, steh auf!
Der Hirte treibt das Vieh schon aus,
Die Mädchen gehen aus dem Haus,
Zum Beerenpflücken in den Wald,
Die Bauern ziehn aufs Feld hinaus,
Im Wald die Axt erschallt!‘
Die Mutter in der Küche schafft,
sie kratzt und wäscht die Töpfe ab,
schiebt's Brot schnell in den Ofen rein
und kommt dann leis zu mir.
Sie weckt mich nicht, sie deckt mich zu:
‚Schlaf noch, mein zartes Vögelchen,
schon deine Kraft, mein Kind!
Bist erst einmal vergeben du,
bekommst du auch nicht mehr viel Schlaf,
wirst du als Letzte schlafen gehn,
als Erste auf den Beinen sein,
ein Stückchen Rinde gibt man dir
vom Brot: Schluck's runter und sieh zu,
dass du die Arbeit schaffst.'

Jedoch – ich war ein Bauernkind,
da lernt man schnell, wie's Leben spielt –
viel Schlaf gab es da nicht.
Ich war erst fünf, da setzte mich
der Vater an Sankt Simeon,
so wie es Brauch ist, auf ein Pferd –
die Kindheit war vorbei.

А на седьмом за бурушкой
Сама я в стадо бегала,
Отцу носила завтракать,
Утяточек пасла.
Потом грибы да ягоды,
Потом: „Бери-ка грабельки
Да сено вороши!"
Так к делу приобвыкла я...
И добрая работница,
И петь-плясать охотница
Я смолоду была.
День в поле проработаешь,
Грязна домой воротишься,
А банька-то на что?

Спасибо жаркой баенке,
Березовому венчику,
Студеному ключу, —
Опять бела, свежехонька,
За прялицей с подружками
До полночи поешь!

На парней я не вешалась,
Наянов обрывала я,
А тихому шепну:
„Я личиком разгарчива,
А матушка догадлива,
Не тронь! уйди!.." — уйдет...

Да как я их ни бегала,
А выискался суженый,
На горе — чужанин!
Филипп Корчагин — питерщик,
По мастерству печник.
Родительница плакала:
„Как рыбка в море синее

Ich hütete die Entchen schon,
mit sieben lief ich ganz allein
dem Braunen hinterher zum Feld,
mit Vaters Frühstückskorb.
Und dann war Beerensammeln dran,
dann hieß es: ‚Nimm die Harke dir
und hilf, das Heu zu kehrn!'
So wurde ich von klein auf schon
ans Arbeiten gewöhnt ...
Ich war sehr fleißig, und ich sang
und tanzte für mein Leben gern.
Tags schwere Arbeit auf dem Feld,
am Abend ging's verdreckt nach Haus,
und in die Banja rein!

Nach einem Dampfbad schön und heiß,
mit Birkenreisern durchgeklopft,
im eisigkalten Wasserquell
erfrischt, saß abends rosig weiß
mit Freundinnen am Spinnrad ich
und sang bis Mitternacht.

Mit Burschen hatt ich nichts im Sinn:
Die frechen Kerle kriegten gleich
eins übers Maul; den anderen
flüstert' ich leise zu:
‚Ich werd schnell rot, das Mütterchen
errät's! Geh weg!' ... Er ging ...

Wie sehr ich mich auch drücken mocht,
fand sich ein Auserwählter doch,
ein Fremder – leider Gott's!
Philipp Kortschagin hieß der Mann,
war Ofensetzer, fuhr sogar
nach Piter. Aber ach!
Wie weinte da mein Mütterlein:

Юркнешь ты! как соловушко
Из гнездышка порхнешь!
Чужая-то сторонушка
Не сахаром посыпана,
Не медом полита!
Там холодно, там голодно,
Там холеную доченьку
Обвеют ветры буйные,
Обграют черны вороны,
Облают псы косматые
И люди засмеют!.."
А батюшка со сватами
Подвыпил. Закручинилась,
Всю ночь я не спала…

Ах! что ты, парень, в девице
Нашел во мне хорошего?
Где высмотрел меня?
О святках ли, как с горок я
С ребятами, с подругами
Каталась, смеючись?
Ошибся ты, отецкий сын!
С игры, с катанья, с беганья,
С морозу разгорелося
У девушки лицо!
На тихой ли беседушке?
Я там была нарядная,
Дородства и пригожества
Понакопила за зиму,
Цвела, как маков цвет!
А ты бы поглядел меня,
Как лен треплю, как снопики
На риге молочу…
В дому ли во родительском?..
Ах! кабы знать! Послала бы

‚Schwimmst fort, mein Kind, so wie der Fisch,
fliegst fort, so wie die Nachtigall
sich aus dem Nestchen stürzt!
Kalt ist die Fremde, hungervoll,
nicht honigsüß, nicht zuckersüß;
unser beschütztes Töchterlein
von Stürmen wilden wird umweht,
von Krähen schwarzen wird umkreist,
umbellt von Hunden räudigen,
von Menschen dann verhöhnt ...!'
Als Vater mit den Freiern sich
betrank, da wurd mir bang zumut,
und ich bekam vor lauter Angst
des Nachts kein Auge zu ...

Ach, Bursche, sag: Was hast du nur
an einem Mädchen so wie mir
gefunden? Sag, wann sahst du mich?
War's in der Weihnachtszeit, als wir –
die Burschen und die Mägdelein –
mit viel Geschrei und sehr viel Spaß
vom Hügel rodelten?
Da hat sich deines Vaters Sohn
ja wohl vertan, denn mein Gesicht
war nur vom Spiel, vom Lauf, vom Frost
so rosig. Oder war's,
als wir beisammensaßen spät,
und ich, vom Winter gut erholt
und mollig, blühend wie der Mohn,
hübsch anzuschauen war?
Du hättest mich beim Dreschen mal
dort auf der Tenne sehen solln,
beim Flachshecheln zu Haus ...
Hast du zu Hause mich erblickt?
Ach, hätt ich doch mein Bruderherz

Я в город братца — сокола:
„Мил братец! шелку, гарусу
Купи — семи цветов,
Да гарнитуру синего!"
Я по углам бы вышила
Москву, царя с царицею,
Да Киев, да Царьград,
А посередке — солнышко,
И эту занавесочку
В окошке бы повесила,
Авось ты заглядился бы,
Меня бы промигал!..

Всю ночку я продумала…
„Оставь, — я парню молвила, —
Я в подневолье с волюшки,
Бог видит, не пойду!"

„Такую даль мы ехали!
Иди! — сказал Филиппушка. —
Не стану обижать!"

Тужила, горько плакала,
А дело девка делала:
На суженого искоса
Поглядывала втай.
Пригож-румян, широк-могуч,
Рус волосом, тих говором —
Пал на сердце Филипп!

„Ты стань-ка, добрый молодец,
Против меня прямехонько,
Стань на одной доске!
Гляди мне в очи ясные,
Гляди в лицо румяное,

zur Stadt geschickt: ‚Kauf Seide mir,
vom Kammgarn sieben Farben noch,
und blaues Gros de Tours!'
Dann hätt ich heimlich ausgestickt
die Zarin, Moskau und den Zarn,
Konstantinopel, Kiew und
darüber eine Sonne gelb,
und hätte diese Stickerei
vors Fensterchen gehängt.
Vielleicht hättest du dich so vertieft
in dieses Bild, und hättest mich
dann völlig übersehn!

Ich grübelte die ganze Nacht
und sagte: ‚Bursche, hör mir zu!
Lass mich in Ruh! Ich geb doch nicht
fürs Joch die Freiheit her!'

‚Ich komm von weit her nur für dich,
und werd dich nie verletzen!', sagt
Philíppuschka. ‚Komm mit!'

Ach, heiße Tränen weinte ich
und sträubte mich, doch irgendwann
tat die Natur ihr Werk.
Das Mädchen blickte insgeheim
auf den Bewerber: Hübsch war er,
breitschultrig, dunkelblond und sanft –
Philípp gefiel mir sehr!

‚Komm, wackrer Jüngling, stell dich mal
auf gleicher Höhe vor mich hin
und blick mich dabei an!
Schau in die klaren Augen mir,
in mein errötendes Gesicht,

Подумывай, смекай:
Чтоб жить со мной — не каяться,
А мне с тобой не плакаться...
Я вся тут такова!"

„Небось не буду каяться,
Небось не буду плакаться!" —
Филиппушка сказал.

Пока мы торговалися,
Филиппу я: „Уйди ты прочь!",
А он: „Иди со мной!"
Известно: „Ненаглядная,
Хорошая... пригожая..."
— Ай!.." — вдруг рванулась я...
„Чего ты? Эка силища!"
Не удержи — не видеть бы
Вовек ему Матренушки,
Да удержал Филипп!
Пока мы торговалися,
Должно быть, так я думаю,
Тогда и было счастьице...
А больше вряд когда!

Я помню, ночка звездная,
Такая же хорошая,
Как и теперь, была...

Вздохнула Тимофеевна,
Ко стогу приклонилася,
Унывным, тихим голосом
Пропела про себя:

> *Ты скажи за что,*
> *Молодой купец,*

und überleg es dir:
Willst du es niemals je bereun,
willst du, dass niemals ich's bewein,
so wahr ich vor dir steh?'

‚Nie werde ich es je bereun,
du wirst es nie beweinen. Komm!'
sprach da Philíppuschka.

Ich zu Philípp: ‚Geh weg, geh weg!',
und er darauf: ‚Komm mit, komm mit!'
Und dann noch: ‚Ach, wie bist du hübsch,
bist meiner Augen Sonnenschein',
na, was man halt so sagt.
Ich reiß mich los, will fort von ihm …
‚He, was ist los? Frau, bist du stark!'
Wenn er nicht festgehalten hätt,
dann hätte er Matrjona nie
bekommen, doch er hielt.
Solange wir verhandelten,
warn wir ein bisschen glücklich – vielleicht …
doch später dann entsinne ich
mich kaum noch eines Glücks!

Ich weiß noch: damals war die Nacht
genauso schön, wie heut die Nacht,
genauso sternenklar …"

Es seufzt die Timofejewna,
sie lehnt sich an den Schober an
und singt ganz leise, wehmutsvoll,
für sich allein ein Lied:

Sag mir doch, warum,
Junger Kaufmann du,

Полюбил меня,
Дочь крестьянскую?
Я не в серебре,
Я не в золоте,
Жемчугами я
Не увешана!

Чисто серебро —
Чистота твоя,
Красно золото —
Красота твоя,
Бел — крупен жемчуг —
Из очей твоих
Слезы катятся...

Велел родимый батюшка,
Благословила матушка,
Поставили родители
К дубовому столу,
С краями чары налили:
„Бери поднос, гостей-чужан
С поклоном обноси!"
Впервой я поклонилася —
Вздрогнули ноги резвые;
Второй я поклонилася —
Поблекло бело личико;
Я в третий поклонилася,
И волюшка скатилася
С девичьей головы..."

. . . . . .

„Так значит: свадьба? Следует, —
Сказал один из Губиных, —
Проздравить молодых".

Liebst du grade mich?
Bin ein Bauernkind,
Hab kein' Silberschmuck,
Hab kein' goldnen Schmuck,
Und auch Perlen fein,
Die besitz ich nicht.

Deine Reinheit ist
Reiner Silberschmuck,
Deine Schönheit ist
Schöner goldner Schmuck,
Aus den Äuglein klar
Fließen Perlen gar
Statt der Tränenflut ...

Mein lieber Vater hieß mich's tun,
das Mütterchen gab Segen mir,
dann schoben meine Eltern mich
zum großen Eichentisch,
die Gläser füllten randvoll sie:
‚Nimm das Tablett, verbeuge dich
vor unsern Gästen hier!'
Das erste Mal verbeugt' ich mich –
mir zitterten die flinken Knie;
das zweite Mal verbeugt' ich mich –
mein Antlitz wurde kreidebleich;
beim dritten Mal fiel mir vom Kopf
das Jungfernband, und ich verlor
die Unabhängigkeit.

. . . . . .

‚Dann also Hochzeit', einer rief
der Gubins. ‚Es geziemt sich wohl,
dem Paar zu gratulieren!'

„Давай! Начин с хозяюшки.
— Пьешь водку, Тимофеевна?"

„Старухе — да не пить?.."

Глава 2

Песни

У суда стоять
Ломит House ноженьки,
Под венцом стоять
Голова болит,
Голова болит,
Вспоминается
Песня старая,
Песня грозная.
На широкий двор
Гости въехали,
Молоду жену
Муж домой привез,
А роденька-то
Как набросится!
Деверек ее —
Расточихою,
А золовушка —
Щеголихою,
Свекор-батюшка —
Тот медведицей,
А свекровушка —
Людоедицей,
Кто неряхою,
Кто непряхою…

‚Na los, zuerst der Bäuerin!
Trinkst du ein Wodkachen mit uns?'

‚Welch Alte trinkt wohl nicht?"'

Kapitel 2

Lieder

> *Vor Gericht zu stehn*
> *Tut den Beinen weh,*
> *Unterm Kranz zu stehn*
> *Tut dem Köpfchen weh,*
> *Tut das Köpfchen weh,*
> *Kommt Erinnerung*
> *An ein altes Lied,*
> *Ein bedrohlich Lied:*
> *Auf dem großen Hof*
> *Treffen Gäste ein,*
> *Seine junge Frau*
> *Bringt der Mann nach Haus*
> *Die Familie, ach,*
> *Die beschimpft sie so:*
> *Die Verschwenderin*
> *Nennt der Schwager sie*
> *Und die Schwägerin*
> *Eine eitle Gans,*
> *Schwiegerväterchen*
> *Nennt sie Isegrimm,*
> *Schwiegermütterchen*
> *Menschenfresserin,*
> *Nennen Schlampe sie,*
> *Oder faules Stück ...*

Всё, что в песенке
Той певалося,
Всё со мной теперь
То и сталося!
Чай, певали вы?
Чай, вы знаете?..

„Начинай, кума!
Нам подхватывать..."

Матрена
Спится мне, младенькой, дремлется,
Клонит голову на подушечку,
Свекор-батюшка по сеничкам похаживает,
Сердитый по новым погуливает,

Странники
хором
Стучит, гремит, стучит, гремит,
Снохе спать не дает:
Встань, встань, встань, ты — сонливая!
Встань, встань, встань, ты — дремливая!
Сонливая, дремливая, неурядливая!

Матрена
Спится мне, младенькой, дремлется,
Клонит голову на подушечку,
Свекровь-матушка по сеничкам похаживает,
Сердитая по новым погуливает.

Странники
хором
Стучит, гремит, стучит, гремит,
Снохе спать не дает:
Встань, встань, встань, ты — сонливая!

„Was im Lied alles
ihr gesungen habt,
war für mich alles
wahre Wirklichkeit!
Habt gesungen ihr's,
wisst ihr doch Bescheid …"

„Dann, Gevatterin,
stimm dein Liedchen an …"

Matrjona
Jung bin ich, Schlaf brauch ich, müd bin ich,
Und mein Kopf fällt mir schon auf das Kissen,
Keinen Schlaf, keine Ruhe gibt Schwiegervater,
reitet wütend auf der Neuen herum.

Die Wanderer
(im Chor)
Er klopft, er pocht, er klopft, er pocht:
He, Schwiegertochter, du!
Steh auf, steh auf, verschlafnes Stück,
Steh auf, steh auf, du faules Stück,
Verschlafene, missratene Schlawinerin!

Matrjona
Jung bin ich, Schlaf brauch ich, müd bin ich,
Und mein Kopf fällt mir schon auf das Kissen,
Keinen Schlaf, keine Ruhe gibt Schwiegermutter,
Reitet wütend auf der Neuen herum.

Die Wanderer
(im Chor)
Sie klopft, sie pocht, sie klopft, sie pocht:
He, Schwiegertochter, du!
Steh auf, steh auf, verschlafnes Stück,

Встань, встань, встань, ты — дремливая!
Сонливая, дремливая, неурядливая!

. . . . . .

„Семья была большущая,
Сварливая... попала я
С девичьей холи в ад!
В работу муж отправился,
Молчать, терпеть советовал:
Не плюй на раскаленное
Железо — зашипит!
Осталась я с золовками,
Со свекром, со свекровушкой,
Любить-голубить некому,
А есть кому журить!
На старшую золовушку,
На Марфу богомольную,
Работай, как раба;
За свекором приглядывай,
Сплошаешь — у кабатчика
Пропажу выкупай.
И встань и сядь с приметою,
Не то свекровь обидится;
А где их все-то знать?
Приметы есть хорошие,
А есть и бедокурные.
Случилось так: свекровь
Надула в уши свекору,
Что рожь добрее родится
Из краденых семян.
Поехал ночью Тихоныч,
Поймали, — полумертвого
Подкинули в сарай...

Steh auf, steh auf, du faules Stück,
Verschlafene, missratene Schlawinerin!

. . . . . .

„Zerstritten, zänkisch, riesengroß
war die Familie ... Plötzlich war
ich in der Hölle nun.
Der Mann, der fuhr zur Arbeit weg,
er riet: ‚Schweig still und dulde still,
spuck nie aufs Eisen, wenn es glüht,
das Eisen zischt zu sehr!‘
So blieb bei Schwiegereltern ich
und bei den Schwägerinnen dann.
Da war kein Platz für Zärtlichkeit,
doch Platz zum Gängeln war!
Die ach so fromme Marfa war
die älteste Schwägerin, und die
behandelte als Sklavin mich:
‚Pass gut auf Schwiegervater auf,
wenn du nicht aufpasst, wirst du selbst
beim Wirt die Schulden zahln!‘
Nimm dich in Acht, wenn du dich setzt
und wenn du aufstehst: Ist vielleicht
die Schwiegermutter grad verstimmt?
Doch woher wissen? Schließlich sind
Vorzeichen manchmal gut.
Doch manchmal ist ein Omen bös:
Sie hat dem Schwiegervater mal
den Floh ins Ohr gesetzt, das Korn
sei besser von gestohlner Saat.
Nachts schlich Tichonytsch also los,
er wurd geschnappt, halbtot lag er
in unserm Schuppen dann ...

Как велено, так сделано:
Ходила с гневом на сердце,
А лишнего не молвила
Словечка никому.
Зимой пришел Филиппушка,
Привез платочек шелковый
Да прокатил на саночках
В Екатеринин день,
И горя словно не было!
Запела, как певала я
В родительском дому.
Мы были однолеточки,
Не трогай нас — нам весело,
Всегда у нас лады.
То правда, что и мужа-то
Такого, как Филиппушка,
Со свечкой поискать…"

„Уж будто не колачивал?"

Замялась Тимофеевна:
„Раз только", — тихим голосом
Промолвила она.

„За что?" — спросили странники.

„Уж будто вы не знаете,
Как ссоры деревенские
Выходят? К муженьку
Сестра гостить приехала,
У ней коты разбилися.
„Дай башмаки Оленушке,
Жена!" — сказал Филипп.
А я не вдруг ответила.
Корчагу подымала я,
Такая тяга: вымолвить

Ich tat, was immer man befahl,
mit Wut im Bauch, jedoch ich sprach
zu niemandem ein Wort davon,
wie mir ums Herze war.
Im Winter kam Philíppuschka,
bracht mir ein Seidentüchlein mit;
wir machten, wie es Sitte ist,
an Sankt Jekaterinen dann
auch eine Schlittenfahrt.
Wie weggeblasen war mein Leid,
ich sang, so wie zu Haus.
Wir waren gleich alt, hatten Spaß,
und unsre Freude konnte nichts
und niemand trüben mehr.
Es stimmt ja auch: Ein guter Mann
kann seinesgleichen suchen, so
wie mein Philíppuschka."

„Sag bloß, dein Philípp schlug dich nie!"

Da druckste Timofejewna:
„Einmal nur", sagte sie ganz leis.
„Einmal hat er's getan."

„Wofür?", fragten die Wandrer da.

„Als wüsstet ihr nicht selbst genau,
wie es zu Streitereien kommt
im Dorf! Mein Mann bekam Besuch
von seiner Schwester, und bei der
warn grad die Stiefelchen kaputt.
‚Frau, gib Oljonuschka doch mal
die andern Schuh!', sagt er.
Ich reagierte nicht sofort –
ich hob grad einen schweren Topf,
kein Wörtchen brachte ich heraus,

Я слова не могла.
Филипп Ильич прогневался,
Пождал, пока поставила
Корчагу на шесток,
Да хлоп меня в висок!
„Ну, благо ты приехала,
И так походишь!" — молвила
Другая, незамужняя
Филиппова сестра.

Филипп подбавил женушке.
„Давненько не видались мы,
А знать бы — так не ехать бы!" —
Сказала тут свекровь.

Еще подбавил Филюшка…
И всё тут! Не годилось бы
Жене побои мужнины
Считать; да уж сказала я:
Не скрою ничего!"

„Ну, женщины! с такими-то
Змеями подколодными
И мертвый плеть возьмет!"

Хозяйка не ответила.
Крестьяне, ради случаю,
По новой чарке выпили
И хором песню грянули
Про шелковую плеточку,
Про мужнину родню:

. . . . . .

Мой постылый муж
Подымается:

so schwer war dieser Topf!
Philípp Iljitsch, der wartete,
bis ich den Topf auf unsern Herd
gewuchtet hatte, und dann batz!
kriegt ich eins an den Kopf.
‚Gut, dass du hier bist, Schwesterchen.
Es geht ja auch mal ohne Schuh!‘,
sagt hämisch Philípps Schwester da,
die andre, ledige.

Ein zweiter Schlag. ‚Warst lang nicht hier!
Wärst sicher nicht gekommen, hättst
du vorher sowas schon geahnt!‘,
sagt Schwiegermutter da.

Noch einen Schlag versetzt er mir.
Genaugenommen steht's der Frau
nicht zu, die Schläge ihres Manns
zu zählen. Aber ich versprach,
nichts zu verheimlichen."

„O Weiber, Schlangen tückische!
Da langt sogar ein Toter noch
im Grab zum Knüppelchen!"

Die Bäurin schwieg. Die Wanderer
gossen die Gläser wieder voll
und stimmten aus gegebnem Grund
das Liedchen von der seidnen Knut',
das Liedchen von der Sippschaft an
des lieben Ehemanns:

. . . . . .

Voller kalter Wut
Nimmt mein Ehemann,

*За шелкову плеть
Принимается.*

Хор
*Плетка свистнула,
Кровь пробрызнула…
Ах! лели! лели!
Кровь пробрызнула…*

*Свекру-батюшке
Поклонилася:
Свекор-батюшка,
Отними меня
От лиха мужа,
Змея лютого!
Свекор-батюшка
Велит больше бить,
Велит кровь пролить…*

Хор
*Плетка свистнула,
Кровь пробрызнула…
Ах! лели! лели!
Кровь пробрызнула…*

*Свекровь-матушке
Поклонилася:
Свекровь-матушка,
Отними меня
От лиха мужа,
Змея лютого!
Свекровь-матушка,
Велит больше бить,
Велит кровь пролить…*

Ach, die seidne Knut'
Und es spritzt das Blut.

Chor
Und die Knute pfeift,
Und das Blut, das spritzt,
Ei ljoli ljoli,
Und das Blut, das spritzt …

Ich verbeuge mich:
Schwiegerväterchen,
Ach, befreie mich
Von dem Wüterich,
Von dem Ungetüm!
Der verspottet mich,
Will noch mehr Blut sehn,
Und er treibt ihn an,
Treibt ihn weiter an …

Chor
Und die Knute pfeift,
Und das Blut, das spritzt,
Ei ljoli ljoli,
Und das Blut, das spritzt …

Ich verbeuge mich:
Schwiegermütterchen,
Komm, befreie mich
Von dem Wüterich,
Von dem Ungetüm!
Sie verspottet mich,
Will noch mehr Blut sehn,
Und sie treibt ihn an,
Treibt ihn weiter an …

Хор

Плетка свистнула,
Кровь пробрызнула...
Ах! лели! лели!
Кровь пробрызнула...

. . . . . .

„Филипп на Благовещенье
Ушел, а на Казанскую
Я сына родила.
Как писаный был Демушка!
Краса взята у солнышка,
У снегу белизна,
У маку губы алые,
Бровь черная у соболя,
У соболя сибирского,
У сокола глаза!
Весь гнев с души красавец мой
Согнал улыбкой ангельской,
Как солнышко весеннее
Сгоняет снег с полей...
Не стала я тревожиться,
Что ни велят — работаю,
Как ни бранят — молчу.

Да тут беда подсунулась:
Абрам Гордеич Ситников,
Господский управляющий,
Стал крепко докучать:
„Ты писаная кралечка,
Ты наливная ягодка..."
— „Отстань, бесстыдник! ягодка,
Да бору не того!"
Укланяла золовушку,
Сама нейду на барщину,

Chor
Und die Knute pfeift,
Und das Blut, das spritzt,
Ei ljolí ljolí,
Und das Blut, das spritzt ...

. . . . . .

„Mein Mann fuhr an Verkündigung
dann fort, und in dem Jahr darauf
gebar ich einen Sohn.
Bildhübsch war er, mein Djomuschka,
schön wie der liebe Sonnenschein,
weiß war er wie der Schnee,
rot seine Lippen wie der Mohn,
die Brauen wie der Zobel schwarz,
der Zobel, der sibirische,
die Augen falkengleich!
Er strahlte all den Zorn hinweg,
mein Engelchen, das lächelte,
so wie die Frühlingssonne auch
den Schnee zum Schmelzen bringt.
Nichts konnte mich erregen mehr,
ich tat, was immer man mich hieß,
und keiften sie – ich schwieg.

Doch deutete sich Unheil an:
Abram Gordéitsch Sitnikow,
der Gutsverwalter unsres Herrn,
begann, mir nachzustelln:
‚Du Schöne, würd gern pflücken dich,
du süßes Zuckerbeerchen, du ...'
‚Bleib weg, du Lüstling schamloser,
dies hier ist nicht dein Strauch!'
Die Schwägerin erweichte ich,
statt meiner Fronarbeit zu tun –

Так в избу прикатит!
В сарае, в риге спрячуся —
Свекровь оттуда вытащит:
„Эй, не шути с огнем!"
— „Гони его, родимая,
По шее!" — „А не хочешь ты
Солдаткой быть?" Я к дедушке:
„Что делать? Научи!"

Из всей семейки мужниной
Один Савелий, дедушка,
Родитель свекра-батюшки, —
Жалел меня... Рассказывать
Про деда, молодцы?"

„Вали всю подноготную!
Накинем по два снопика, —
Сказали мужики.

„Ну, то-то! речь особая.
Грех промолчать про дедушку.
Счастливец тоже был...

Глава 3

Савелий, богатырь святорусский

С большущей сивой гривою,
Чай, двадцать лет не стриженной,
С большущей бородой,
Дед на медведя смахивал,
Особенно как из лесу,
Согнувшись, выходил.
Дугой спина у дедушки, —

er kam zu unserm Haus!
Im Stall verbarg ich mich, jedoch
die Schwiegermutter zerrte mich
da raus: ‚Spiel mit dem Feuer nicht!'
‚Ach Mutter, jag zum Teufel ihn!'
‚Du wärst wohl gern Soldatenfrau!'
Da lief ich schnell zum Großvater:
‚Was soll ich tun? Gib Rat!'

Von der gesamten Sippschaft hier
bedauerte nur einer mich,
das war Sawélij-Großvater,
des Schwiegervaters Väterchen …
Soll ich von ihm erzähln?"

„Schütt alles aus, was dich beschwert,
wir geben noch zwei Garben drauf!",
die sieben daraufhin.

„Na geht doch! Sünde wär es auch,
ihn zu verschweigen, denn er war
was ganz Besonderes."

Kapitel 3

Sawélij, der russische Recke

„Mit seiner grauen Mähne, die
seit zwanzig Jahren wohl schon nicht
geschnitten worden war,
und seinem riesengroßen Bart
sah wie ein alter Bär er aus,
vor allem, wenn er aus dem Wald
herauskam, stark gebückt.

Сначала всё боялась я,
Как в низенькую горенку
Входил он. ну распрямится?
Пробьет дыру медведище
В светелке головой!
Да распрямиться дедушка
Не мог: ему уж стукнуло,
По сказкам, сто годов.
Дед жил в особой горнице,
Семейки недолюбливал.
В свой угол не пускал;
А та сердилась, лаялась,
Его „клейменым, каторжным"
Честил родной сынок.
Савелий не рассердится,
Уйдет в свою светелочку,
Читает святцы, крестится,
Да вдруг и скажет весело:
„Клейменый, да не раб!"…
А крепко досадят ему —
Подшутит: „Поглядите-тко,
К нам сваты!" Незамужняя,
Золовушка — к окну:
Ан вместо сватов — нищие!
Из оловянной пуговки
Дед вылепил двугривенный,
Подбросил на полу —
Попался свекор — батюшка!
Не пьяный из питейного —
Побитый приплелся!
Сидят, молчат за ужином:
У свекра бровь рассечена,
У деда, словно радуга,
Усмешка на лице.

Ein krummer Bogen war sein Kreuz.
Zuerst, da hatte ich stets Angst,
dass dieser ungeheure Bär
ein Loch in unsre Decke stößt,
die niedrige, falls er sich doch
noch einmal aufrichtet!
Jedoch, das konnte er nicht mehr:
Großvater, hieß es, war ja schon
einhundert Jahre alt.
Er mochte die Familie nicht,
ließ sie nicht in sein Kämmerlein.
Die Sippschaft kläffte, wütete:
‚Du Sträfling, du Gebrandmarkter!' –
sogar sein eigner Sohn!
Er ging, blieb ruhig, las dann das
liturgische Kalenderblatt,
mit einem Male sagte er
ganz fröhlich und vergnügt:
‚Gebrandmarkt – ja, doch Sklave – nein!' ...
Und setzten sie zu sehr ihm zu,
da sagt der Schelm doch: „‚Schaut mal hin,
die Brautwerber!'" Die Schwägerin,
die, welche nicht vergeben war,
zum Fenster hin: Da standen nur
die Bettler. Einmal formte er
ein Rubelchen aus Zinn und warf's
zu Boden. Schwiegervater fiel
dann prompt auf diesen Trick herein
und nüchtern, doch verdroschen kam
er aus der Kneipe heim!
Beim Essen schwiegen alle dann:
mit Veilchen Schwiegerväterchen;
Sawélij, regenbogengleich,
ein Feixen im Gesicht.

С весны до поздней осени
Дед брал грибы да ягоды,
Силочки становил
На глухарей, на рябчиков.
А зиму разговаривал
На печке сам с собой.
Имел слова любимые,
И выпускал их дедушка
По слову через час:

. . . . . .

„Погибшие... пропащие..."

. . . . . .

„Эх вы, Аники-воины!
Со стариками, с бабами
Вам только воевать!"

. . . . . .

„Недотерпеть — пропасть!
Перетерпеть — пропасть..."

. . . . . .

„Эх, доля святорусского
Богатыря сермяжного!
Всю жизнь его дерут.
Раздумается временем
О смерти — муки адские
В ту-светной жизни ждут",

. . . . . .

Vom Frühjahr bis zum späten Herbst
ging Großvater zum Wald, und kam
mit Beeren, Pilzen, Auerhahn
und Haselhühnern heim.
Im Winter aber redete
er auf dem Ofen mit sich selbst.
Bestimmte Worte sagte er
da immer wieder vor sich hin,
beinah im Stundentakt.

. . . . . .

‚Verstorbene ... verlorene ...'

. . . . . .

‚Oh, wahrhaft große Krieger, ihr!
Mit Alten und mit Weibern könnt
ihr kämpfen wunderbar!'

. . . . . .

‚Erträgst du's nicht, bist du verlorn!
Erträgst du viel, bist du verlorn ...'

. . . . . .

‚Ach, welches Los der Recke hat,
der einfache, im Bauernrock!
Man prügelt ihn ein Leben lang,
und will er aus dem Leben gehn,
erwarten ihn im Jenseits dann
die schlimmsten Höllenqualen!'

. . . . . .

„Надумалась Корежина,
Наддай! наддай! наддай!.."

. . . . . .

И много! да забыла я…
Как свекор развоюется,
Бежала я к нему.
Запремся. Я работаю,
А Дема, словно яблочко
В вершине старой яблони,
У деда на плече
Сидит румяный, свеженький…

Вот раз и говорю:
„За что тебя, Савельюшка,
Зовут клейменым, каторжным?"

„Я каторжником был".
         — „Ты, дедушка?"
— „Я, внученька!
Я в землю немца Фогеля
Христьяна Христианыча
Живого закопал…"

„И полно! шутишь, дедушка!"

„Нет, не шучу. Послушай-ка!" —
И всё мне рассказал.

„Во времена досюльные
Мы были тоже барские,
Да только ни помещиков,
Ни немцев — управителей
Не знали мы тогда.

‚Was wagt ihr in Korjoshina:
Und drauf! Und drauf! Und drauf!'

. . . . . .

Und mehr! Doch ich entsinn mich nicht ...
Wenn Schwiegervater wütete,
floh zu Sawélij ich.
Wir riegelten uns ein. Ich tat
dort meine Arbeit, Djoma saß,
wie'n frisches Äpfelchen im Baum,
auf Großväterchens Schulter dann,
der alten, knorrigen.

Ich fragte: „‚Wieso schimpfen sie
dich Sträfling und Gebrandmarkter?
Großväterchen, erzähl!'

‚Ich war einer.'
    – ‚Du, Großvater?'
‚Ich, Enkeltöchterchen!
Lebendig hatte ich einmal
begraben einen Deutschen, den
Verwalter, Vogel hieß der Mann,
Christián Christiánowitsch ...'

‚Genug! Du scherzt wohl, Großvater!'

‚Das ist kein Scherz! Hör zu!' Und er
erzählte mir davon.

‚Vor langen Zeiten waren wir
Leibeigene wie alle, nur –
wir kannten unsre Herren nicht,
und auch Verwalter deutsche nicht,
Fronarbeit leisteten wir nicht

Не правили мы барщины,
Оброков не платили мы,
А так, когда рассудится,
В три года раз пошлем".

„Да как же так, Савельюшка?"

„А были благодатные
Такие времена.
Недаром есть пословица,
Что нашей-то сторонушки
Три года черт искал.
Кругом леса дремучие,
Кругом болота топкие,
Ни конному проехать к нам,
Ни пешему пройти!
Помещик наш Шалашников
Через тропы звериные
С своим полком — военный был —
К нам доступиться пробовал,
Да лыжи повернул!
К нам земская полиция
Не попадала по году, —
Вот были времена!
А ныне — барин под боком,
Дорога скатерть-скатертью…
Тьфу! прах ее возьми!..
Нас только и тревожили
Медведи… да с медведями
Справлялись мы легко.
С ножищем да с рогатиной
Я сам страшней сохатого,
По заповедным тропочкам
Иду: „Мой лес!" — кричу.
Раз только испугался я,
Как наступил на сонную

und zahlten keine Abgaben –
nur dann und wann, wenn uns so war,
alle drei Jahre mal.'

‚Wie ging denn das, Sawéljuschka?'

‚Die Zeiten waren segensreich.
So hieß es stets, dass Fuchs und Has
sich sagten gute Nacht bei uns,
der Teufel hätt Korjoshina
drei Jahre lang gesucht.
Nur tiefe Wälder ringsumher,
nur wilde Sümpfe ringsumher,
man kam zu Pferd nicht zu uns durch,
geschweige denn zu Fuß!
Schalaschnikow hieß unser Herr,
war Offizier, wollt sich zu uns
schon durchkämpfen auf Wildpfaden
mit seinem Regiment.
Doch haben sie es nicht geschafft,
es zeigte auch die Polizei
sich jahrelang nicht – ach, das war
noch eine gute Zeit!
Jetzt aber ist der Herr ganz nah,
der Weg glatt wie ein Laken … Ach,
der Teufel hol den Weg!
Die einzige Bedrohung warn
die Bären – doch den Zottligen,
den kamen leicht wir bei.
Wenn ich mit Messer und mit Spieß
die Wildpfade entlangging, schrie
ich laut „Mein Wald!", und dann war ich
noch schrecklicher als Petz.
Einmal nur hatt ich wirklich Angst:
Auf eine Bärin, die dort schlief,

Медведицу в лесу.
И то бежать не бросился,
А так всадил рогатину,
Что словно как на вертеле
Цыпленок — завертелася
И часу не жила!
Спина в то время хрустнула,
Побаливала изредка,
Покуда молод был,
А к старости согнулася.
Не правда ли, Матренушка,
На оцеп я похож?"

„Ты начал, так досказывай!
Ну, жили — не тужили вы,
Что ж дальше, голова?"

„По времени Шалашников
Удумал штуку новую,
Приходит к нам приказ:
„Явиться!" Не явились мы,
Притихли, не шелохнемся
В болотине своей.
Была засуха сильная,
Наехала полиция,
Мы дань ей — медом, рыбою!
Наехала опять,
Грозит с конвоем выправить,
Мы — шкурами звериными!
А в третий — мы ничем!
Обули лапти старые,
Надели шапки рваные,
Худые армяки —
И тронулась Корежина!..
Пришли... (В губернском городе
Стоял с полком Шалашников.)

war ich getreten. Doch ich nahm
auch da keinen Reißaus.
Mit solcher Wucht stieß ich den Speer
in diese Bärin, dass sie sich
drauf drehte wie am Bratenspieß
ein Huhn. Sie war bald tot.
Da hatt ich mir den Rücken wohl
verletzt. Solange jung ich war,
tat er nur manchmal weh.
Jetzt, wo ich alt bin, beugt er sich.
Wie'n Brunnenschwengel seh ich aus,
nicht wahr, Matrjonuschka?'

,Erzähl zu Ende, lenk nicht ab!
Ihr habt recht glücklich dort gelebt,
und was passierte dann?'

,Dann dachte sich Schalaschnikow
mal wieder etwas Neues aus.
Man stellte den Befehl uns zu:
Erscheinen! Wir erschienen nicht,
verharrten still und rührten uns
dort nicht in unserm Sumpf.
Doch eine große Dürre kam,
die Polizei gelangte nun
zu uns, wir zahlten Abgaben
in Honig und in Fisch.
Beim nächsten Mal, da drohten sie
mit einem Militärkonvoi
– wir gaben Pelze her!
Beim dritten Mal dann zogen wir
zerschlissne Röcke, Bastschuh an,
zerrissne Mützen, machten uns
so auf den Weg zur Stadt.
Wir kamen hin ... (Schalaschnikow
lag dort mit seinem Regiment.)

„Оброк!“ — „Оброку нет!
Хлеба не уродилися,
Снеточки не ловилися…“
— „Оброк!“ — „Оброку нет!
Не стал и разговаривать:
„Эй, перемена первая!“ —
И начал нас пороть.

Туга мошна корежская!
Да стоек и Шалашников:
Уж языки мешалися,
Мозги уж потрясалися
В головушках — дерет!
Укрепа богатырская,
Не розги!.. Делать нечего!
Кричим: постой, дай срок!
Онучи распороли мы
И барину „лобанчиков“
Полшапки поднесли.
Утих боец Шалашников!
Такого-то горчайшего
Поднес нам травнику,
Сам выпил с нами, чокнулся
С Корегой покоренною:
„Ну, благо вы сдались!
А то — вот бог! — решился я
Содрать с вас шкуру начисто…
На барабан напялил бы
И подарил полку!
Ха-ха! ха-ха! ха-ха! ха-ха!
(Хохочет — рад придумочке):
Вот был бы барабан!“

Идем домой понурые…
Два старика кряжистые
Смеются… Ай, кряжи!

„Den Zins!" – „Wir haben nichts!
Das Korn gedieh nicht dieses Jahr,
der Fisch ging nicht in unser Netz …"
„Den Zins!" – „Wir haben nichts!"
Er redete nicht lang mit uns:
„Dann ändern wir die Strategie!"
Nun peitschte er uns aus.

Oh, zäh ist der Korjoshiner!
Doch zäh ist auch Schalaschnikow.
Schon bald verwirrten sich bei uns
die Zungen, und die Hirne auch –
Er drosch und drosch und drosch!
Da kann kein Heldenmut bestehn!
Wir schrien: „Gib uns eine Frist!",
wir wickelten die Fußlappen
nun ab, und brachten unserm Herrn
dann eine Mütze, halb gefüllt
mit lauter Münzen, dar.
Und der Soldat Schalaschnikow
beruhigte sich, trank mit uns
noch einen bittren Kräuterschnaps,
verzieh uns, und er sprach:
„Gut, dass ihr euch ergeben habt!
Sonst hätte ich euch noch das Fell
als Ganzes abgezogen, hätt's
auf eine Trommel aufgespannt
und meinem Regiment geschenkt!
Haha, haha, haha!"
(Sehr lustig fand den Einfall er):
„Was für ein Trommelchen das wär,
Was für ein Trommelfell!"

Auf unserm Heimweg ließen wir
die Köpfe hängen alle Mann,
zwei Alte nur, zwei kernige,

Бумажки сторублевые
Домой под подоплекою
Нетронуты несут!
Как уперлись: мы нищие —
Так тем и отбоярились!
Подумал я тогда:
„Ну, ладно ж! черти сивые,
Вперед не доведется вам
Смеяться надо мной!"
И прочим стало совестно,
На церковь побожилися:
„Вперед не посрамимся мы,
Под розгами умрем!"

Понравились помещику
Корежские лобанчики,
Что год — зовет... дерет...

Отменно драл Шалашников,
А не ахти великие
Доходы получал:
Сдавались люди слабые,
А сильные за вотчину
Стояли хорошо.
Я тоже перетерпливал,
Помалчивал, подумывал:
„Как не дери, собачий сын,
А всей души не вышибешь,
Оставишь что-нибудь!"
Как примет дань Шалашников,
Уйдем — и за заставою
Поделим барыши:
„Что денег-то осталося!
Дурак же ты, Шалашников!"
И тешилась над барином
Корега в свой черед!

die freuten sich: Sie trugen doch
noch Hundertrubelscheine heim
unter dem Bauernhemd!
Die beiden hatten sich gesträubt:
sie seien Bettler, hätten nichts,
bis er von ihnen ließ.
Da dachte ich: Verdammter Kerl,
auch mir passiert es nicht noch mal,
dass der mich so verhöhnt!
Und auch die andern schämten sich,
auf unsern Herrgott schworen wir:
Wir wollten künftig sterben, statt
uns wieder bloßzustelln!

Gefallen hatte unser Geld
dem Herrn – er ließ uns jedes Jahr
nun kommen – und er schlug …

Und wie sehr drosch Schalaschnikow!
Doch blieben seine Einnahmen
bescheiden nur seitdem:
Die schwachen Bauern gaben nach,
die starken aber standen fest
für die Gemeinschaft ein.
Auch ich hielt alles aus und schwieg,
und dachte still: „Schlag, Hundesohn,
die ganze Seele prügelst du
nicht aus dem Leib uns, ganz bestimmt
bleibt doch noch etwas drin!"
Hatt er sein Geld, verließen wir
die Stadt; und was noch übrig war,
das teilten wir dann auf.
„Schaut an, wie viel noch übrig ist!
Ein Dummkopf, der Schalaschnikow!"
Es machte sich Korjoshina
jetzt lustig über ihn!

Вот были люди гордые!
А нынче дай затрещину —
Исправнику, помещику
Тащат последний грош!

Зато купцами жили мы…

Подходит лето красное,
Ждем грамоты… Пришла…
А в ней уведомление,
Что господин Шалашников
Под Варною убит.
Жалеть не пожалели мы,
А пала дума на сердце:
„Приходит благоденствию
Крестьянскому конец!"
И точно: небывалое
Наследник средство выдумал:
К нам немца подослал.
Через леса дремучие,
Через болота топкие
Пешком пришел, шельмец!
Один как перст: фуражечка
Да тросточка, а в тросточке
Для уженья снаряд.
И был сначала тихонький:
„Платите сколько можете."
— „Не можем ничего!"
— „Я барина уведомлю."
— „Уведомь!.." Тем и кончилось.
Стал жить да поживать;
Питался больше рыбою;
Сидит на речке с удочкой
Да сам себя то по носу,
То по лбу — бац да бац!
Смеялись мы: „Не любишь ты

So waren wir! Wir hatten Stolz!
Heut tragen sie schon alles hin,
kaum dass Verwalter oder Herr
mit seiner Peitsche winkt.

So lebten wir und handelten
mit allem ... Aber dann ...

Dann, eines schönen Sommers, kam
ein Brief zu uns, und darin stand,
dass unser Herr Schalaschnikow
im Krieg gefallen sei.
Natürlich tat er uns nicht leid,
doch machte ein Gedanke uns
die Herzen doch recht schwer:
dass unser schönes Leben jetzt
wohl bald zu Ende wär.
So kam es auch: der Erbe dacht
sich bald schon etwas Neues aus:
Er schickte einen Deutschen uns.
Durch all die Sümpfe, den Morast,
die tiefen Wälder kam der Lump
zu Fuß dann bei uns an.
Ganz mutterseelnallein kam er,
mit Mützchen und mit Stöckchen nur,
und in dem Stöckchen hatte er
sein Angelzeug versteckt.
Zunächst verhielt er sich ganz still:
„Zahlt so viel, wie ihr zahlen könnt."
„Wir können nicht." – „Dann muss ich wohl
den Gutsherrn informiern."
„Das tu!" So herrschte erst mal Ruh.
Er lebte sich allmählich ein.
Hauptsächlich lebte er vom Fisch,
saß mit der Angel dort am Fluss,
mal auf die Stirne schlug er sich,

Корежского комарика…
Не любишь, немчура?..“
Катается по бережку,
Гогочет диким голосом,
Как в бане на полке…
С ребятами, с девочками
Сдружился, бродит по лесу…
Недаром он бродил!

„Коли платить не можете,
Работайте!“ — „А в чем твоя
Работа?“ — „Окопать
Канавками желательно
Болото…“ Окопали мы…
„Теперь рубите лес…“
— „Ну, хорошо!“ — Рубили мы,
А немчура показывал,
Где надобно рубить.
Глядим: выходит просека!
Как просеку прочистили,
К болоту поперечины
Велел по ней возить.
Ну, словом: спохватились мы,
Как уж дорогу сделали,
Что немец нас поймал!

Поехал в город парочкой!
Глядим, везет из города
Коробки, тюфяки;
Откудова ни взялися
У немца босоногого
Детишки и жена.
Повел хлеб-соль с исправником
И с прочей земской властию,
Гостишек полон двор!

und – zack! – mal auf die Nas.
Wir lachten: „Was denn, magst du denn
unsre Korjosher Mücken nicht,
du deutscher Michel, du?"
Er badete und jauchzte rum,
mit allen Kindern war er Freund,
die zeigten ihm die Wälder hier …
Der wusste schon, warum!

„Könnt ihr nicht zahlen, arbeitet!"
„Was ist zu tun?" – „Legt Gräben an
durch jenen Sumpf …" So gruben wir.
„Jetzt holzt das Waldstück ab!"
Wir schlugen also dann das Holz.
Er wies uns, was zu schlagen war.
Oh! Eine Schneise hatten wir
geschlagen. Na, was soll's!
Wir rodeten die Stubben, und
durch diese Schneise schleppten wir
zum Sumpf noch Bohlen hin.
Als dann ein schöner Knüppelweg
gebaut war, wachten wir erst auf.
Da hatte uns der Deutsche ja
ganz schön hereingelegt!

Mit einem Pferdewagen fuhr
der Mann zur Stadt hin, kam zurück
mit Kisten, Hausrat. Und nicht schlecht
wir Bauern staunten da:
Der jämmerliche Habenichts
von einem Deutschen kam doch glatt
mit Frau und Kindern an,
war mit dem Landrichter gut Freund,
und auch der Rest der Obrigkeit
ging bei ihm aus und ein.

И тут настала каторга
Корежскому крестьянину —
До нитки разорил!
А драл... как сам Шалашников!
Да тот был прост: накинется
Со всей воинской силою,
Подумаешь: убьет!
А деньги сунь — отвалится,
Ни дать ни взять раздувшийся
В собачьем ухе клещ.
У немца — хватка мертвая:
Пока не пустит по миру,
Не отойдя сосет!"

„Как вы терпели, дедушка?"

„А потому терпели мы,
Что мы — богатыри.
В том богатырство русское.
Ты думаешь, Матренушка,
Мужик — не богатырь?
И жизнь его не ратная,
И смерть ему не писана
В бою — а богатырь!

Цепями руки кручены,
Железом ноги кованы,
Спина... леса дремучие
Прошли по ней — сломалися.
А грудь? Илья-пророк
По ней гремит-катается
На колеснице огненной...
Всё терпит богатырь!
И гнется, да не ломится,
Не ломится, не валится...
Ужли не богатырь?"

Von jetzt an war das Leben in
Korjoshina nur Zwangsarbeit –
er ruinierte uns!
Er prügelte – Schalaschnikow
war nichts dagegen, denn der war
nur primitiv gewesen, hatt
sich wie ein Tier auf uns gestürzt;
gab man ihm Geld, dann fiel der ab,
wie eine vollgesaugte Zeck
von einem Hundeohr.
Der Deutsche aber ließ nicht los,
der saugte bis aufs Blut dich aus –
bis du ein Bettler warst.'

‚Wie konntet ihr's ertragen, sag?'

‚Nur deshalb, weil wir Recken sind,
ertrugen wir das, Kind!
Darin besteht das Heldentum!
Matrjona, ist der Bauer nicht,
der russische, ein Recke stark?
Er führt nicht Krieg, der Heldentod
ist für ihn auch nicht vorgesehn,
trotzdem ist er ein Held!

Denn seine Hände hat man ihm,
und seine Füße hat man ihm
gelegt in Ketten, und sein Kreuz?
Nicht Knüppel – ganze Wälder hat
zerschlagen man auf ihm!
Auf seiner Brust rast der Prophet
Iljá im Feuerwagen lang.
Der Recke, der erträgt's.
Er biegt sich, doch zerbricht er nicht,
er bricht nicht, doch er fällt auch nicht.
Ist das kein wahrer Held?'

„Ты шутишь шутки, дедушка! —
Сказала я. — Такого-то
Богатыря могучего
Чай, мыши заедят!"

„Не знаю я, Матренушка.
Покамест тягу страшную
Поднять-то поднял он,
Да в землю сам ушел по грудь
С натуги! По лицу его
Не слезы — кровь течет!
Не знаю, не придумаю,
Что будет? Богу ведомо!
А про себя скажу:
Как выли вьюги зимние,
Как ныли кости старые,
Лежал я на печи;
Полеживал, подумывал:
Куда ты, сила, делася?
На что ты пригодилася? —
Под розгами, под палками
По мелочам ушла!"

„А что же немец, дедушка?"

„А немец как ни властвовал,
Да наши топоры
Лежали — до поры!

Осьмнадцать лет терпели мы.
Застроил немец фабрику,
Велел колодец рыть.
Вдевятером копали мы,
До полдня проработали,
Позавтракать хотим.
Приходит немец: „Только-то?.."

‚Das meinst nicht ernst du, Väterchen!
Ein solcher Recke würde bald,
und wenn er noch so mächtig ist,
von Mäusen angenagt!'

‚Ich weiß es nicht, Matrjonuschka,
bislang hat er die schwere Last,
die schreckliche, gepackt.
Inzwischen ist vor Anstrengung
er selbst schon tief ins Erdenreich
versunken – bis zur Brust!
Nicht Tränen – Blut fließt über sein
Gesicht! Was daraus werden soll,
das weiß nur Gott allein!
Was mich betrifft: Im Winter lag
(Die kalten Stürme heulten, und
die alten Knochen quälten mich)
ich auf dem Ofen, dachte nach:
Wo bist du, meine alte Kraft,
hab unterm Stock, der Knute, ich
denn ganz umsonst vergeudet dich,
wofür warst du denn gut?'

‚Und der Verwalter, Großvater?'

‚Wie immer der auch waltete,
die Äxte hatten wir ja noch –
einstweilen ruhten sie!

So achtzehn Jahr ertrugen wir's,
dann fing der Deutsche an, mit uns
eine Fabrik zu baun,
befahl uns, einen Brunnenschacht
zu graben, und wir gruben ihn
zu neunt, bis Mittag hin.
Grad wollten wir dann frühstücken,

И начал нас по-своему,
Не торопясь, пилить.
Стояли мы голодные,
А немец нас поругивал
Да в яму землю мокрую
Пошвыривал ногой.
Была уж яма добрая…
Случилось, я легонечко
Толкнул его плечом,
Потом другой толкнул его,
И третий… Мы посгрудились…
До ямы два шага…
Мы слова не промолвили,
Друг другу не глядели мы
В глаза… А всей гурьбой
Христьяна Христианыча
Поталкивали бережно
Всё к яме… всё на край…
И немец в яму бухнулся,
Кричит: „Веревку! лестницу!"
мы девятью лопатами
Ответили ему.
„Наддай!" — я слово выронил, —
Под слово люди русские
Работают дружней.
„Наддай! наддай!" Так наддали,
Что ямы словно не было —
Сровнялася с землей!
Тут мы переглянулися…"

Остановился дедушка.

„Что ж дальше?"
　　— „Дальше — дрянь!
Кабак… острог в Буй-городе,
Там я учился грамоте,

da kam der Deutsche: „Was denn nun ...?",
beleidigte, beschimpfte uns.
Wir standen hungrig da.
Und wie der Deutsche da so schrie
und mit dem Fuß den feuchten Sand
so in die Grube schleuderte,
ne schöne tiefe Grube war's,
da stieß ich ihn ein bisschen nur
mit meiner Schulter an.
Dann stieß ein andrer, noch einer ...
wir drängten uns um ihn, es warn
nur ein, zwei Schritte noch ....
Kein Wörtchen sprachen wir, wir sahn
uns auch nicht in die Augen, doch
es drängte unsere ganze Schar
den Christián Christiánowitsch
ganz langsam bis zum Grubenrand,
dann plumpste er hinein.
Er schrie: „Ein Seil her! Leiter her!"
Wir gaben mit neun Spaten ihm
die Antwort. „Drauf!!", rief ich.
Man arbeitet im Russenland
zu einem Lied, zu einem Wort
viel einträchtiger noch.
„Und drauf! Und drauf!" So warfen wir
den Sand auf ihn, bis dann zum Schluss
die Grube ganz verschwunden war,
und alles eben war. Erst dann
sahn wir uns alle an ...'

Großvater hielt jetzt inne. Schwieg.

‚Und weiter?'
    – ‚Ja, das war's.
Die Kneipe ... dann der Knast, zuerst
bracht man uns in die Festung Bui,

Пока решили нас.
Решенье вышла: каторга
И плети предварительно;
Не выдрали — помазали,
Плохое там дранье!
Потом... бежал я с каторги...
Поймали! не погладили
И тут по голове.
Заводские начальники
По всей Сибири славятся —
Собаку съели драть.
Да нас дирал Шалашников
Больней — я не поморщился
С заводского дранья.
Тот мастер был — умел пороть!
Он так мне шкуру выделал,
Что носится сто лет.

А жизнь была нелегкая.
Лет двадцать строгой каторги,
Лет двадцать поселения.
Я денег прикопил,
По манифесту царскому
Попал опять на родину,
Пристроил эту горенку
И здесь давно живу.
Покуда были денежки,
Любили деда, холили,
Теперь в глаза плюют!
Эх вы, Аники-воины!
Со стариками, с бабами
Вам только воевать..."

Тут кончил речь Савельюшка..."

dort lernt ich lesen, ehe man
das Urteil für uns sprach.
Es lautet': Zwangsarbeit, zuvor
noch Peitschenhiebe; doch die war'n
nicht gar so schlimm, sie salbten uns
danach sogar noch ein!
Und dann? Sibirien ... Fluchtversuch ...
Doch man ergriff mich, schonte mich
natürlich nicht: berüchtigt sind
die Lagerleiter, schließlich sind
sie Meister ihres Fachs.
Ich zuckte nicht mal, denn ich war
ja Schlimmeres gewohnt:
Schalaschnikow konnt's besser noch,
der konnte prügeln, der hat mir
das Leder so gegerbt, dass es
schon hundert Jahre hält.

Das Leben, nun, es war nicht leicht.
Erst zwanzig Jahre Zwangsarbeit,
dann zwanzig Zwangsaussiedelung.
Da hab ich Geld gespart.
Dann kam durch eine Amnestie
in meine Heimat ich zurück,
und baute mir den Anbau hier,
und lebe hier seitdem.
Solange ich noch Bares hatt,
war ich der Beste, war umsorgt,
jetzt spucken sie auf mich.
Oh, wahrhaft große Krieger, ihr!
Mit Alten und mit Weibern könnt
ihr kämpfen wunderbar ...'

Sawéljuschka verstummte nun ..."

„Ну что ж? — сказали странники. —
Досказывай, хозяюшка,
Свое житье-бытье!"

„Невесело досказывать.
Одной беды бог миловал:
Холерой умер Ситников, —
Другая подошла".

„Наддай!" — сказали странники
(Им слово полюбилося)
И выпили винца…

Глава 4

Демушка

„Зажгло грозою дерево,
А было соловьиное
На дереве гнездо.
Горит и стонет дерево,
Горят и стонут птенчики:
„Ой, матушка! где ты?
А ты бы нас похолила,
Пока не оперились мы:
Как крылья отрастим,
В долины, в рощи тихие
Мы сами улетим!"
Дотла сгорело дерево,
Дотла сгорели птенчики,
Тут прилетела мать.
Ни дерева… ни гнездышка…
Ни птенчиков!.. Поет-зовет…
Поет, рыдает, кружится,

„Und, weiter?", unsre Wanderer.
„Erzähle weiter, Bäuerin!
Sag, wie erging es dir?"

„Nicht lustig wird es, denn zuerst
war Gott noch gnädig: Sitnikow
starb an der Cholera. Doch kam
ein neues Unglück dann."

„Und drauf!", darauf die Wanderer,
(sie mochten dieses Wort gar sehr),
und stießen nochmals an.

Kapitel 4

Djomuschka

„Es fuhr ein Blitz in einen Baum.
Der brannte. Auf dem Baume war
das Nest der Nachtigall.
Es brennt der Baum, es stöhnt der Baum.
Die kleinen Vögel brennen auch,
sie stöhnen: ‚Mütterchen!
Oh, Mütterchen, wo bist du nur?
Du hättest uns behüten solln,
solang wir ohne Federn sind!
Mit eignen Flügelchen
dann flögen wir allein zum Wald,
allein ins stille Tal!'
Zu Asche war der Baum verbrannt,
zu Asche auch die Vögelchen,
als ihre Mutter kam.
Kein Baum, kein Küken und kein Nest!
Sie weint, sie singt, sie schluchzt, sie singt.

Так быстро, быстро кружится,
Что крылышки свистят!..
Настала ночь, весь мир затих,
Одна рыдала пташечка,
Да мертвых не докликалась
До белого утра!..

Носила я Демидушку
По поженкам… лелеяла…
Да взъелася свекровь,
Как зыкнула, как рыкнула:
„Оставь его у дедушки,
Не много с ним нажнешь!"
Запугана, заругана,
Перечить не посмела я,
Оставила дитя.

Такая рожь богатая
В тот год у нас родилася,
Мы землю не ленясь
Удобрили, ухолили, —
Трудненько было пахарю,
Да весело жнее!
Снопами нагружала я
Телегу со стропилами
И пела, молодцы.
(Телега нагружается
Всегда с веселой песнею,
А сани с горькой думою:
Телега хлеб домой везет,
А сани — на базар!)
Вдруг стоны я услышала:
Ползком ползет Савелий-дед,
Бледнешенек как смерть:
„Прости, прости, Матренушка! —

Sie sucht die Jungen überall,
sie wirbelt, kreist umher.
Nacht ist es, alles ringsum still,
und nur die Nachtigall, sie schluchzt.
Die Toten ruft die Nachtigall
bis in die helle Früh.

Ich nahm den Djomuschka stets mit
ins Heu, umsorgt ihn, doch gefiel
es Schwiegermutter nicht.
Sie zischte, fauchte, giftete:
‚So schaffst du deine Arbeit nicht,
lass ihn beim Großvater!'
Ich war verängstigt und verschreckt,
zu widersprechen wagt ich nicht
und ließ den Kleinen da.

Wie wunderbar der Roggen war
in jenem Jahr! Gut hatten wir
das Feld gehegt, gepflegt.
Die Arbeit fiel dem Pflüger schwer,
dem Schnitter war sie eine Freud!
Ich lud die Garben auf.
Der Wagen war noch nie so hoch
beladen! Männer, wie ich sang!
(Den Erntewagen auf dem Feld
belädt man stets mit einem Lied,
doch mit Gedanken bitteren
den Schlitten man belädt:
Der Wagen bringt das Korn nach Haus,
der Schlitten zum Basar!)
Da hör ich Stöhnen, sehe dann
den Alten, den Sawéljuschka
vor mir, bleich wie der Tod:
‚Verzeih, verzeih, Matrjonuschka!'

И повалился в ноженьки. —
Мой грех — недоглядел!.."

Ой, ласточка! ой, глупая!
Не вей гнезда под берегом,
Под берегом крутым!
Что день-то прибавляется
Вода в реке: зальет она
Детенышей твоих.
Ой, бедная молодушка!
Сноха в дому последняя,
Последняя раба!
Стерпи грозу великую,
Прими побои лишние,
А с глазу неразумного
Младенца не спускай!..

Заснул старик на солнышке,
Скормил свиньям Демидушку
Придурковатый дед!..
Я клубышком каталася,
Я червышком свивалася,
Звала, будила Демушку —
Да поздно было звать!..

Чу! конь стучит копытами,
Чу, сбруя золоченая
Звенит… еще беда!
Ребята испугалися,
По избам разбежалися,
У окон заметалися
Старухи, старики.
Бежит деревней староста,
Стучит в окошки палочкой,
Бежит в поля, в луга.
Собрал народ: идут — крехтят!

Er wirft sich vor mich: ‚Ich bin schuld!
Ich hab nicht aufgepasst!'

Oh, dummes, dummes Schwälbchen, du!
Bau unterm Ufer nicht dein Nest,
unter dem Ufer steil!
Denn täglich steigt das Wasser an
im Fluss, und eines Tages schwemmt
es deine Jungen weg!
Oh, arme Schwiegertochter, du!
Die letzte aller Sklavinnen
bist du in deinem Haus!
Ertrage alles: Schläge, Zorn,
ertrage den Gewittersturm,
doch aus den Augen lasse nie
den kleinen Säugling du!

Der Alte saß mit meinem Kind
wohl in der Sonne und schlief ein,
den Schweinen überließ er so
den kleinen Djomuschka.
Ich wand mich, krümmte mich, ich schrie,
versuchte, ihn zu wecken noch,
jedoch – es war zu spät!

Hört ihr das Hufgetrappel auch,
das Rasseln goldenen Geschirrs?
Ein neues Unheil naht!
Es rennen alle ganz verschreckt:
die Kinder in die Hütten heim,
die alten Männer, alten Fraun
vorm Fenster hin und her.
Der Starosta rennt durch das Dorf,
klopft an die Fenster: ‚Leute, kommt!'
Rennt zu den Feldern raus.
Die Leute kommen, ächzen schwer:

Беда! Господь прогневался,
Наслал гостей непрошеных,
Неправедных судей!
Знать, деньги издержалися,
Сапожки притопталися,
Знать, голод разобрал!..

Молитвы Иисусовой
Не сотворив, уселися
У земского стола,
Налой и крест поставили,
Привел наш поп, отец Иван,
К присяге понятых.

Допрашивали дедушку,
Потом за мной десятника
Прислали. Становой
По горнице похаживал,
Как зверь в лесу порыкивал…
„Эй! женка! состояла ты
С крестьянином Савелием
В сожительстве? Винись!"
Я шепотком ответила:
„Обидно, барин, шутите!
Жена я мужу честная,
А старику Савелию
Сто лет… Чай, знаешь сам".
Как в стойле конь подкованный,
Затопал; о кленовый стол
Ударил кулаком:
„Молчать! Не по согласью ли
С крестьянином Савелием
Убила ты дитя?.."
Владычица! что вздумали!
Чуть мироеда этого
Не назвала я нехристем,

Der Herrgott ist erzürnt, er schickt
die Ungerechten uns zu Gast,
die Richter aus der Stadt!
Sind deren Gelder denn erschöpft,
und brauchen neue Stiefel sie,
und hungern sie denn jetzt? ...

Die Richter nahmen Platz am Tisch,
sie beteten noch nicht einmal.
Man stellte schnell ein Pult, ein Kreuz
im Raume auf. Vater Iwan,
der Pope, führt' die Zeugen rein,
vereidigte sie dann.

Sie fingen mit Sawélij an,
dann holten sie auch mich hinzu.
Der Stanowoi lief auf und ab,
er knurrte wie ein Tier:
‚Gib's zu, Weib, unterhalten hast
mit diesem Bauern, der hier steht,
Sawélij, ein Verhältnis du,
ein ungeziemendes!'
Ich antworte im Flüsterton:
‚Dies kränkt mich, Herr, Ihr scherzt ja wohl!
Bin meinem Mann ein treues Weib.
Sawélij, wie Ihr selber wisst,
ist hundert Jahre alt!'
Er stampfte wie ein Ross im Stall
mit seinem Fuß, schlug mit der Faust
dann auf den Ahorntisch:
‚Schweig! Hast du mit Sawélij nicht
gemeinsam diesen Mord geplant,
dein Kind hier umgebracht?'
O heilige Maria! Sag,
was haben die sich ausgedacht!
Ich hätte diesen Unhold fast

Вся закипела я…
Да лекаря увидела:
Ножи, ланцеты, ножницы
Натачивал он тут.
Вздрогнула я, одумалась.
„Нет, — говорю, — я Демушку
Любила, берегла…"
— „А зельем не поила ты?
А мышьяку не сыпала?"
— „Нет! сохрани господь!.."
И тут я покорилася,
Я в ноги поклонилася:
Будь жалостлив, будь добр!
Вели без поругания
Честному погребению
Ребеночка предать!
Я мать ему!.." Упросишь ли?
В груди у них нет душеньки,
В глазах у них нет совести,
На шее — нет креста!

Из тонкой из пеленочки
Повыкатали Демушку
И стали тело белое
Терзать и пластовать.
Тут свету я невзвидела, —
Металась и кричала я:
„Злодеи! палачи!..
Падите мои слезоньки
Не на землю, не на воду,
Не на господень храм!
Падите прямо на сердце
Злодею моему!
Ты дай же, боже господи!
Чтоб тлен пришел на платьице,
Безумье на головушку

den Antichrist genannt!
Mir wurde heiß, mir wurde kalt,
doch da erblickte ich den Arzt.
Der spitzte schon sein Werkzeug an:
Lanzette, Schere und Skalpell.
Ich schauderte, besann mich nun.
‚Nein', sagte ich. ‚Ich hab mein Kind
behütet und geliebt!'
‚Hast keine Kräutergifttinktur
ihm eingeflößt, und kein Arsen?'
‚O nein, o Gott bewahr!'
Ich unterwarf mich; vor die Füß
fiel ich dem Unhold: ‚Seid so gut,
übt Gnade mit der Mutter, lasst
nicht zu den Frevel, und erlaubt
mir, würdig zu begraben doch
mein unschuldiges Kind!'
Sie haben kein Gewissen mehr,
und keine Seele in der Brust,
kein christliches Gefühl!

Sie wickelten den Djomuschka
aus seinen zarten Windeln aus
und fingen an zu peinigen
den kleinen bleichen Leib.
In diesem Augenblick verlor
ich die Kontrolle, auf den Arzt
warf ich mich und ich schrie:
‚Du Übeltäter, Henker, du!
O Tränen, fallt zu Boden nicht,
fallt nicht ins Wasser, fallt auch nicht
auf unser Gotteshaus!
Fallt, Tränen, diesem Bösewicht
geradewegs aufs Herz!
O Herrgott, lass dem Bösewicht
den Rock zu Staub zerfalln,

Злодея моего!
Жену ему неумную
Пошли, детей — юродивых!
Прими, услыши, господи,
Молитву, слезы матери,
Злодея накажи!.."
— „Никак, она помешана? —
Сказал начальник сотскому. —
Что ж ты не упредил?
Эй! не дури! связать велю!.."

Присела я на лавочку.
Ослабла, вся дрожу.
Дрожу, гляжу на лекаря:
Рукавчики засучены,
Грудь фартуком завешана,
В одной руке — широкий нож,
В другой ручник — и кровь на нем, —
А на носу очки!
Так тихо стало в горнице…
Начальничек помалчивал,
Поскрипывал пером,
Поп трубочкой попыхивал,
Не шелохнувшись, хмурые
Стояли мужики.
„Ножом в сердцах читаете!, —
Сказал священник лекарю,
Когда злодей у Демушки
Сердечко распластал.
Тут я опять рванулася…
„Ну, так и есть — помешана!
Связать ее!" — десятнику
Начальник закричал.
Стал понятых опрашивать:
„В крестьянке Тимофеевой

mach, dass er den Verstand verliert,
schenk ihm ein blödsinniges Weib,
stumpfsinnig sei sein Kind!
Erhöre doch, nimm an, o Herr,
der Mutter Tränen und Gebet,
bestraf den Bösewicht!'
,Die Frau scheint selbst verrückt zu sein',
sagt' zu dem Polizisten da
der Richter: ,Binde sie!
Warum hast du uns nicht gewarnt?'

Ich setze mich auf meine Bank,
ganz schwach ist mir zumut.
Ich zittere. Ich seh den Arzt:
Die Brille auf der Nase, und
die Ärmel hochgestreift, vorm Bauch
hängt eine Schürze, eine Hand
hält das Skalpell, die andere
ein blutbeflecktes Tuch.
Und in der Stube wird es still.
Der Richter schweigt, die Feder kratzt,
und unsres Popen Pfeifchen dampft,
die Bauern stehen finster da
und rühren sich nicht mehr.
„Sie lesen mit dem Messerchen
die Herzen", sagt der Pope da
zum Arzt, als dieser Bösewicht
das kleine Herzchen aufschneidet
bei meinem Djomuschka.
Da hält mich nichts mehr auf der Bank!
,Ich sage doch, die ist verrückt!
Los, fesseln!', schreit den Helfer da
der Richter plötzlich an.
Die andern Zeugen fragt er dann:
,Habt ihr bei Timofejewna,

И прежде помешательство
Вы примечали?"
 — „Нет!"

Спросили свекра, деверя,
Свекровушку, золовушку:

„Не примечали, нет!"

Спросили деда старого:

„Не примечал! ровна была…
Одно: к начальству кликнули,
Пошла… а ни целковика,
Ни новины, пропащая,
С собой и не взяла!"

Заплакал навзрыд дедушка.
Начальничек нахмурился,
Ни слова не сказал.
И тут я спохватилася!
Прогневался бог: разуму
Лишил! была готовая
В коробке новина!
Да поздно было каяться.
В моих глазах по косточкам
Изрезал лекарь Демушку,
Цыновочкой прикрыл.
Я словно деревянная
Вдруг стала: загляделась я,
Как лекарь водку пил. Священнику
Сказал: „Прошу покорнейше!"
А поп ему: „Что просите?
Без прутика, без кнутика
Все ходим, люди грешные,
На этот водопой!"

der Bäuerin, den Wahnsinn schon
zuvor bemerkt?'
– ,Wir? Nein.'

Die Schwiegereltern fragte er,
den Schwager und die Schwägerin:

,Wir haben nichts bemerkt.'

Er fragte auch Sawéljuschka:

,Nichts! Ausgeglichen war sie stets …
Nur eines: Man bestellt sie her,
und sie, sie bringt der Obrigkeit
nichts mit: kein Geld, kein Leinentuch …
Das ist doch wohl verrückt!'

Laut schluchzend weinte Großvater.
Der Richter runzelte die Stirn,
erwiderte kein Wort.
Wie Schuppen von den Augen fiel
es mir: Gott hatte mir im Zorn
wohl den Verstand geraubt!
Ich hatte doch noch Leinentuch!
Für Reue war es jetzt zu spät.
Vor meinen Augen nun zerschnitt
der Arzt mein Kind und deckte es
mit einer Matte zu.
Ich war zu Stein erstarrt; ich sah
den Arzt an, der die Hände wusch,
dann Wodka trank, zum Popen sagt':
,Vergebe Gott uns!' Der darauf:
,Wir alle sind doch Sünder nur
vor unsrem Herrn. Ganz ohne Knut'
und ohne Rute gehen wir
zu dieser Tränke hin!'

Крестьяне настоялися,
Крестьяне надрожалися.
(Откуда только бралися
У коршуна налетного
Корыстные дела!)
Без церкви намолилися,
Без образа накланялись!
Как вихорь налетал —
Рвал бороды начальничек,
Как лютый зверь наскакивал —
Ломал перстни злаченые…
Потом он кушать стал.
Пил-ел, с попом беседовал,
Я слышала, как шепотом
Поп плакался ему:
„У нас народ — все голь да пьянь,
За свадебку, за исповедь
Должают по годам.
Несут гроши последние
В кабак! А благочинному
Одни грехи тащат!"
Потом я песни слышала,
Всё голоса знакомые,
Девичьи голоса:
Наташа, Глаша, Дарьюшка…
Чу! пляска! чу! гармония!..
И вдруг затихло всё…
Заснула, видно, что ли, я?..
Легко вдруг стало: чудилось,
Что кто-то наклоняется
И шепчет надо мной:
„Усни, многокручинная!
Усни, многострадальная!" —
И крестит… С рук скатилися
Веревки… Я не помнила
Потом уж ничего…

Die Bauern warn vom Stehn erschöpft,
vom bangen Zittern auch erschöpft.
(Der hergeflogne Geier da,
von wem, woher erfuhr der nur
von ihren Sünden stets?)
Wie vor Ikonen beteten
und flehten sie, verbeugten sich
vor dieser Obrigkeit.
Die fiel über die Bauern her,
schlug Kinnhaken mit goldnem Ring,
riss an den Bärten, griff sie an
wie eine Bestie ... Und dann
gab's Essen, und man speiste, trank,
ich konnte hören, wie der Pop
sich weinerlich, im Flüsterton
beschwerte: dieses Volk hier sei
versoffen, bettelarm;
für Hochzeiten und Beichten blieb's
das Geld ihm schuldig jahrelang,
zur Schenke schleppten sie das Geld,
zum Pop die Sünden nur!
Dann nahm ich nur noch Lieder wahr,
die Mädchenstimmen waren mir
ja alle wohlbekannt:
Natascha, Glascha, Darjuschka –
sie sangen, tanzten! Harmonie!
Dann wurde alles still ...
Ob ich wohl eingeschlafen bin?
Mir ist so leicht, und jemand scheint
sich über mich zu beugen: ‚Schlaf!‘,
so flüstert er mir zu:
‚Du Gram- und Kummervolle, schlaf!
Du Leid- und Schmerzensreiche, schlaf!‘
Er segnet mich, die Stricke falln
von meinen Händen, und an mehr
erinnre ich mich nicht.

Очнулась я. Темно кругом,
Гляжу в окно — глухая ночь!
Да где же я? да что со мной?
Не помню, хоть убей!
Я выбралась на улицу —
Пуста. На небо глянула —
Ни месяца, ни звезд.
Сплошная туча черная
Висела над деревнею,
Темны дома крестьянские,
Одна пристройка дедова
Сияла, как чертог.
Вошла — и всё я вспомнила:
Свечами воску ярого
Обставлен, среди горенки
Дубовый стол стоял,
На нем гробочек крохотный
Прикрыт камчатной скатертью,
Икона в головах…
„Ой, плотнички-работнички!
Какой вы дом построили
Сыночку моему?
Окошки не прорублены,
Стеколышки не вставлены,
Ни печи, ни скамьи!
Пуховой нет перинушки…
Ой, жестко будет Демушке,
Ой, страшно будет спать!..“

„Уйди!.. — вдруг закричала я,
Увидела я дедушку:
В очках, с раскрытой книгою
Стоял он перед гробиком,
Над Демою читал.
Я старика столетнего
Звала клейменым, каторжным.

Ich wurde wach. Rings Dunkelheit.
Blick' aus dem Fenster – finstre Nacht.
Wo bin ich? Was ist los mit mir?
Ich weiß nichts, schlagt mich tot!
Ich geh hinaus. Die Straße leer.
Ein Blick zum Himmel, und ich seh
nur eine Wolke riesengroß
und schwarz über dem Dorf.
Kein Mondschein, keine Sterne, nichts!
Die Bauernhütten dunkel sind,
Großvaters Anbau nur strahlt hell,
strahlt einem Festsaal gleich.
Ich geh hinein – und alles ist
auf einmal wieder da:
Umstellt von Kerzen leuchtendweiß
ist mitten in der Stube jetzt
der große Eichentisch.
Ein kleiner Sarg, ein Tuch darauf,
am Kopf eine Ikone steht ...
O Tischler, Zimmerleute, was
habt ihr für meinen kleinen Sohn
nur für ein Haus gebaut!
Habt keine Fenster eingebaut,
habt keine Scheiben eingesetzt,
kein Ofen, keine Ofenbank,
und auch kein kleines Daunenbett ...
Oh, hart und kalt wird es darin
für meinen Djomuschka! ...

‚Geh fort!', schrie ich auf einmal los –
ich hatte Großvater erblickt:
Er stand mit einem offnen Buch
und Brille vor dem kleinen Sarg
und sprach, las ein Gebet.
Den Alten, Hundertjährigen
beschimpfte ich: ‚Gebrandmarkter

Гневна, грозна, кричала я:
„Уйди! убил ты Демушку!
Будь проклят ты... уйди!.."

Старик ни с места. Крестится,
Читает... Уходилась я,
Тут дедко подошел:
„Зимой тебе, Матренушка,
Я жизнь свою рассказывал,
Да рассказал не всё:
Леса у нас угрюмые,
Озера нелюдимые,
Народ у нас дикарь.
Суровы наши промыслы:
Дави тетерю петлею,
Медведя режь рогатиной,
Сплошаешь — сам пропал!
А господин Шалашников
С своей воинской силою?
А немец-душегуб?
Потом острог да каторга...
Окаменел я, внученька,
Лютее зверя был.
Сто лет зима бессменная
Стояла. Растопил ее
Твой Дема-богатырь!
Однажды я качал его,
Вдруг улыбнулся Демушка...
И я ему в ответ!
Со мною чудо сталося:
Третьеводни прицелился
Я в белку: на суку
Качалась белка... лапочкой,
Как кошка, умывалася...
Не выпалил: живи!
Брожу по рощам, по лугу,

du, Zuchthäusler!' Ich drohte, schrie:
‚Fort! Du hast meinen Djomuschka
getötet! Sei verdammt …!'

Er rührte sich nicht von der Stell,
er las … und ich beruhigte mich,
er kam zu mir heran:
‚Ich hatte dir, Matrjonuschka,
im letzten Winter viel erzählt
aus meinem Leben. Doch das war
nicht alles, liebes Kind:
Die Wälder hier sind unheilvoll,
die Ufer hier sind menschenleer,
das Volk verwildert, scheu;
die Arbeit und die Sitten rau:
Das Birkhuhn mit der Schlinge fang,
den Bären töte mit dem Spieß,
verfehlst du ihn – so stirb!
Dann gab es Herrn Schalaschnikow,
den deutschen Halsabschneider dann,
und Festungshaft und Zwangsarbeit …
Ich war zu Eis erstarrt, mein Kind,
war wilder als ein Tier.
So blieb der Winter hundert Jahr,
und erst dein Djomuschka zerschmolz
das harte Eis in mir!
Den kleinen Recken wiegte ich,
und plötzlich lächelt' er mich an …
ich lächelte zurück!
Ein Wunder war mit mir geschehn:
Erst vor zwei Tagen zielte ich
im Wald dort auf ein Eichhörnchen.
Auf seinem Aste schaukelte
es, putzte mit den Pfötchen sich …
Ich konnte es nicht tun!
So streif ich nun durch Wald und Feld

Любуюсь каждым цветиком.
Иду домой, опять
Смеюсь, играю с Дёмушкой...
Бог видит, как я милого
Младенца полюбил!
И я же, по грехам моим,
Сгубил дитя невинное...
Кори, казни меня!
А с богом спорить нечего.
Стань, помолись за Дёмушку!
Бог знает, что творит:
Сладка ли жизнь крестьянина?"

И долго, долго дедушка
О горькой доле пахаря
С тоскою говорил...
Случись купцы московские,
Вельможи государевы,
Сам царь случись: не надо бы
Ладнее говорить!

„Теперь в раю твой Дёмушка,
Легко, светло ему..."

Заплакал старый дед.

„Я не ропщу, — сказала я, —
Что бог прибрал младенчика,
А больно то, зачем они
Ругалися над ним?
Зачем, как черны вороны,
На части тело белое
Терзали?... Неужли
Ни бог, ни царь не вступится?.."

„Высоко бог, далеко царь..."

erfreu an jeder Blume mich,
und komme heim und lach und spiel
mit deinem Djomuschka …
Gott weiß, wie sehr den Kleinen ich
ins Herz geschlossen hab!
Gott hat für meine Sünden mich
gestraft: denn ich verschuldete
des kleinen Kindes Tod …
Beschimpfe mich und geißle mich!
Doch hadre nicht mit Gott!
Nur Gott allein weiß, was er tut.
Komm, bete nun für Djomuschka!'

Vom bittren Los des Bauern sprach
Sawélij lange noch …
Selbst wenn der Zar gekommen wär,
und seine Würdenträger auch –
nicht passender und trefflicher
hätt's zu beschreiben brauchen er
vor jenem hohen Herrn.

‚Im Himmel ist dein Djomuschka
nun; leicht und hell ist's dort.'

Der alte Mann, er weinte jetzt.

‚Ich hadere nicht', sagte ich,
‚dass Gott mein Kindchen zu sich nahm;
jedoch mich schmerzt, dass sie ihn so
entwürdigten im Tod.
Warum nur fieln sie über ihn
so wie die Krähen her?
Und quälten ihn? Beschützen uns
denn weder Gott noch Zar?'

‚Hoch ist der Himmel, weit der Zar …'

„Нужды нет: я дойду!"

Ах! что ты? что ты, внученька?..
Терпи, многокручинная!
Терпи, многострадальная!
Нам правду не найти."

„Да почему же, дедушка?"

„Ты — крепостная женщина!" —
Савельюшка сказал.

Я долго, горько думала…
Гром грянул, окна дрогнули,
И я вздрогнула… К гробику
Подвел меня старик:
„Молись, чтоб к лику ангелов
Господь причислил Демушку!"
И дал мне в руки дедушка
Горящую свечу.

Всю ночь до свету белого
Молилась я, а дедушка
Протяжным, ровным голосом
Над Демою читал…

Глава 5

Волчица

Уж двадцать лет, как Демушка
Дерновым одеялечком
Прикрыт, — всё жаль сердечного!
Молюсь о нем, в рот яблока

‚Und wenn schon: Ich geh hin!'

‚Bewahre, Kind! O Gott, bewahr!
Du Gram- und Kummervolle, du,
du Leid- und Schmerzensreiche, füg
dich in dein Los! Nie finden wir,
niemals Gerechtigkeit!'

‚Warum denn, Großvater, warum?'
‚Ein leibeigenes Weib bist du',
erwiderte er da.

Ich dachte lange, bitter nach …
Ein Donnern dann, und Fensterklirrn.
Ich zuckte, bebte … Zu dem Sarg
führt' mich der Alte hin.
‚Komm, bete, dass Gott Djomuschka
aufnehme in den Engelschor!'
Und Großvater entzündete
und reichte mir ein Licht.

Ich betete. Der Morgen brach
dann an. Mit ebner Stimme las
Großvater weiter für mein Kind,
für meinen Djomuschka."

Kapitel 5

Die Wölfin

„Schon zwanzig Jahre ist es her,
dass wir den kleinen Djomuschka
ins Rasenbett gelegt!
Noch immer bete ich für ihn,

До Спаса не беру.
Не скоро я оправилась.
Ни с кем не говорила я,
А старика Савелия
Я видеть не могла.
Работать не работала.
Надумал свекор-батюшка
Вожжами проучить,
Так я ему ответила:
„Убей!" я в ноги кланялась:
„Убей! один конец!"
Повесил вожжи батюшка.
На Деминой могилочке
Я день и ночь жила.
Платочком обметала я
Могилку, чтобы травушкой
Скорее поросла,
Молилась за покойничка,
Тужила по родителям:
Забыли дочь свою!
Собак моих боитеся?
Семьи моей стыдитеся?
„Ах, нет, родная, нет!
Собак твоих не боязно,
Семьи твоей не совестно,
А ехать сорок верст
Свои беды рассказывать,
Твои беды выспрашивать —
Жаль бурушку гонять!
Давно бы мы приехали,
Да ту мы думу думали:
Приедем — ты расплачешься,
Уедем — заревешь!"

Пришла зима: кручиною
Я с мужем поделилася,

beiß nie in einen Apfel rein,
der noch zu unreif ist.
Ich brauchte lange, wechselte
mit niemandem ein Wort und sah
auch Großvater nicht an.
Ich konnte auch nicht arbeiten.
Mein Schwiegervater wollte es
mich mit dem Zügel lehren, doch
ich sagte ihm: ‚Schlag mich doch tot!‘,
ich warf mich vor ihn: ‚Schlag mich tot,
dann hab ich es geschafft!‘
Den Zügel hängte er zurück.
Ich aber lebte Tag und Nacht
an Djomas kleinem Grab.
Mit einem Tüchlein fegte ich
das kleine Grab, damit recht schnell
drauf nachwachse das Gras.
Für meinen Toten betete
ich, sehnte nach den Eltern mich:
‚Habt euer Kind vergessen ihr,
habt ihr vor meinen Hunden Angst,
mögt ihr meine Familie nicht?‘
‚O nein, mein Kind, o nein!
Wir fürchten deine Hunde nicht,
ertragen die Familie, doch
der Braune ist schon alt!
Die vierzig Werst, sie sind zu weit,
dir unser Los zu klagen, Kind,
und zu erfragen deins!
Wir hätten dich schon längst besucht,
doch wenn wir kommen, weinst du nur,
und fahren wir dann wieder los,
heulst Rotz und Wasser du!‘

Der Winter kam: Philíppuschka
berichtete mein Leid ich nun,

В Савельевой пристроечке
Тужили мы вдвоем.

„Что ж, умер, что ли, дедушка?"

„Нет, он в своей коморочке
Шесть дней лежал безвыходно,
Потом ушел в леса.
Так пел, так плакал дедушка,
Что лес стонал! А осенью
Ушел на покаяние
В Песочный монастырь.

У батюшки, у матушки
С Филиппом побывала я,
За дело принялась.
Три года, так считаю я,
Неделя за неделею,
Одним порядком шли,
Что год, то дети: некогда
Ни думать, ни печалиться,
Дай бог с работой справиться
Да лоб перекрестить.
Поешь — когда останется
От старших да от деточек,
Уснешь — когда больна…
А на четвертый новое
Подкралось горе лютое, —
К кому оно привяжется,
До смерти не избыть!

Впереди летит — ясным соколом,
Позади летит — черным вороном,
Впереди летит — не укатится,
Позади летит — не останется…

und in Sawélijs Kämmerchen
wir trauerten zu zweit."

„Wo war Sawélij? War er tot?"

„Er lag zuerst im Kämmerlein,
ließ sich sechs Tage lang nicht sehn,
dann ging er in den Wald.
Er sang und weinte, dass der Wald
schon stöhnte, und im Herbst ging er
dann zum Pessotschny – Kloster hin,
um Buße dort zu tun.

Philípp und ich besuchten noch
mein Väterchen, mein Mütterchen,
ich konnte wieder arbeiten.
Dann, Tag für Tag, im gleichen Trott
ging alles den gewohnten Gang:
Drei Jahre liefen hin.
Ein Kind pro Jahr, und keine Zeit
zum Nachdenken, zum Trauern mehr.
Knapp, dass ich mich bekreuzigte:
Geb Gott, dass ich die Arbeit schaff!
Ich schlief, wenn krank ich war, und aß,
wenn von den Alten, Kindern mal
noch etwas übrig blieb.
Im vierten Jahre schlich sich dann
ein neues, schlimmes Leid heran:
Und der, den es ereilt, der kommt
sein Lebtag nicht mehr los.

> *Fliegt das Leid voran – fliegt es falkengleich,*
> *Fliegt es hinterher – fliegt es rabengleich,*
> *Fliegt das Leid voran – fliegt es nicht davon,*
> *Fliegt es hinterher – bleibt es nicht zurück ...*

Лишилась я родителей...
Слыхали ночи темные,
Слыхали ветры буйные
Сиротскую печаль,
А вам нет нужды сказывать...
На Демину могилочку
Поплакать я пошла.

Гляжу: могилка прибрана,
На деревянном крестике
Складная золоченая
Икона. Перед ней
Я старца распростертого
Увидела. „Савельюшка!
Откуда ты взялся?"

„Пришел я из Песочного...
Молюсь за Дему бедного,
За всё страдное русское
Крестьянство я молюсь!
Еще молюсь (не образу
Теперь Савелий кланялся),
Чтоб сердце гневной матери
Смягчил господь... Прости!"

„Давно простила, дедушка!"

Вздохнул Савелий... „Внученька!
А внученька!" — „Что, дедушка?"
— „По-прежнему взгляни!"
Взглянула я по-прежнему.
Савельюшка засматривал
Мне в очи; спину старую
Пытался разогнуть.
Совсем стал белый дедушка.
Я обняла старинушку,

In jenem Jahr verlor ich auch
die Eltern ... Ach, der Waise Leid
vernahmen finstre Nächte oft,
vernahmen wilde Stürme oft,
euch muss ich's nicht erzähln ...
Ich ging zu Djomas kleinem Grab
um still zu weinen dort.

Dort seh eine Ikone ich,
so eine kleine, faltbare,
am Kreuz! Schön hergerichtet ist
jetzt Djomas kleines Grab.
Ich sehe ausgestreckt davor
den alten Mann. ‚Sawéljuschka!
Sag, wo kommst du denn her?'

‚Vom Kloster komm ich, bete für
den armen Djomuschka, und auch
für unsre ganze russische
geschundne Bauernschaft!
Ich bete auch (und nicht vorm Bild
verneigte er sich dieses Mal),
dass Gott ein Mutterherz erweich',
ein zorniges. Verzeih!'

‚Ich habe dir doch längst verziehn!'

Sawélij seufzte ...‚Töchterchen!
Ach, Töchterchen!' – ‚Was, Großvater?'
‚Komm, sieh mich an wie einst!'
Ich sah ihn so wie früher an,
er blickte in die Augen mir
und wollte dann sein altes Kreuz
noch einmal aufrichten.
Ganz weiß war jetzt der alte Mann.
Ich schloss in meine Arme ihn,

И долго у креста
Сидели мы и плакали.
Я деду горе новое
Поведала свое…

Недолго прожил дедушка.
По осени у старого
Какая-то глубокая
На шее рана сделалась,
Он трудно умирал:
Сто дней не ел; хирел да сох,
Сам над собой подтрунивал:
„Не правда ли, Матренушка,
На комара корежского
Костлявый я похож?"
То добрый был, сговорчивый,
То злился, привередничал,
Пугал нас: „Не паши,
Не сей, крестьянин! Сгорбившись
За пряжей, за полотнами,
Крестьянка, не сиди!
Как вы ни бейтесь, глупые,
Что на роду написано,
Того не миновать!
Мужчинам три дороженьки:
Кабак, острог да каторга,
А бабам на Руси
Три петли: шелку белого,
Вторая — шелку красного,
А третья — шелку черного,
Любую выбирай!..
В любую полезай…"
Так засмеялся дедушка,
Что все в каморке вздрогнули, —
И к ночи умер он.
Как приказал — исполнили:

und lange saßen weinend wir
beisammen an dem kleinen Kreuz,
und ich erzählte Großvater
von meinem neuen Leid ...

Sehr lange lebte er nicht mehr:
im Spätherbst zog er sich am Hals
noch eine tiefe Wunde zu.
Großvater starb sehr schwer:
Aß hundert Tage nichts, verfiel,
verdorrte und verspottete
sich selbst: ‚Nicht wahr, Matrjonuschka,
ich sehe, mager wie ich bin,
wie ein Mücke aus?'
Mal war er sanft und redselig,
mal nörgelte und schimpfte er,
mal machte er uns Angst:
‚Pflüg, Bauer, nicht mehr, säe nicht,
krümm überm Spinnrad dich nicht mehr
und hinterm Webstuhl, Bauersfrau!
Ihr könnt euch abmühn, wie ihr wollt,
ihr Dummen, denn vorherbestimmt
ist euer Los, und dem entrinnt
im Leben ihr nicht mehr!
Was ist das Los, das russische?
Drei Wege bietet es dem Mann:
Kaschemme, Knast und Zwangsarbeit.
Drei Schlingen bietet es der Frau,
drei seidene: rot oder weiß,
die dritte Schlinge, die ist schwarz:
Wähl dir ein Schlingchen fein ...
steck deinen Kopf hinein ...'
Da lachte Großvater, und wir
erbebten in dem Kämmerchen –
er starb in jener Nacht.
Einhundertsieben Jahre war

Зарыли рядом с Демою...
Он жил сто семь годов.

. . . . . .

Четыре года тихие,
Как близнецы похожие,
Прошли потом... Всему
Я покорилась: первая
С постели Тимофеевна,
Последняя — в постель;
За всех, про всех работаю, —
С свекрови, с свекра пьяного,
С золовушки бракованной
Снимаю сапоги...
Лишь деточек не трогайте!
За них горой стояла я...
Случилось, молодцы,
Зашла к нам богомолочка;
Сладкоречивой странницы
Заслушивались мы;
Спасаться, жить по-божески
Учила нас угодница,
По праздникам к заутрени
Будила... а потом
Потребовала странница,
Чтоб грудью не кормили мы
Детей по постным дням.
Село переполошилось!
Голодные младенчики
По середам, по пятницам
Кричат! Иная мать
Сама над сыном плачущим
Слезами заливается:
И бога-то ей боязно,
И дитятка-то жаль!

er alt. Und wir begruben ihn
bei unserm Djomuschka.

. . . . . .

Vier stille Jahre folgten drauf,
wie Vierlinge einander gleich,
und ich, die Timofejewna,
ich fügte mich: die Erste früh,
die Letzte spät dann in der Nacht,
die sich zur Ruh begab.
Ich schuftete, bediente sie:
zog meinem Schwiegermütterchen,
dem Suffkopp Schwiegerväterchen,
der alten Jungfer Marfa auch
die Stiefel abends aus.
Nur meine Kinder schützte ich
mit Zähnen und mit Klauen stets.
Ich weiß noch, eine Betschwester
kam einmal in das Dorf.
Wie lauschten alle ganz gebannt
der wortgewandten Pilgerin!
Ein Leben lehrte eifernd sie,
ein gottgefälliges.
Sie weckte uns am Feiertag
zur Morgenandacht … Forderte,
dass an den Fastentagen wir
die Kleinsten nicht mehr stilln!
In Aufruhr war das ganze Dorf,
denn mittwochs, freitags brüllten nun
fortan die Säuglinge.
Und heiße Tränen weinte da
manch junge Mutter überm Bett
des Sohns, der hungers schrie:
zwar fürchtete sie Gott, doch tat
ihr auch der Säugling leid.

Я только не послушалась,
Судила я по-своему:
Коли терпеть, так матери,
Я перед богом грешница,
А не дитя мое!

Да, видно, бог прогневался.
Как восемь лет исполнилось
Сыночку моему,
В подпаски свекор сдал его.
Однажды жду Федотушку —
Скотина уж пригналася, —
На улицу иду.
Там видимо-невидимо
Народу! Я прислушалась
И бросилась в толпу.
Гляжу, Федота бледного
Силантий держит за ухо.
„Что держишь ты его?"
— „Посечь хотим маненичко:
Овечками прикармливать
Надумал он волков!"
Я вырвала Федотушку,
Да с ног Силантья-старосту
И сбила невзначай.

Случилось диво дивное:
Пастух ушел; Федотушка
При стаде был один.
„Сижу я, — так рассказывал
Сынок мой, — на пригорочке,
Откуда ни возьмись
Волчица преогромная
И хвать овечку Марьину!
Пустился я за ней,
Кричу, кнутищем хлопаю,

Ich war die Einzige, die nicht
gehorchte, denn ich dachte mir:
Wenn jemand leiden soll, dann ich,
vor Gott bin ich die Sünderin,
und nicht mein kleines Kind!

Der Herr war offenbar erzürnt.
Als dann mein Söhnchen acht war, gab
zum Hirten Schwiegervater ihn
als Hütejungen ab.
Und einmal wartete ich schon
(längst heimgetrieben war das Vieh)
auf den Fedótuschka,
als eine Menschenmenge ich
erblickte, und ich rannte hin:
Fedot, ganz bleich. Der Stárosta,
der Dorfälteste, zieht das Kind
am Ohr. ‚Was ist mit ihm?‘
‚Oh, ein paar Hiebe braucht der wohl.
Der Bursche hat sich ausgedacht,
er könnte unsre Schafe mal
verfüttern an den Wolf!‘
Ich reiß den Kleinen von ihm los
und reiß den Stárosta dabei
versehentlich mit um.

Unglaublich, was geschehen war!
Es hatte bei der Herde dort
allein gelassen jener Hirt
Fedótuschka. ‚Ich sitz da so‘,
erzählt mein kleiner Sohn,
‚auf einmal ist die Wölfin da,
ein Riiiesentier! Schnapp, packt sie schon
von Marjas Schäfchen eins, und ab!
Und ich ihr hinterher!
Ich schrei, knall mit der Knute, pfeif

Свищу, Валетку уськаю...
Я бегать молодец,
Да где бы окаянную
Нагнать, кабы не щенная:
У ней сосцы волочились,
Кровавым следом, матушка,
За нею я гнался!

Пошла потише серая,
Идет, идет — оглянется,
А я как припущу!
И села... я кнутом ее:
„Отдай овцу, проклятая!"
Не отдает, сидит...
Я не сробел: „Так вырву же,
Хоть умереть!.." И бросился,
И вырвал... Ничего —
Не укусила серая!
Сама едва живехонька,
Зубами только щелкает
Да дышит тяжело.
Под ней река кровавая,
Сосцы травой изрезаны,
Все ребра на счету,
Глядит, поднявши голову,
Мне в очи... и завыла вдруг!
Завыла, как заплакала.
Пощупал я овцу:
Овца была уж мертвая...
Волчица так ли жалобно
Глядела, выла... Матушка!
Я бросил ей овцу!.."

Так вот что с парнем сталося.
Пришел в село да, глупенький,

nach Bello, und ich hetze ihn …
Ich kann gut rennen, aber die,
die hätte ich nie eingeholt,
wenn sie nicht tragend wär:
Die Zitzen baumelten an ihr,
und hinter dieser Spur von Blut
ich immer hinterher!

Die Graue, sie wird langsamer,
läuft, sieht sich um – ich schneller noch!
Da setzt sie sich und guckt.
Ich droh ihr mit der Knute: „He,
gib her das Schaf, verdammtes Biest!"
Sie gibt das Schaf nicht her …
Ich – keine Angst: „Ich nehm's dir weg,
und wenn ich draufgeh!" Ich zu ihr,
reiß ihr das Schaf weg … Nichts geschieht!
Sie hat nicht zugeschnappt!
War selbst halbtot und klapperte
mit ihren Zähnen, atmete
auch nur noch ganz, ganz schwer!
Und unter ihr ein Bach aus Blut,
die Zitzen von dem Gras kaputt,
die Rippen konnt man zähln.
Und wie sie ihren Kopf dann hebt,
mir in die Augen guckt und heult,
als wollt sie weinen, hab ich mir
das Schaf dann angesehn:
Das Schaf war sowieso schon tot,
so kläglich hat die Wölfin da
geguckt, geheult … Ach Mütterchen!
Da ließ ich ihr das Tier …!'

Das also war ihm widerfahrn.
Das dumme Kerlchen kam ins Dorf

Всё сам и рассказал,
За то и сечь надумали.
Да благо подоспела я...
Силантий осерчал,
Кричит: „Чего толкаешься?
Самой под розги хочется?"
А Марья, та свое:
„Дай, пусть проучат глупого!"
И рвет из рук Федотушку,
Федот как лист дрожит.

Трубят рога охотничьи,
Помещик возвращается
С охоты. Я к нему:
„Не выдай! Будь заступником!"
— „В чем дело?" Кликнул старосту
И мигом порешил:
„Подпаска малолетнего
По младости, по глупости
Простить... а бабу дерзкую
Примерно наказать!"

„Ай, барин!" Я подпрыгнула:
„Освободил Федотушку!
Иди домой, Федот!"

„Исполним повеленное! —
Сказал мирянам староста. —
Эй! погоди плясать!"

Соседка тут подсунулась:
„А ты бы в ноги старосте..."

„Иди домой, Федот!"

erzählte, wie es war.
Und dafür war die Strafe nun,
zum Glück kam ich dazwischen, doch
der Stárosta brüllt rum:
‚Was drängst du dich hier zwischen, Frau?
Willst selber Knutenschläge du?'
und Marja noch eins drauf:
‚Her mit ihm, Mores lehrt den Kerl!'
Zerrt an dem Kleinen, und Fedót
zittert wie Espenlaub.

Da plötzlich klingt ein Jagdhorn her,
der Gutsherr kehrt von seiner Jagd
zurück. Ich hin zu ihm:
‚Gib ihn nicht preis! Verschone ihn!'
‚Was ist?' Er winkt den Stárosta
zu sich, beschließt sogleich:
‚Dem dummen Kind ist zu verzeihn
ob seiner Minderjährigkeit.
Doch ein Exempel statuiert
an diesem dreisten Weib!'

‚Dank, Gütiger! Fedótuschka
hast du erlöst!' Ich hüpfte froh:
‚Geh heim, Fedót, geh heim!'

Der Stárosta sogleich: ‚Dann los!
Vollstrecken wir das Urteil gleich!
He, du! Tanz nicht so rum!'

Die Nachbarin: ‚Los, wirf dich hin
vorm Stárosta, um Gnade bitt …!'

‚Geh heim, Fedót, geh heim!'

Я мальчика погладила:
„Смотри, коли оглянешься,
Я осержусь... Иди!"

Из песни слово выкинуть,
Так песня вся нарушится.
Легла я, молодцы...

. . . . . .

В Федотову коморочку,
Как кошка, я прокралася:
Спит мальчик, бредит, мечется;
Одна ручонка свесилась,
Другая на глазу
Лежит, в кулак зажатая:
„Ты плакал, что ли, бедненький?
Спи. Ничего. Я тут!"
Тужила я по Демушке,
Как им была беременна, —
Слабенек родился,
Однако вышел умница:
На фабрике Алферова
Трубу такую вывели
С родителем, что страсть!
Всю ночь над ним сидела я,
Я пастушка любезного
До солнца подняла,
Сама обула в лапотки,
Перекрестила; шапочку,
Рожок и кнут дала.
Проснулась вся семеюшка,
Да я не показалась ей,
На пожню не пошла.

Ich strich dem Jungen übern Kopf:
‚Geh, denk daran: Blickst du dich um,
bin ich dir bös ... Geh heim!'

Bricht man ein Wort aus einem Lied,
dann ist das ganze Lied nichts wert.
So legte ich mich hin.

. . . . . .

Wie eine Katze schlich ich mich
dann zu Fedótuschka. Er schlief,
warf hin und her sich, phantasiert';
die eine Hand hing ihm herab,
die andere, zur Faust geballt,
auf seinem Auge lag.
‚Hast du geweint, mein armes Kind?
Schlaf du! Jetzt bin ich ja bei dir!'
Ich trauerte um Djomuschka,
als mit Fedót ich schwanger war,
– er wurde schwach geborn,
doch war ein kluges Kerlchen er:
Bei seinem Vater durfte er
sogar den Schornstein mit erbaun,
dort im Alfjorow-Werk.
Die ganze Nacht verbrachte ich
bei meinem Kind; in aller Früh
dann weckt' den kleinen Hirten ich,
ich zog ihm seine Bastschuh an,
ich gab ihm Mützchen, Knute, Horn
und segnete ihn dann.
Auch die Familie wurde wach,
doch heute zeigte ich mich nicht,
ging heute nicht ins Heu.

*Я пошла на речку быструю,
Избрала я место тихое
У ракитова куста.
Села я на серый камушек,
Подперла рукой головушку,
Зарыдала, сирота!*

*Громко я звала родителя:
Ты приди, заступник батюшка!
Посмотри на дочь любимую....
Понапрасну я звала.
Нет великой оборонушки!
Рано гостья бесподсудная,
Бесплемянная, безродная,
Смерть родного унесла!*

*Громко кликала я матушку.
Отзывались ветры буйные,
Откликались горы дальние,
А родная не пришла!
День денна моя печальница,
В ночь — ночная богомолица!
Никогда тебя, желанная,
Не увижу я теперь!
Ты ушла в бесповоротную,
Незнакомую дороженьку,
Куда ветер не доносится,
Не дорыскивает зверь...*

*Нет великой оборонушки!
Кабы знали вы да ведали,
На кого вы дочь покинули,
Что без вас я выношу?
Ночь — слезами обливаюся,
День — как травка пристилаюся...*

Und ich ging zum schnellen Fluss,
Bei der Silberweide dort
Fand ein stilles Plätzchen ich.
Saß auf einem großen Stein,
Stützt mein Köpfchen in die Hand,
Weinte, ach, so bitterlich!

Laut rief ich dich, Väterchen.
Komm doch, du Beschützer mein!
Komm, sieh deine Tochter an,
Doch ich rief umsonst, umsonst!
Niemand kann beschützen mich,
Viel zu früh der Sensenmann,
Heimatloser fremder Gast,
Hat den Vater fortgeholt!

Laut rief ich dich, Mütterchen.
Nur das Echo wilder Stürme,
Nur das Echo ferner Berge,
Kam, doch nicht mein Mütterchen!
Tags warst du Beschützerin,
Nachts warst du Behüterin!
Doch ich werde, Mütterchen,
Dich nie wiedersehn!
Gingst den unumkehrbaren,
Unerforschten Weg hinab,
Wo's Echo nicht hinüberklingt,
Das Tier nicht hingelangt …

Niemand wird mich mehr beschützen,
Ach, ihr Lieben, wüsstet ihr,
Wem ihr ließet euer Kind,
Was ich ohne euch ertrag!
Ich wein mir nachts die Augen aus,
Bin tags im Sturm das Steppengras.

Я потупленную голову,
Сердце гневное ношу!..

Глава 6

Трудный год

В тот год необычайная
Звезда играла на небе;
Одни судили так:
Господь по небу шествует,
И ангелы его
Метут метлою огненной
Перед стопами божьими
В небесном поле путь;
Другие то же думали,
Да только на антихриста,
И чуяли беду.
Сбылось: пришла бесхлебица!
Брат брату не уламывал
Куска! Был страшный год...
Волчицу ту Федотову
Я вспомнила — голодную,
Похожа с ребятишками
Я на нее была!
Да тут еще свекровушка
Приметой прислужилася,
Соседкам наплела,
Что я беду накликала,
А чем? Рубаху чистую
Надела в Рождество.
За мужем, за заступником,
Я дешево отделалась;
А женщину одну

*Ich halte meinen Blick gesenkt,
Doch ist mein Herz voll Zorn …!"*

Kapitel 6

Ein schweres Jahr

„In jenem Jahre funkelte
am Himmel ein besondrer Stern.
Die einen sagten, dieser Stern
sei unser HERR; durchs himmlische
Gefilde schreite er;
mit Feuerbesen fegten ihm
vor seinen Füßen frei den Weg,
den göttlichen, die Engel dort.
Dasselbe, doch vom Antichrist,
behaupteten die anderen;
die spürten Unheil nahn!
Das Unheil kam – als Hungersnot!
Der Bruder für den Bruder hatt
nicht ein Stück Brot! Ein schlimmes Jahr …
Da kam mir oft Fedótuschkas
hungrige Wölfin in den Sinn:
Mit meinen Kindern fühlte ich
mich ja genau wie sie!
Dann nutzte Schwiegermütterchen
noch einen Aberglauben aus:
Sie schwärzte bei den Nachbarn mich
noch an, ich hätt die Hungersnot
verschuldet, denn zu Weihnachten
trug ich ein frisches Hemd!
Dank meinem Mann, der mich beschützt',
kam ich gottlob nochmal davon;
doch hat man eine Frau schon mal

Никак за то же самое
Убили насмерть кольями.
С голодным не шути!..

Одной бедой не кончилось:
Чуть справились с бесхлебицей —
Рекрутчина пришла.
Да я не беспокоилась:
Уж за семью Филиппову
В солдаты брат ушел.
Сижу одна, работаю,
И муж и оба деверя
Уехали с утра;
На сходку свекор-батюшка
Отправился, а женщины
К соседкам разбрелись.
Мне крепко нездоровилось,
Была я Лиодорушкой
Беременна: последние
Дохаживала дни.
Управившись с ребятами,
В большой избе под шубою
На печку я легла.
Вернулись бабы к вечеру,
Нет только свекра-батюшки,
Ждут ужинать его.
Пришел: „Ох-ох! умаялся,
А дело не поправилось,
Пропали мы, жена!
Где видано, где слыхано:
Давно ли взяли старшего,
Теперь меньшого дай!
Я по годам высчитывал,
Я миру в ноги кланялся,
Да мир у нас какой?
Просил бурмистра: божится,

für sowas aufgespießt.
Der Hunger ist ein böses Schwert!
Scherz nie mit Hungrigen …!

Man weiß: ein Unglück selten kommt
allein. Kaum war die Hungersnot
vorüber, kam und zog man schon
Rekruten wieder ein.
Ich machte keine Sorgen mir,
denn für Philipps Familie hatt
man ja den Bruder schon geholt.
Ich war allein zu Haus.
Der Mann, die Schwäger waren längst
zur Arbeit; zur Zusammenkunft
des Dorfs ging Schwiegerväterchen,
die Fraun warn bei der Nachbarin.
Mir ging's nicht gut, denn schwanger war
ich noch mit Liodoruschka,
stand vor der Niederkunft.
Nachdem die Kinder ich versorgt,
legt ich mich untern warmen Pelz
auf unsern Ofen hin.
Die Weiber kamen abends heim,
nur Schwiegervater fehlte noch –
wir warteten auf ihn.
Er kam: ‚Ooh! Ooh! Wie hab ich mich
bemüht, es abzuwenden! Jetzt
sind wir verloren, Frau!
Wo hat man sowas schon gehört,
dass man den Älteren erst gibt,
und dann den Jüngren auch!
An Jahren hab ich's abgezählt,
dass wir nicht dran sind, hab mich dann
vor allen tief verbeugt – Doch nein!
Gemeinschaft nennt sich das!
Der Bürgermeister hat sich nur

Что жаль, да делать нечего!
И писаря просил,
Да правды из мошенника
И топором не вырубишь,
Что тени из стены!
Задарен... все задарены...
Сказать бы губернатору,
Так он бы задал им!
Всего и попросить-то бы,
Чтоб он по нашей волости
Очередные росписи
Проверить повелел.
Да сунься — ка!.." Заплакали
Свекровушка, золовушка,
А я... То было холодно,
Теперь огнем горю!
Горю... Бог весть что думаю...
Не дума... бред... Голодные
Стоят сиротки-деточки
Передо мной... Неласково
Глядит на них семья,
Они в дому шумливые,
На улице драчливые,
Обжоры за столом...
И стали их пощипывать,
В головку поколачивать...
Молчи, солдатка — мать!

. . . . . .

Теперь уж я не дольщица
Участку деревенскому,
Хоромному строеньицу,
Одеже и скоту.
Теперь одно богачество:

bekreuzigt, sagt, es tät ihm leid,
er könne nichts dafür!
Den Schreiber hab ich angefleht,
den Gauner, und was sagt er mir?
Was schwarz auf weiß steht, auf Papier,
sei nicht zu ändern mehr!
Bestochen sind sie! Ja, man müsst
berichten dies dem Gouverneur,
der würde diesen Schuften dann
nen Denkzettel erteiln!
Man müsst ihn bitten, doch einmal
die letzte Rekrutierung nur
im Amtsbezirk zu prüfen! Doch
wer traut sich das denn hier?'
Die andren Weiber klagten laut
und weinten ... Mir dagegen war
jetzt nicht mehr kalt – jetzt brannte ich,
ein Feuer war in mir
wie Fieber: Meine Kinder sah,
die armen Waisen, ich vor mir:
Wie die Familie blickt auf sie
stiefmütterlich und kalt:
Die Gören machten doch nur Lärm,
sie fräßen wie die Raupen nur
und prügelten sich nur ... Man wird
umher sie schubsen: ‚Und du schweig!
Schweig, du Soldatenweib!'

. . . . . .

War keine Anteilseignerin
nun mehr an dem Gemeindeland,
an Haus, an Zeug und Vieh.
Auf einmal war ich nur noch reich
an heißen Tränen und an Leid:

Три озера наплакано
Горючих слез, засеяно
Три полосы бедой!

. . . . . .

Теперь, как виноватая,
Стою перед соседями:
Простите! я была
Спесива, непоклончива,
Не чаяла я, глупая,
Остаться сиротой…
Простите, люди добрые,
Учите уму-разуму,
Как жить самой? Как деточек
Поить, кормить, растить?..

. . . . . .

Послала деток по миру:
Просите, детки, ласкою,
Не смейте воровать!
А дети в слезы: „Холодно!
На нас одежа рваная,
С крылечка на крылечко-то
Устанем мы ступать,
Под окнами натопчемся,
Иззябнем… У богатого
Нам боязно просить,
„Бог даст!" — ответят бедные…
Ни с чем домой воротимся —
Ты станешь нас бранить!.."

. . . . . .

Drei Seen hab ich vollgeweint,
drei Felder hab ich vollgesät
mit Elend und mit Gram.

. . . . . .

Vor allen Nachbarn stand ich da
als Schuldige: ‚Verzeiht!
Zu stolz war ich, nicht demütig,
ich Dumme hatte nicht geahnt,
dass ich als Hinterbliebene
alleine bleiben sollt …
Verzeiht mir, gute Leute, sagt,
verratet mir: Was soll ich tun?
Wie soll ich meine Kinder nur
ernähren, großziehn, sagt …!'

. . . . . .

Die Kinder schickte ich durchs Dorf:
‚Doch bittet höflich, Kinder, wagt
es nie, etwas zu stehln!'
Die Kinder weinten: ‚Kalt ist es,
die alten Kleider wärmen nicht,
wir sind es müde, sind es leid,
von Tür zu Tür zu gehn!
Unter den Fenstern frieren wir,
und vor den Reichen haben wir
doch allzu große Angst!
Die Armen sagen: Geb euch Gott …!
Und kommen wir mit nichts nach Haus –
dann schimpfst du uns noch aus!'

. . . . . .

Собрала ужин; матушку
Зову, золовок, деверя,
Сама стою голодная
У двери, как раба.
Свекровь кричит: „Лукавая!
В постель скорей торопишься?"
А деверь говорит:
„Не много ты работала!
Весь день за деревиночкой
Стояла: дожидалася,
Как солнышко зайдет!"

. . . . . .

Получше нарядилась я,
Пошла я в церковь божию,
Смех слышу за собой!

. . . . . .

Хорошо не одевайся,
Добела не умывайся,
У соседок очи зорки,
Востры языки!
Ходи улицей потише,
Носи голову пониже,
Коли весело — не смейся,
Не поплачь с тоски!..

. . . . . .

Пришла зима бессменная,
Поля, луга зеленые
Попрятались под снег.
На белом, снежном саване
Ни талой нет талиночки —

Zu Haus hab ich den Tisch gedeckt
für Schwiegermutter, Schwägerin
und Schwager, steh als Sklavin dann
selbst hungrig an der Tür.
Und sie verhöhnen mich: ‚Du kannst
es kaum erwarten wohl, ins Bett
zu krauchen, Schelmin du!
Viel hast du heute nicht getan,
den ganzen Tag nur hinterm Baum
gehockt und abgewartet, bis
die Sonne untergeht!'

. . . . . .

Ich zog mein bestes Kleid an, ging
zum Beten in das Gotteshaus,
sie spotten hinterher!

. . . . . .

> *Zieh dich nicht zu fein an, Mädchen*
> *Wasch dich nicht zu rein, mein Mädchen,*
> *Scharfe Augen, spitze Zunge*
> *Hat das Nachbarweib!*
> *Geh ganz still, die Nachbarn lauern!*
> *Senk den Blick, nach unten schaue,*
> *Lach nicht, wenn du lachen möchtest,*
> *Traurig weine nicht!*

. . . . . .

Ein langer Winter war's, versteckt
die Wiesen, Felder unterm Schnee.
In dieses weiße Leichenhemd
hat nirgendwo ein warmes Herz
ein Leck geschmolzen – keinen Freund

Нет у солдатки-матери
Во всем миру дружка!
С кем думушку подумати?
С кем словом перемолвиться?
Как справиться с убожеством?
Куда обиду сбыть?
В леса — леса повяли бы,
В луга — луга сгорели бы!
Во быструю реку?
Вода бы остоялася!
Носи, солдатка бедная,
С собой ее по гроб!

. . . . . .

Нет мужа, нет заступника!
Чу, барабан! Солдатики
Идут... Остановилися...
Построились в ряды.
„Живей!“ Филиппа вывели
На середину площади:
„Эй! перемена первая!“ —
Шалашников кричит.
Упал Филипп: „Помилуйте!“
— „А ты попробуй! слюбится!
Ха-ха! ха-ха! ха-ха! ха-ха!
Укрепа богатырская,
Не розги у меня!..“

. . . . . .

И тут я с печи спрыгнула,
Обулась. Долго слушала, —
Всё тихо, спит семья!
Чуть — чуть я дверью скрипнула
И вышла. Ночь морозная...

hat hier auf dieser weiten Welt
mehr die Soldatenfrau!
Wie fertigwerden mit der Not?
Mit wem soll sie die Sorgen teiln?
Ihr Innerstes mal öffnen – wem?
Und wo das Herz erleichtern nur
von all den Kränkungen?
Im Wald? Verdorren würde er!
Im Fluss? Die Wasser blieben stehn!
Den Wiesen? Diese würden gleich
verbrennen! Ach, Soldatenweib,
nimm alles mit ins Grab!

. . . . . .

Mein Mann, Beschützer! Ach, wie fehlst
du deinem Weib! Horch! Trommelschlag!
Soldaten kommen … halten, stelln
sich auf in Reih und Glied.
‚Zack, zack!' Sie führen den Philípp
nun in die Mitte. Er steht da.
‚He! Ändern wir die Strategie!',
brüllt laut Schalaschnikow.
‚Erbarmen!', fleht Philípp ihn an.
‚Wart ab! Vielleicht gefällt's dir ja!
Haha! Hoho! Haha! Hoho!
Ja, gegen eine solche Knut'
besteht kein Heldenmut!'

. . . . . .

Ich wache auf, ich spring herab
vom Ofen, zieh die Schuhe an,
und horche – still das Haus!
Noch schlafen sie. Ganz leise knarrt
die Tür, und draußen bin ich schnell.

Из Домниной избы,
Где парни деревенские
И девки собиралися,
Гремела песня складная,
Любимая моя…

*На горе стоит елочка,
Под горою светелочка,
Во светелочке Машенька.
Приходил к ней батюшка,
Будил ее, побуживал:
Ты, Машенька, пойдем домой!
Ты, Ефимовна, пойдем домой!*

*Я нейду и не слушаю:
Ночь темна и немесячна,
Реки быстры, перевозов нет,
Леса темны, караулов нет…*

*На горе стоит елочка,
Под горою светелочка,
Во светелочке Машенька.
Приходила к ней матушка,
Будила, побуживала:
Машенька, пойдем домой!
Ефимовна, пойдем домой!*

*Я нейду и не слушаю:
Ночь темна и немесячна,
Реки быстры, перевозов нет,
Леса темны, караулов нет…*

*На горе стоит елочка,
Под горою светелочка,
Во светелочке Машенька.
Приходил к ней Петр,
Петр сударь Петрович,*

Klar ist die Nacht, frosthell ...
Aus Domnas Hütte, wo sich stets
die Jugend aus dem Dorfe trifft,
erklingt ein wunderschönes Lied –
es ist mein Lieblingslied:

> *Auf dem Berg steht ein Fichtenbaum*
> *An dem Berg steht ein Hüttchen klein,*
> *Im Hüttchen wartet Maschenka.*
> *Kommt Väterlein zu Maschenka,*
> *Er weckt sie, er ruft Maschenka:*
> *Komm, Töchterlein, komm mit nach Haus!*
> *Jefimowna, komm mit nach Haus!*
>
> *Ich komme nicht und ich höre nicht,*
> *Die Nacht ist schwarz und kein Mondenschein,*
> *Der Fluss ist schnell und kein Fährmann da,*
> *Der Wald ist schwarz, kein Beschützer da ...*
>
> *Auf dem Berg steht ein Fichtenbaum*
> *An dem Berg steht ein Hüttchen klein,*
> *Im Hüttchen wartet Maschenka.*
> *Kommt Mütterlein zu Maschenka,*
> *Sie weckt sie, sie ruft Maschenka:*
> *Komm, Töchterlein, komm mit nach Haus!*
> *Jefimowna, komm mit nach Haus!*
>
> *Ich komme nicht und ich höre nicht,*
> *Die Nacht ist schwarz und kein Mondenschein,*
> *Der Fluss ist schnell und kein Fährmann da,*
> *Der Wald ist schwarz, kein Beschützer da ...*
>
> *Auf dem Berg steht ein Fichtenbaum*
> *An dem Berg steht ein Hüttchen klein,*
> *Im Hüttchen wartet Maschenka.*
> *Kommt Herr Pjotr zu Maschenka,*
> *Kommt der Herr Pjotr Petrowitsch,*

Будил ее, побуживал:
Машенька, пойдем домой!
Душа Ефимовна, пойдем домой!

Я иду, сударь, и слушаю:
Ночь светла и месячна,
Реки тихи, перевозы есть,
Леса темны, караулы есть.

Глава 7

Губернаторша

Почти бегом бежала я
Через деревню, — чудилось,
Что с песней парни гонятся
И девицы за мной.
За Клином огляделась я:
Равнина белоснежная,
Да небо с ясным месяцем,
Да я, да тень моя…
Не жутко и не боязно
Вдруг стало, — словно радостью
Так и взмывало грудь…
Спасибо ветру зимнему!
Он, как водой студеною,
Больную напоил:
Обвеял буйну голову,
Рассеял думы черные,
Рассудок воротил.
Упала на колени я:
„Открой мне, матерь божия,
Чем бога прогневила я?
Владычица! во мне

Er weckt sie, er ruft Maschenka:
Komm, Maschenka, komm mit nach Haus!
Süße Jefimowna, komm mit nach Haus!

Ich komme mit und ich höre, Herr,
Die Nacht ist hell und der Mond scheint klar,
Der Fluss ist still und der Fährmann da,
Der Wald ist schwarz, ein Beschützer da …"

Kapitel 7

Die Gouverneursche

„Beinah im Laufschritt rannte ich
durch's Dorf; mir schien, die Burschen und
die Mägdelein verfolgten mich
mit jenem schönen Lied.
Erst hinter Klin sah ich mich um:
welch schnee-reinweiße Ebene,
welch Himmel und welch klarer Mond,
mein Schatten nur und ich!
Mir war nicht unheimlich zumut,
und auch nicht bange. – Nein, in mir
stieg plötzlich Freude hoch!
Dank dir, du kalter Winterwind!
Du hast mit Nass, mit eisigem,
die Fiebernde gekühlt,
den überhitzten Kopf befreit,
die schwarzen Sorgen mir zerstreut,
gabst den Verstand zurück!
Ich fiel auf meine Knie: ‚Ach,
eröffne, Mutter Jesu, mir,
wie ich des Herrgotts Zorn erregt!
Kein Knöchlein, das man mir nicht brach,

Нет косточки неломаной,
Нет жилочки нетянутой,
Кровинки нет непорченой, —
Терплю и не ропщу!
Всю силу, богом данную,
В работу полагаю я,
Всю в деточек любовь!
Ты видишь всё, владычица,
Ты можешь всё, заступница!
Спаси рабу свою!.."

Молиться в ночь морозную
Под звездным небом божиим
Люблю я с той поры.
Беда постигнет — вспомните
И женам посоветуйте:
Усердней не помолишься
Нигде и никогда.
Чем больше я молилася,
Тем легче становилося,
И силы прибавлялося,
Чем чаще я касалася
До белой, снежной скатерти
Горящей головой...

Потом — в дорогу тронулась,
Знакомая дороженька!
Езжала я по ней.
Поедешь ранним вечером,
Так утром вместе с солнышком
Поспеешь на базар.
Всю ночь я шла, не встретила
Живой души, под городом
Обозы начались.
Высокие, высокие
Возы сенца крестьянского,

kein Sehnchen, das man nicht gezerrt,
kein Tröpfchen Blut, das man mir nicht
vergiftet hat. Wofür?
Ich klage nicht, ich dulde, geb
den Kindern all die Liebe doch,
steck in die Arbeit all die Kraft,
die Gott der Herr mir gab!
Beschützerin, du siehst und kannst
doch alles! Deiner Sklavin hilf!
O Jungfrau, rette mich!'

Ich bete gern seit jener Zeit
in einer klaren, kalten Nacht
dort unter Gottes Sternenzelt!
Wenn Unheil euch ereilt,
denkt dran und ratet euren Fraun:
hingebungsvoller kann ein Mensch
wohl beten nirgendwo.
Je länger ich so betete,
je öfter ich den heißen Kopf
auf jenem Schneetuch abkühlte,
desto mehr Kraft und Leichtigkeit
fühlt' ich im Inneren.

Dann machte ich mich auf den Weg.
Die Strecke kannte ich bereits,
ich war sie schon gefahrn!
Fährt man am frühen Abend los,
ist man bei Sonnenaufgang schon
rechtzeitig auf dem Markt.
Ich lief die ganze Nacht hindurch,
nicht eine Menschenseele traf
ich da. Erst morgens vor der Stadt
warn Fuhren unterwegs.
Es waren Heuwagen, sehr hoch
geladne Fuder, Bauernheu.

Жалела я коней:
Свои кормы законные
Везут с двора, сердечные,
Чтоб после голодать.
И так-то всё я думала:
Рабочий конь солому ест,
А пустопляс — овес!
Нужда с кулем тащилася, —
Мучица, чай, не лишняя,
Да подати не ждут!
С посада подгородного
Торговцы-колотырники
Бежали к мужикам;
Божба, обман, ругательство!

Ударили к заутрени,
Как в город я вошла.
Ищу соборной площади,
Я знала: губернаторский
Дворец на площади.
Темна, пуста площадочка,
Перед дворцом начальника
Шагает часовой.

„Скажи, служивый, рано ли
Начальник просыпается?"
— „Не знаю. Ты иди!
Нам говорить не велено!
(Дала ему двугривенный):
На то у губернатора
Особый есть швейцар".
— „А где он? как назвать его?"
— Макаром Федосеичем…
На лестницу поди!"
Пришла, да двери заперты.
Присела я, задумалась,

Die Pferde taten mir sehr leid:
Ihr eignes Futter schleppen sie,
ihr eignes Heu vom Hofe fort
und hungern später selbst!
So ging es mir durch meinen Kopf:
Der Nichtstuer frisst Hafer schön,
das Arbeitspferd frisst Stroh!
Die Not schleppt uns den Mehlsack fort,
selbst gut gebrauchen könnt man's Mehl –
doch wer zahlt dann den Zins?
Die Vorstadt: Sieh, da kommen schon
die Parasiten – Aufkäufer,
und falln über die Bauern her;
Betrug, Beschwörungen!

Als ich dann ankam in der Stadt,
schlug's grad zur Messe, und recht schnell
fand ich den Kathedralenplatz.
Ich wusste: Dort befindet sich
der Gouverneurspalast.
Der Platz war dunkel noch und leer,
ein Wachsoldat schritt hin und her
vorm Schloss des Gouverneurs.

‚Sag mir, Soldat, wann steht denn so
die Obrigkeit des Morgens auf?'
‚Ich weiß es nicht. Geh fort!
Ich darf nicht reden. Ein Befehl!'
Ich gab ihm einen Zwanziger:
‚Für sowas hat der Gouverneur
speziell einen Portier!'
‚Wo find ich ihn? Wie heißt der Mann?'
‚Der Mann heißt Fedosséjewitsch,
Makar. Die Treppe da!'
Ich stieg hinauf, die Tür war zu,
verschlossen. Also setzt' ich mich

Уж начало светать.
Пришел фонарщик с лестницей,
Два тусклые фонарика
На площади задул.

„Эй! что ты тут расселася?"

Вскочила, испугалась я:
В дверях стоял в халатике
Плешивый человек.
Скоренько я целковенький
Макару Федосеичу
С поклоном подала:
„Такая есть великая
Нужда до губернатора,
Хоть умереть — дойти!"

„Пускать-то вас не велено,
Да... ничего!.. толкнись-ка ты
Так... через два часа..."

Ушла. Бреду тихохонько...
Стоит из меди кованный,
Точь-в-точь Савелий дедушка,
Мужик на площади.
„Чей памятник?" — „Сусанина".
Я перед ним помешкала,
На рынок побрела.
Там крепко испугалась я,
Чего? Вы не поверите,
Коли сказать теперь:
У поваренка вырвался
Матерый серый селезень,
Стал парень догонять его,
А он как закричит!
Такой был крик, что за душу

dorthin und dachte nach.
Es tagte; ein Laternenmann
mit Leiter kam, blies auf dem Platz
zwei trübe Lampen aus.

‚He, Weib! Was sitzt du hier herum?'

Erschrocken sprang ich auf: Da stand
ein Mensch mit Glatze in der Tür,
im Morgenrock. Flink holte ich
noch einen Zwanziger heraus,
verneigte mich, und gab ihn dann
dem Fedosséjewitsch.
‚Hab eine Not, ganz übergroß:
Was immer auch geschehen mag,
ich muss zum Gouverneur!'

‚Tja, Order hab ich, niemanden
zu ihm zu lassen – aber … gut …
Klopf in zwei Stunden an …'

Ich ging und streifte still umher …
sah einen bronznen Kerl dann stehn
auf einem Platz – der sah genau
wie mein Sawélij aus!
„Wer ist das da?" – „Oh, das ist doch
Iwan Susánin, gute Frau."
Dann ging ich auf den Markt.
Dort – glaubt es oder glaubt es nicht –
bekam ich einen Riesenschreck:
Wie einem Küchenjungen da
ein großer Enterich entwischt',
beobachtete ich.
Der Küchenbursche lief ihm nach;
der Enterich fing an zu schrein
als würde man ihn schlachten schon!

Хватил — чуть не упала я,
Так под ножом кричат!
Поймали! шею вытянул
И зашипел с угрозою,
Как будто думал повара,
Бедняга, испугать.
Я прочь бежала, думала:
Утихнет серый селезень
Под поварским ножом!

Теперь дворец начальника
С балконом, с башней, с лестницей,
Ковром богатым устланной,
Весь стал передо мной.
На окна поглядела я:
Завешаны. „В котором-то
Твоя опочиваленка?
Ты сладко ль спишь, желанный мой,
Какие видишь сны?.."

Сторонкой, не по коврику,
Прокралась я в швейцарскую.
„Раненько ты, кума!"

Опять я испугалася,
Макара Федосеича
Я не узнала: выбрился,
Надел ливрею шитую,
Взял в руки булаву,
Как не бывало лысины.
Смеется: „Что ты вздрогнула?"
— „Устала я, родной!"

„А ты не трусь! Бог милостив!
Ты дай еще целковенький,
Увидишь — удружу!"

(Oje, das ging durch Mark und Bein,
das Herz blieb mir beinahe stehn),
Dann griff der Küchenjunge ihn,
er reckt' den Hals und zischte so,
als wolle er, das arme Tier,
den Burschen ängstigen.
Ich rannte weg und dachte mir:
Der graue Erpel ist erst still,
wenn er geschlachtet ist!

Ich sah den Gouverneurspalast
erst jetzt in seinem vollen Glanz,
mit Turm, Balkon und Prachtaufgang,
auf dem ein Teppich lag.
Die Fenster waren zugehängt.
Ich überlegte, welches wohl
das Schlafgemach verbarg.
Ob du wohl schläfst, Ersehnter du,
und süße Träume hast?

An jenem Prachtteppich entlang
schlich ich mich zu dem Pförtner hoch.
‚Zu früh, Gevatterin!'

Schon wieder hatt er mich erschreckt,
Kaum wiederzuerkennen war
der Fedosséjewitsch Makar!
In maßgeschneiderter Livree,
rasiert, und in der Hand ein Stab,
von Glatze keine Spur!
Er lacht: ‚Sag nur, was zuckst du so?'
‚Ach, ich bin nur so müd!'

‚In Gottes Namen, keine Angst!
Hast du noch einen Zwanziger?
Das kriegen wir schon hin!'

Дала еще целковенький.
„Пойдем в мою коморочку,
Попьешь пока чайку!"

Коморочка под лестницей:
Кровать да печь железная,
Шандал да самовар.
В углу лампадка теплится,
А по стене картиночки.
„Вот он! — сказал Макар. —
Его превосходительство!"
И щелкнул пальцем бравого
Военного в звездах.

„Да добрый ли?" — спросила я.

„Как стих найдет! Сегодня вот
Я тоже добр, а временем —
Как пес, бываю зол".
„Скучаешь, видно, дяденька?"
— „Нет, тут статья особая,
Не скука тут — война!
И Сам, и люди вечером
Уйдут, а к Федосеичу
В коморку враг: поборемся!
Борюсь я десять лет.
Как выпьешь рюмку лишнюю,
Махорки как накуришься,
Как эта печь накалится
Да свечка нагорит —
Так тут устой…"
Я вспомнила
Про богатырство дедово:
„Ты, дядюшка, — сказала я, —
Должно быть, богатырь!.

Ich gab ihm seinen Zwanziger.
‚Na komm, komm mit in mein Kabuff,
trink noch ein wenig Tee!'

Unter der Treppe sein Kabuff:
Kanonenöfchen, Samowar,
ein Leuchter und ein Bett.
In einer Ecke leise glimmt
ein Altarlämpchen, an der Wand
sind Bilder. ‚Das ist er!
Das hier ist seine Exzellenz!'
Makar tippt auf ein Heldenbild:
ein Herr in Uniform.

‚Wie ist er? Gütig?', fragte ich.

‚Mal so, mal so, nach Laune halt!
Auch ich bin gütig, doch manchmal
bin bös ich wie ein Hund.'
‚Hast Langeweile, Onkelchen?'
‚Nein, Langeweile ist das nicht,
es ist der reinste Krieg!
Die Exzellenz, die anderen
sind abends fort, und dann ... Ja dann,
dann kommt der Feind in mein Kabuff.
So kämpf ich seit zehn Jahrn.
Wenn ich dann noch ein Gläschen trink,
Machorka rauch, der Leuchter brennt,
dies Öfchen hier so richtig glüht,
da geht der Kampf erst richtig los:
Wie bleib ich dann nur wach?'
Da kam mir wieder in den Sinn,
wie Großvater vom Recken sprach:
‚Nun, Onkelchen, dann bist du ja
ein Recke wohl, ein Held!'

„Не богатырь я, милая,
А силой тот не хвастайся,
Кто сна не поборал!"

В коморку постучалися,
Макар ушел… Сидела я,
Ждала, ждала, соскучилась,
Приотворила дверь.
К крыльцу карету подали.
„Сам едет?" — „Губернаторша!" —
Ответил мне Макар
И бросился на лестницу.
По лестнице спускалася
В собольей шубе барыня,
Чиновничек при ней.

Не знала я, что делала
(Да, видно, надоумила
Владычица!)… Как брошусь я
Ей в ноги: „Заступись!
Обманом, не по-божески
Кормильца и родителя
У деточек берут!"

„Откуда ты, голубушка?"

Впопад ли я ответила —
Не знаю… Мука смертная
Под сердце подошла…

Очнулась я, молодчики,
В богатой, светлой горнице,
Под пологом лежу;
Против меня — кормилица,
Нарядная, в кокошнике,
С ребеночком сидит.

‚Ach wo, ich bin kein Held, mein Kind,
doch rühm sich keiner seiner Kraft,
der nicht den Schlaf besiegt!'

Ein Klopfen an der Kammertür.
Makar ging raus, ich wartete
und spähte auch hinaus.
Dort vor dem Eingang ließ man grad
eine Kalesche vorfahrn: ‚Will
der Gouverneur persönlich fahrn?'
‚Die Gattin unsres Gouverneurs',
Makar lief schnell zur Treppe hin.
Die Dame stieg im Zobelpelz
herab, begleitet wurde sie
von einem Herrn im Frack.

Was mich da ritt – ich weiß es nicht
(Die heilige Maria gab
es mir wohl ein!)... Ich warf mich hin
vor ihre Füße: ‚Bitte, hilf!
Beschütz uns! Meinen Kindern nahm
man unchristlich und durch Betrug
den Vater und Ernährer fort!'

‚Sag, gute Frau, wo bist du her?'

Da fuhr ein Stich mir unters Herz,
ganz furchtbar. Ich entsinn mich nicht,
was ich erwiderte ...

Ihr glaubt es nicht: Ich wurde wach,
in einem hellen Schlafgemach,
in einem Himmelbett.
Daneben eine Amme saß
mit Häubchen, einer hübschen Tracht,
und hatt ein Kind im Arm.

„Чье дитятко, красавица?"
— „Твое!" Поцеловала я
Рожоное дитя...

Как в ноги губернаторше
Я пала, как заплакала,
Как стала говорить,
Сказалась усталь долгая,
Истома непомерная,
Упередилось времечко —
Пришла моя пора!
Спасибо губернаторше,
Елене Александровне,
Я столько благодарна ей,
Как матери родной!
Сама крестила мальчика
И имя: Лиодорушка —
Младенцу избрала..."

„А что же с мужем сталося?"

„Послали в Клин нарочного,
Всю истину доведали, —
Филиппушку спасли.
Елена Александровна
Ко мне его, голубчика,
Сама — дай бог ей счастие! —
За ручку подвела.
Добра была, умна была,
Красивая, здоровая,
А деток не дал бог!
Пока у ней гостила я,
Всё время с Лиодорушкой
Носилась, как с родным.

‚Sag, Schöne, wessen Kind ist das?'
‚Dein Kind!' Da küsste ich mein Kind,
mein Neugeborenes …

Der Retterin, der gütigen,
fiel ich zu Füßen, weinte … Dann
fing ich zu reden an.
Ich war nach all der langen Zeit
erschöpft; doch langsam löste sich
die Spannung in mir – endlich kam
auch meine Zeit einmal!
Jelena Alexandrowna,
die Gouverneurin, war für mich
wie eine Mutter; so viel hatt
ich zu verdanken ihr!
Sie taufte unsern Kleinen selbst;
den Namen Liodoruschka
hat sie ihm ausgesucht."

‚Und was geschah mit deinem Mann?'

„Es wurde ein Beauftragter
nach Klin gesandt, der fand dann bald
die Wahrheit raus. So retteten
sie den Philíppuschka.
Jelena Alexandrowna
dann führte eigenhändig ihn
zurück zu mir – Gott schenk ihr Glück!
Sie war so eine gute Frau,
klug, schön, gesund, doch hatte Gott
ihr Kinder nicht vergönnt.
Sie trug den Liodoruschka
umher, solang ich bei ihr war,
als sei's ihr eignes Kind.

Весна уж начиналася,
Березка распускалася,
Как мы домой пошли...

*Хорошо, светло
В мире божием!
Хорошо, легко,
Ясно на сердце.*

*Мы идем, идем —
Остановимся,
На леса, луга
Полюбуемся,
Полюбуемся
Да послушаем,
Как шумят-бегут
Воды вешние,
Как поет-звенит
Жавороночек!
Мы стоим, глядим...
Очи встретятся —
Усмехнемся мы,
Усмехнется нам
Лиодорушка.*

*А увидим мы
Старца нищего —
Подадим ему
Мы копеечку:
„Не за нас молись, —
Скажем старому, —
Ты молись, старик,
За Еленушку,
За красавицу
Александровну!"
А увидим мы*

Die Frühlingszeit begann bereits,
die Birkenbäume schlugen aus,
da gingen wir nach Haus …

> *Es ist schön und hell*
> *Hier in Gottes Welt,*
> *Leicht und ungetrübt*
> *Unser Herz sich fühlt.*
>
> *Und wir gehn und gehn,*
> *Bleiben stehen wir,*
> *Dann bewundern wir*
> *Dann bewundern wir*
> *Feld und Flur und Wald,*
> *Und dann lauschen wir*
> *Still dem Frühlingsbach,*
> *Wie er rauscht und lacht,*
> *Wie die Lerche singt,*
> *Wie die Lerche klingt!*
> *Staunend treffen sich*
> *Unsre Blicke dann,*
> *Staunend lächeln wir,*
> *Und es lächelt auch*
> *Liodoruschka.*
>
> *Und begegnet uns*
> *Mal ein Bettelgreis,*
> *Ei, dann geben wir*
> *Ein Kopekchen hin,*
> *Und wir sagen ihm:*
> *Bete nicht für uns,*
> *Für Jelena bet,*
> *Für die schöne Frau*
> *Alexandrowna!*
> *Und erblicken wir*
> *Dann ein Gotteshaus,*

Церковь божию —
Перед церковью
Долго крестимся:
„Дай ей, господи,
Радость-счастие,
Доброй душеньке
Александровне!"

Зеленеет лес,
Зеленеет луг,
Где низиночка —
Там и зеркало!
Хорошо, светло
В мире божием!
Хорошо, легко,
Ясно на сердце.
По водам плыву
Белым лебедем,
По степям бегу
Перепелочкой.

Прилетела в дом
Сизым голубем...
Поклонился мне
Свекор-батюшка,
Поклонилася
Мать-свекровушка,
Деверья, зятья
Поклонилися,
Поклонилися,
Повинилися!
Вы садитесь-ка,
Вы не кланяйтесь,
Вы послушайте,
Что скажу я вам:
Тому кланяться,

Dann bekreuzigen
Wir uns lange Zeit,
Und wir beten dann:
Herr, Glückseligkeit
Schenk der gütigen
Menschenseele, der
Alexandrowna!

Und es grünt der Wald,
Und es grünt die Flur,
Jedes Wässerlein
Ist ein Spiegelein,
Es ist schön und hell
Hier in Gottes Welt,
Leicht und ungetrübt
Unser Herz sich fühlt.
Ach, ich schwimme gleich
Einem weißen Schwan,
Wie ein Wachtelchen
Lauf ich über Land.

Und als Täubchen blau
Flieg ich in mein Haus …
Schwiegerväterchen
Nun verneigt sein Haupt,
Schwiegermütterchen
Nun verneigt ihr Haupt,
Schwager, Schwägerin,
Die verneigen sich,
Sie verneigen sich,
Ach, verzeihe uns!
Setzt euch vor mich hin
Und verneigt euch nicht,
Seht mich an und hört,
Was ich zu euch sag:
Euch verneigt vor der,

*Кто сильней меня, —
Кто добрей меня,
Тому славу петь.
Кому славу петь?
Губернаторше!
Доброй душеньке
Александровне!"*

Глава 8

Бабья притча

Замолкла Тимофеевна.
Конечно, наши странники
Не пропустили случая
За здравье губернаторши
По чарке осушить.
И, видя, что хозяюшка
Ко стогу приклонилася,
К ней подошли гуськом:
„Что ж дальше?"
— „Сами знаете:
Ославили счастливицей,
Прозвали губернаторшей
Матрену с той поры…
Что дальше? Домом правлю я,
Рощу детей… На радость ли?
Вам тоже надо знать.
Пять сыновей! Крестьянские
Порядки нескончаемы, —
Уж взяли одного!"

Die mehr Kraft besitzt,
Die mehr Güte hat,
Als ich je besaß,
Sing ein Loblied ihr,
Singt das Lobeslied
Unsrer gütigen
Alexandrowna!"

Kapitel 8

Die Legende der Pilgerin

Nun schweigt die Timofejewna.
Die Wanderer, die lassen sich
natürlich nicht die Chance entgehn,
aufs Wohl der Gouverneurin schnell
ein kleines Glas zu leern.
Sie sehn: Es lehnt die Bäuerin
sich an den Schober, treten dann
gemeinsam zu ihr ran:
„Und weiter?"
„Wem erzähl ich das!
Ich sei ein Glückspilz, riefen sie,
und ‚Gouverneursche' nennen sie
seitdem Matrjonuschka.
Und weiter? Nun, ich führe hier
den Haushalt, ziehe Kinder groß …
Zu meiner Freude? Aber ach,
das wisst ihr doch wohl selbst!
Fünf Söhne hab ich! Doch das Los
der Bauern ist stets gleich – man hat
schon einen weggeholt!"

Красивыми ресницами
Моргнула Тимофеевна,
Поспешно приклонилася
Ко стогу головой.
Крестьяне мялись, мешкали,
Шептались: „Ну, хозяюшка!
Что скажешь нам еще?"

„А то, что вы затеяли
Не дело — между бабами
Счастливую искать!.."

„Да всё ли рассказала ты?"

„Чего же вам еще?
Не то ли вам рассказывать,
Что дважды погорели мы,
Что бог сибирской язвою
Нас трижды посетил?
Потуги лошадиные
Несли мы; погуляла я,
Как мерин, в бороне!..

Ногами я не топтана,
Веревками не вязана,
Иголками не колота…
Чего же вам еще?
Сулилась душу выложить,
Да, видно, не сумела я, —
Простите, молодцы!
Не горы с места сдвинулись,
Упали на головушку,
Не бог стрелой громовою
Во гневе грудь пронзил,
По мне — тиха, невидима —
Прошла гроза душевная,

Da blinzelt Timofejewna
mit ihren schönen Wimpern, dreht
den Kopf ganz schnell zur Seit'.
Die Bauern drucksen, treten noch
von einem Bein aufs andere,
und tuscheln: „Sag nur, Bäuerin,
Hast du noch mehr für uns?"

„Nur das: Es lohnt nicht, was ihr euch
da in den Kopf gesetzt habt, Jungs –
für Frauen gibt's kein Glück!"

„Und, hast du alles uns erzählt?"

„Was soll ich euch denn noch erzähln?
Wollt ihr denn hören, wie zweimal
wir abgebrannt sind, wie uns Gott
dreimal den Milzbrand hat gesandt,
statt unsrer Pferde wir ins Joch
dann stiegen; wie wir quälten uns?
Ich zog, so wie ein Wallach, selbst
die Egge übers Feld!

Trat man mit Füßen mich nicht, sagt?
Band man mit Stricken mich nicht, sagt?
Stach man mit Nadeln mich nicht, sagt?
Was wollt ihr denn noch mehr?
Nun, ich versprach, die Seele euch
zu öffnen. Scheinbar konnt ich's nicht –
Verzeiht mir, Männer, dies!
Zusammen stürzte über mir
kein Berg. Die Brust durchbohrte mir
Gott nicht im Zorn mit einem Blitz!
Es fanden die Gewitter nur
in meiner Seele statt,
so unsichtbar und still, dass man's

Покажешь ли ее?
По матери поруганной,
Как по змее растоптанной,
Кровь первенца прошла,
По мне обиды смертные
Прошли неотплаченные,
И плеть по мне прошла!
Я только не отведала —
Спасибо! умер Ситников —
Стыда неискупимого,
Последнего стыда!
А вы — за счастьем сунулись!
Обидно, молодцы!
Идите вы к чиновнику,
К вельможному боярину,
Идите вы к царю,
А женщин вы не трогайте, —
Вот бог! ни с чем проходите
До гробовой доски!

К нам на ночь попросилася
Одна старушка божия:
Вся жизнь убогой старицы —
Убийство плоти, пост;
У гроба Иисусова
Молилась, на Афонские
Всходила высоты,
В Иордань-реке купалася...
И та святая старица
Рассказывала мне:

„Ключи от счастья женского,
От нашей вольной волюшки
Заброшены, потеряны
У бога самого!
Отцы-пустынножители,

von außen wohl nicht hört.
Hat man die Mutter nicht beschimpft?
Entwürdigt? Goss man über sie
nicht ihres Kindes Blut?
Durft ich die Schläge, Kränkungen,
die ich ertrug, denn irgendwann
mal heimzahln? Gott verschone mich
nur von der einen, schlimmsten Schmach,
der, die nicht gutzumachen ist,
als Sitnikow er sterben ließ.
Ich dank dir, Gott, dafür!
Ihr aber sucht das Glück bei mir!
Das kränkt mich, Männer, doch gar sehr!
Geht zum Beamten in der Stadt,
zum Würdenträger, dem Bojarn,
geht doch zum Zaren hin!
Die Frauen aber lasst in Ruh,
da sucht ihr euer Lebtag nur
und findet doch kein Glück!

Uns bat mal eine Pilgerin,
ein altes Weib, um Nachtasyl:
Das Leben dieser Elenden
aus Geißelung, aus Fasten – aus
nichts anderem bestand.
Im Jordan hatte sie bereits
gebadet, und an Jesu Grab
gebetet, und den Athos hatt
bestiegen jenes fromme Weib
und sie erzählte mir:

‚Die Schlüsselchen zum Frauenglück,
zu unsrer freien Freiheit sind
seit langem schon verlorn.
Verloren wohl beim Herrgott selbst!
Es suchen Eremiten sie,

И жены непорочные,
И книжники-начетчики
Их ищут — не найдут!
Пропали! думать надобно,
Сглонула рыба их…
В веригах, изможденные,
Голодные, холодные,
Прошли господни ратники
Пустыни, города, —
И у волхвов выспрашивать
И по звездам высчитывать
Пытались — нет ключей!
Весь божий мир изведали,
В горах, в подземных пропастях
Искали… Наконец
Нашли ключи сподвижники!
Ключи неоценимые,
А всё — не те ключи!
Пришлись они — великое
Избранным людям божиим
То было торжество —
Пришлись к рабам-невольникам:
Темницы растворилися,
По миру вздох прошел,
Такой ли громкий, радостный!..
А к нашей женской волюшке
Всё нет и нет ключей!
Великие сподвижники
И по сей день стараются —
На дно морей спускаются,
Под небо подымаются, —
Всё нет и нет ключей!
Да вряд они и сыщутся…
Какою рыбой сглонуты
Ключи те заповедные,

untadelige Ehefrauen,
gelehrte Weise suchen sie,
und keiner findet sie!
Hat sie vielleicht ein Fisch verschluckt?
Es wanderten im Büßerhemd
des Herrn Getreue ausgezehrt,
erschöpft vom Hunger und vom Durst,
durch Wüsten, Städte, fragten dort
die Weisen und die Sterne aus.
Die Schlüssel waren nirgendwo
zu finden. So durchwanderten
sie Gottes weite Welt.
Hoch in den Bergen suchten sie,
tief in den Schluchten suchten sie,
und suchten … Endlich fanden sie
dann doch ein Schlüsselchen!
Es war von unschätzbarem Wert,
doch nicht das richtige!
Zwar passte es – welch ein Triumph –
zu einer finstren Kerkertür,
unfreie Sklaven saßen drin:
Die Türen öffneten sich weit,
es drang ein lauter, freudiger,
ein Seufzer durch die Welt!
Und nur für unser, Frauen, Glück
ist immer noch kein Schlüssel da,
noch immer suchen sie!
Sie suchen auf dem Meeresgrund,
erheben in den Himmel sich –
kein Schlüssel! Und wer weiß,
ob man sie jemals finden wird,
und ob man je erfahren wird,
welch großer Fisch die Schlüsselchen,
die sagenhaften, hat verschluckt,
in welchem Meer er schwimmt.

В каких морях та рыбина
Гуляет — бог забыл!.."

(1873)

ПОСЛЕДЫШ
(из второй части)

1

Петровки. Время жаркое.
В разгаре сенокос.
Минув деревню бедную,
Безграмотной губернии,
Старо-Вахлацкой волости,
Большие Вахлаки,
Пришли на Волгу странники…
Над Волгой чайки носятся;
Гуляют кулики
По отмели. А по лугу,
Что гол, как у подьячего
Щека, вчера побритая,
Стоят „князья Волконские"
И детки их, что ранее
Родятся, чем отцы.

„Прокосы широчайшие! —
Сказал Пахом Онисимыч. —
Здесь богатырь народ!"
Смеются братья Губины:
Давно они заметили
Высокого крестьянина

Klar ist nur eines: Gott der Herr
weiß das gewiss nicht mehr!"

(1873)

DER SPÄTLING
(aus dem zweiten Teil)

1

Heiß ist's zur Petrus-Fastenzeit,
die Heumahd ist in vollem Gang.
Zur Wolga sind sie nun gelangt,
nah bei Großdummersdorf.
Im Amtsbezirke Trotteln liegt's,
im Ahnungslos-Gouvernement ...
Gekreisch von Möwen, auf dem Sand
ein Regenpfeifertrupp.
Die Wiesen wirken glattrasiert
ganz so wie der Eintagesbart
des Dorfschreibers; drauf stehn herum
Heuschober („Fürst Wolkonski" nennt
der Volksmund sie), und Heuhocken:
die Fürstenkinder, früher als
die Väter schon geborn.

„Sieh an, was für ein breiter Schwad!",
staunt da Pachom Onissimytsch.
„Das sind wohl Recken hier!"
Die Gubins amüsieren sich:
beobachten schon eine Zeit
so einen großgewachsnen Kerl,

Со жбаном — на стогу;
Он пил, а баба с вилами,
Задравши кверху голову,
Глядела на него.
Со стогом поравнялися —
Всё пьет мужик! Отмерили
Еще шагов полста,
Все разом оглянулися:
По — прежнему, закинувшись,
Стоит мужик; посудина
Дном кверху поднята…

Под берегом раскинуты
Шатры; старухи, лошади
С порожними телегами
Да дети видны тут.
А дальше, где кончается
Отава подкошенная,
Народу тьма! Там белые
Рубахи баб, да пестрые
Рубахи мужиков,
Да голоса, да звяканье
Проворных кос. „Бог на помочь!"
— „Спасибо, молодцы!"

Остановились странники…
Размахи сенокосные
Идут чредою правильной:
Все разом занесенные,
Сверкнули косы, звякнули,
Трава мгновенно дрогнула
И пала, пошумев!

По низменному берегу
На Волге травы рослые,
Веселая косьба.

der da auf einem Schober steht
mit einem Krug und trinkt.
Sein Weib steht unten und schaut hoch,
den Kopf im Nacken, blickt ihn an,
die Forke in der Hand.
Schon sind sie auf der gleichen Höh –
der Bauer trinkt noch. Fünfzig Schritt
dann später schauen sie zurück:
Da steht er noch, zurückgebeugt,
ganz senkrecht hält er schon den Krug
und trinkt, und trinkt, und trinkt ...

Aus Leinwand haben Zelte sie
errichtet unten, nah am Fluss.
Es finden Alte, Kinder dort,
auch Pferde ihren Schutz.
Ein wenig weiter endet dann
die schon gemähte Fläche. Dort
sind Schnitter grad am Werk:
die Männerhemden leuchten bunt,
weiß die der Schnitterinnen;
und muntrer Stimmen-, Sensenklang,
gewandt und flink. „He, Gott zum Gruß!"
„Dank, Männer, Gruß auch euch!"

Die Wandrer bleiben stehn und schaun:
Die Schnitter schwingen wie ein Mann
die Sensen, gehen gleichmäßig
in Reihen, holn weit aus.
Die Sensen blitzen, zischen, schon
erbebt das frisch geschnittne Gras,
und fispernd legt es sich.

Im Marschland an der Wolga wächst
das Gras sehr hoch, und kräftig auch,
da macht das Mähen Spaß.

Не выдержали странники:
„Давно мы не работали,
Давайте — покосим!"
Семь баб им косы отдали.
Проснулась, разгорелося
Привычка позабытая
К труду! Как зубы с голоду,
Работает у каждого
Проворная рука.
Валят траву высокую,
Под песню, незнакомую
Вахлацкой стороне;
Под песню, что навеяна
Метелями и вьюгами
Родимых деревень:
Заплатова, Дырявина,
Разутова, Знобишина,
Горелова, Неелова —
Неурожайка тож…

Натешившись, усталые,
Присели к стогу завтракать…

„Откуда, молодцы? —
Спросил у наших странников
Седой мужик (которого
Бабенки звали Власушкой). —
Куда вас бог несет?"

„А мы…" — сказали странники
И замолчали вдруг:
Послышалась им музыка!
„Помещик наш катается, —
Промолвил Влас и бросился
К рабочим: — Не зевать!
Коси дружней! А главное:

Die sieben halten's nicht mehr aus:
„Schon lange haben wir nicht mehr
gearbeitet – Gebt her!"
Sieben Schnitterinnen reichen nun
die Sensen rüber. Es erwacht
der halb vergessne Arbeitsdrang,
geschickt und gierig mühen sich
die Hände, so wie's Zahngebiss
des Hungrigen sich müht.
So mähen sie das hohe Gras
mit einem Lied, das hierzuland
noch keiner je gehört.
Das kleine Lied hat wohl der Wind
aus sieben Dörfern hergeweht
im fernen Heimatland:
aus Kummerow und Leidenstedt,
aus Nothweiler, Kleinelendsdorf
Brandstade und aus Flickenhof
und aus Großlöcheritz.

Sie lassen sich zufrieden, matt
am Schober nieder. Frühstückszeit ...

„Wo kommt ihr Männer her?",
erkundigt bei den Wanderern
ein alter, grauer Bauer sich
(Sie nennen ihn wohl Wlassuschka):
„Wo weht der Wind euch hin?"

Die Wanderer beginnen: „Wir ...",
verstummen dann, denn es erklingt
mit einem Mal Musik!
„Da kommt der Gutsherr angefahren",
sagt Wlass, rennt zu den Schnittern hin:
„He, keine Müdigkeit!"
Noch flinker, einträchtiger schafft,

Не огорчить помещика.
Рассердится — поклон ему!
Похвалит вас — „ура" кричи…
Эй, бабы! не галдеть!"
Другой мужик, присадистый,
С широкой бородищею,
Почти что то же самое
Народу приказал,
Надел кафтан — и барина
Бежит встречать. „Что за люди? —
Оторопелым странникам
Кричит он на бегу. —
Снимите шапки!"

  К берегу
Причалили три лодочки.
В одной прислуга, музыка,
В другой — кормилка дюжая
С ребенком, няня старая
И приживалка тихая,
А в третьей — господа:
Две барыни красивые
(Потоньше — белокурая,
Потолще — чернобровая),
Усатые два барина,
Три барченка — погодочки
Да старый старичок:
Худой! Как зайцы зимние,
Весь бел, и шапка белая,
Высокая, с околышем
Из красного сукна.
Нос клювом, как у ястреба,
Усы седые, длинные,
И — разные глаза:
Один здоровый — светится,

betrübt den alten Gutsherrn nicht!
Wenn er euch zürnt, verneigt euch stumm!
Und lobt er euch, dann ruft Hurra!
He, Weiber, schwatzt nicht rum!"
Ein andrer Bauer, untersetzt,
mit einem Riesenbart, befiehlt
genau dasselbe, wirft sich dann
einen Kaftan flink übers Hemd ,
rennt zu dem Gutsherrn hin.
„Wer seid denn ihr?", ruft er noch schnell
unsern verdutzten Wandrern zu:
„Nehmt eure Mützen ab!"

    Es haben dort am Ufer schon
drei Boote angelegt.
Im ersten sind die Dienerschaft
und die Musik, im zweiten Boot
dann eine Amme dick und groß,
im Arm den Säugling, außerdem
noch eine alte Kinderfrau
und eine Hausgenossin, die
ihr Gnadenbrot empfängt.
Die Herrschaft sitzt im dritten Boot:
zwei Damen, eine blond und zart,
die andre schwarz und molliger,
mit Schnauzbart dann die jungen Herrn,
drei kleine Herrchen, gut ein Jahr,
ein dürrer alter Greis:
weiß wie ein Schneehase, und weiß
die Adelsmütze auf dem Kopf,
mit rotem Tuch besetzt.
Die Habichtsnase krumm und spitz,
die Schnurrbarthaare lang und grau,
verschiedne Augen: eins gesund
und leuchtend, doch das andere

А левый — мутный, пасмурный,
Как оловянный грош!

При них собачки белые,
Мохнатые, с султанчиком,
На крохотных ногах…

Старик, поднявшись на берег,
На красном мягком коврике
Долгонько отдыхал,
Потом покос осматривал:
Его водили под руки
То господа усатые,
То молодые барыни, —
И так, со всею свитою,
С детьми и приживалками,
С кормилкою и нянькою,
И с белыми собачками,
Всё поле сенокосное
Помещик обошел.
Крестьяне низко кланялись,
Бурмистр (смекнули странники,
Что тот мужик присадистый
Бурмистр) перед помещиком,
Как бес перед заутреней,
Юлил: „Так точно! Слушаю-с!" —
И кланялся помещику
Чуть-чуть не до земли.

В один стожище матерый,
Сегодня только сметанный,
Помещик пальцем ткнул,
Нашел, что сено мокрое,
Вспылил: „Добро господское
Гноить? Я вас, мошенников,
Самих сгною на барщине!

ist wie ein Groschenstück aus Zinn
beschlagen und ganz trüb.

Und Hündchen: weiße, flauschige,
mit einem Puschel auf dem Kopf,
die Beine winzig kurz ...

Der Alte steigt ans Ufer hoch,
auf einem roten Teppich ruht
er sich ein Weilchen aus.
Danach besichtigt er die Mahd:
und dabei führen ihn am Arm
die Herren mit den Schnauzern mal,
die jungen Damen mal.
Mit dem Gefolge geht er so –
den Kindern und der Kinderfrau,
der Gnadenbrotempfängerin,
der Amme und den Hündchen weiß –
den ganzen Heuschlag ab.
Die Arbeiter verneigen sich
tief vor ihm, und der Stárosta
(denn jener untersetzte Mann
ist offenbar der Stárosta)
dreht wie ein Derwisch sich vorm Herrn,
er buckelt und er kratzt:
„Ganz wie Ihr meint! Ganz wie Ihr wünscht!"
Danach verbeugt er sich sehr tief,
fast bis zur Erde hin.

In einen Riesenschober Heu,
gerade ganz frisch aufgehäuft,
piekt mit dem Finger nun der Herr,
befindet, es sei viel zu nass,
braust auf und schreit: „Wie könnt ihr nur
das herrschaftliche Eigentum
verfaulen lassen? Spitzbuben,

Пересушить сейчас!.."
Засуетился староста:
„Не досмотрел маненичко!
Сыренько: виноват!"
Созвал народ — и вилами
Богатыря кряжистого,
В присутствии помещика,
По клочьям разнесли.
Помещик успокоился.

(Попробовали странники:
Сухохонько сенцо!)

Бежит лакей с салфеткою,
Хромает: „Кушать подано!"
Со всей своею свитою,
С кормилкою и нянькою,
И с белыми собачками,
Пошел помещик завтракать,
Работы осмотрев.
С реки из лодки грянула
Навстречу барам музыка,
Накрытый стол белеется
На самом берегу…

Дивятся наши странники.
Пристали к Власу: „Дедушка!
Что за порядки чудные?
Что за чудной старик?"

„Помещик наш: Утятин-князь!"

„Чего же он куражится?
Теперь порядки новые,
А он дурит по-старому:

ich lass euch selbst verfauln!
Noch einmal trocknen! Jetzt, sofort!"
Ganz hektisch ruft der Stárosta:
„Da hab ich wohl nicht aufgepasst!
Verzeiht, es ist noch feucht!"
Schnell tragen nun die Arbeiter
mit Forken jenen Recken ab,
verteilen ihn in Büschelchen.
Beruhigt ist der Herr.

(Die Wandrer prüfen's heimlich nach:
Schön trocken ist das Heu!)

Seht, ein Lakai kommt angerannt,
er hinkt, Serviette in der Hand:
„Herr, angerichtet ist!"
Besichtigt ist die Arbeit nun,
der Herr begibt sich, eskortiert
von Amme, Damen, Hündchen weiß,
zur Frühstückstafel hin.
Musik erschallt vom Boote aus,
es wartet auf die Herrschaften
direkt am Ufer, frisch gedeckt,
die weiße Tafel schon.

Die Wandrer wundern sich gar sehr
und geben Wlass nun keine Ruh:
„Wie merkwürdig die Sitten hier,
und auch der Alte, wer ist das?"

„Von Erpel, unser Fürst!"

„Was gibt dem Fürsten denn das Recht,
sich aufzuführn wie früher, wo
doch jetzt die neue Ordnung herrscht;

Сенцо сухим-сухохонько —
Велел пересушить!"

„А то еще диковинней,
Что и сенцо-то самое
И пожня — не его!"
„А чья же?"
          — „Нашей вотчины."
„Чего же он тут суется?
Ин вы у бога нелюди?"

„Нет, мы, по божьей милости,
Теперь крестьяне вольные,
У нас, как у людей,
Порядки тоже новые,
Да тут статья особая…"

„Какая же статья?"

Под стогом сена лег старинушка
И — больше ни словца!
К тому же стогу странники
Присели; тихо молвили:
*„Эй! скатерть самобранная,
Попотчуй мужиков!"*
И скатерть развернулася,
Откудова ни взялися
Две дюжие руки:
Ведро вина поставили,
Горой наклали хлебушка
И спрятались опять…

Налив стаканчик дедушке,
Опять пристали странники:
„Уважь! скажи нам, Власушка,
Какая тут статья?"

lässt euch das Heu noch einmal kehrn -
der spielt ja wohl verrückt!"

„Noch viel verrückter ist's sogar!
Das Heu gehört ihm nicht einmal!"
„Wem denn?"
    „Dem Dorf gehört's."
„Und warum mischt er sich dann ein?
Seid ihr denn Tiere? Nein, ihr seid
doch Menschen wohl vor Gott!"

„O ja, wir sind von Gottes Hand
jetzt frei, wie alle anderen,
wie überall im Land!
Die neue Ordnung gilt auch hier,
doch dieses ist ein Sonderfall ..."

„Was für ein Sonderfall?"

Der Alte legt sich nun ins Heu
beim Schober – und kein Wort!
Und auch die Wandrer lassen sich
dort nieder, schweigen ebenfalls,
dann sagen sie ganz leise nur:
„*He, Zauberlaken! Aufgetischt*
für uns, die Bauersleut!"
Da breitet sich das Laken aus,
zwei Hände stellen blitzeschnell
den sieben, wie es abgemacht,
sehr reichlich Brot und Wodka hin,
und sind schon wieder fort ...

Sie gießen Wlass ein Gläschen ein
und drängen wieder: „Sag uns doch,
erzähl uns, Wlassuschka, was ist
das für ein Sonderfall?"

„Да пустяки! Тут нечего
Рассказывать... А сами вы
Что за люди? Откуда вы?
Куда вас бог несет?"

„Мы люди чужестранные,
Давно, по делу важному,
Домишки мы покинули,
У нас забота есть...
Такая ли заботушка,
Что из домов повыжила,
С работой раздружила нас,
Отбила от еды..."

Остановились странники...

„О чем же вы хлопочите?"

„Да помолчим! Поели мы,
Так отдохнуть желательно".
И улеглись. Молчат!

„Вы так-то! а по-нашему,
Коль начал, так досказывай!"

„А сам, небось, молчишь!
Мы не в тебя, старинушка!
Изволь, мы скажем: видишь ли,
Мы ищем, дядя Влас,
Непоротой губернии,
Непотрошенной волости,
Избыткова села!.."

И рассказали странники,
Как встретились нечаянно,
Как подрались, заспоривши,

„Ja, nicht der Rede wert, da gibt's
nicht viel zu sagen ... Doch ihr selbst,
was seid für Leute ihr, woher?
Wohin trägt euch der Wind?"

„Wir kommen schon von sehr weit her,
sind wegen einer Sache schon
seit langem unterwegs,
denn uns treibt eine Sorge um,
so groß ist diese Sorge, dass
sie uns aus unsern Häusern trieb,
die Lust zur Arbeit nahm sie uns,
die Lust am Essen auch ..."

Die Wanderer verstummen jetzt ...

„Was ist es, das euch so bewegt?"

„Wir wollen noch ein wenig ruhn
nach diesem Mahl." Sie legen sich
jetzt hin, und schweigen nun.

„Ihr seid vielleicht ein paar, oje!
Es heißt: Wer A sagt, sagt auch B!"

„Du redest selbst nicht, alter Mann!
Gut, wir vergelten Gleiches nicht
mit Gleichem! Hör uns an:
Wir suchen schon seit langem, Wlass,
das Überflussgouvernement,
den Ungeschröpften Amtsbezirk,
das Dörfchen Prügelfrei."

Und so erzähln die Bauern ihm,
wie sie sich trafen zufällig,
sich stritten und sich prügelten,

Как дали свой зарок
И как потом шаталися,
Искали по губерниям
Подтянутой, Подстреленной,
Кому живется весело,
Вольготно на Руси?

Влас слушал — и рассказчиков
Глазами мерял: „Вижу я,
Вы тоже люди странные! —
Сказал он наконец. —
Чудим и мы достаточно,
А вы — и нас чудней!"

„Да что ж у вас-то деется?
Еще стаканчик, дедушка!"

Как выпил два стаканчика,
Разговорился Влас:

2

„Помещик наш особенный:
Богатство непомерное,
Чин важный, род вельможеский,
Весь век чудил, дурил,
Да вдруг гроза и грянула…
Не верит: врут, разбойники!
Посредника, исправника
Прогнал! дурит по-старому.
Стал крепко подозрителен,
Не поклонись — дерет!
Сам губернатор к барину
Приехал: долго спорили,

wie sie den Eid dann leisteten,
durchs halbe Land gezogen sind:
durchs Hungertuchgouvernement,
durchs Maßregelgouvernement,
zu finden den, der glücklich ist
und frei im Russenland.

Wlass lauscht, misst die Erzählenden
mit seinem Blick: „Nun ja, ich seh,
auch ihr seid doch recht merkwürdig!",
spricht dann der alte Mann:
„Wir sind schon seltsam, aber ihr,
noch seltsamer seid ihr!"

„Was aber läuft bei euch hier ab?
erzähl doch! Noch ein Glas?"

Zwei Gläschen leert der Alte noch,
und dann erzählt er doch:

2

„Der Herr ist ein besonderer:
von Reichtum, Fürstenblut und Rang,
er ließ den Teufel tanzen schon
sein ganzes Leben lang.
Als das Gewitter dreinschlug, wollt
nicht glauben er's: ,Die lügen doch,
das Pack!' Er jagte alle fort:
Vermittler, Polizeichef; und
er machte weiter wie zuvor,
war misstrauisch und prügelte
den, der sich nicht verbeugt'.
Der Gouverneur persönlich kam,

Сердитый голос барина
В застольной дворня слышала;
Озлился так, что к вечеру
Хватил его удар!
Всю половину левую
Отбило: словно мертвая
И, как земля, черна…
Пропал ни за копеечку!
Известно, не корысть,
А спесь его подрезала,
Соринку он терял."

„Что значит, други милые,
Привычка-то помещичья!" —
Заметил Митродор.

„Не только над помещиком,
Привычка над крестьянином
Сильна, — сказал Пахом. —
Я раз по подозрению
В острог попавши, чудного
Там видел мужика.
За конокрадство, кажется,
Судился, звали Сидором,
Так из острога барину
Он посылал оброк!
(Доходы арестантские
Известны: подаяние,
Да что-нибудь сработает,
Да стащит что-нибудь.)
Ему смеялись прочие:
„А ну, на поселение
Сошлют — пропали денежки!"
„Всё лучше", — говорит…"

„Ну, дальше, дальше, дедушка!"

und lange diskutierten sie;
die Dienerschaft, die hörte ihn
dann toben, und so aufgebracht
war unser Fürst, dass ihn der Schlag
am selben Abend traf.
Die ganze linke Seite traf's:
ganz schwarz war sie, wie tot …
Und dabei war, was er verlor,
für ihn ein Klacks, ein Staubkorn nur!
Es war nicht die Gewinnsucht, nein,
der Hochmut fällte ihn!"

„Nun, Freunde, Hochmut scheinbar ist
Gewohnheit bei den reichen Herrn!",
wirft Mitrodor da ein.

„Gewohnheit hat nicht nur den Herrn,
auch Bauern hat sie fest im Griff",
bemerkt Pachomuschka:
„Ich saß doch mal nur auf Verdacht
im Knast! Nun, und da war auch ein
sehr sonderbarer Kerl!
Des Pferdediebstahls hatt man ihn
beschuldigt; Sídor hieß der Mann,
der schickte tatsächlich dem Herrn
den Zins noch aus dem Knast!
(Man weiß ja, was ein Häftling so
für Geld bekommt: nur Almosen,
wenn er nicht was dazuverdient,
und sich nicht noch was klaut.)
Den Sídor lachten alle aus:
,Gehst nach Sibirien, und dann
ist all dein Geld weg, Dummkopf du!'
Doch er meint': ,Besser so!'"

„Und weiter, Onkel Wlass? Was dann!"

„Соринка — дело плевое,
Да только не в глазу:
Пал дуб на море тихое,
И море всё заплакало —
Лежит старик без памяти
(Не встанет, так и думали!),
Приехали сыны,
Гвардейцы черноусые
(Вы их на пожне видели,
А барыни красивые —
То жены молодцов).
У старшего доверенность
Была: по ней с посредником
Установили грамоту...
Ан вдруг и встал старик!
Чуть заикнулись... Господи!
Как зверь метнулся раненый
И загремел, как гром!
Дела-то всё недавние,
Я был в то время старостой,
Случился тут — так слышал сам,
Как он честил помещиков,
До слова помню всё:
„Корят жидов, что предали
Христа... а вы что сделали?
Права свои дворянские,
Веками освященные,
Вы предали!.." Сынам
Сказал: „Вы трусы подлые!
Не дети вы мои!
Пускай бы люди мелкие,
Что вышли из поповичей
Да, понажившись взятками,
Купили мужиков,
Пускай бы... им простительно!
А вы... князья Утятины?

„Ein Staubkorn ist normalerweis
ja nicht der Rede wert, jedoch
im Auge tut es weh.
Und fällt ein Stamm ins stille Meer,
dann zieht er Kreise endlose.
Der Alte, dachten alle nun,
steht sowieso nicht wieder auf!
Da kamen seine Söhne an,
die Gardeoffiziere (Ihr
habt sie gesehen heut: die zwei
mit ihren schönen Fraun).
Der Ältere eine Vollmacht hatt,
mit Hilfe eines Justitiars
wurd alles aufgesetzt ...
Da plötzlich stand der Alte auf,
und stammelnd sie gestanden nun.
O Herr! Er tobte wie ein Tier,
er dröhnte wie ein Donnerschlag.
Es ist ja noch nicht lange her,
der Stárosta war damals ich,
ich konnte hören, wie er so
die Söhne hat beschimpft.
Ich weiß noch alles, Wort für Wort:
‚Die Juden, die verurteilt man,
denn sie verrieten Christus einst ...
Und ihr? Verratet heilige,
uralte Rechte unsres Stands!'
Dann sagte er: ‚Ihr Feiglinge
ihr seid nicht meine Kinder mehr!
Ja, wenn ihr Popensöhne wärt,
Emporkömmlinge niedren Stands,
die sich vom Schmiergeld mal ein Dorf
und ein paar Seelen schnell gekauft,
könnt man's verzeihn! Jedoch ihr seid
von Erpel – ihr seid Fürstenblut!
Ein wahrhafter von Er-pel würd

Какие вы У-тя-ти-ны!
Идите вон!.. подкидыши,
Не дети вы мои!"

Оробели наследники:
А ну как перед смертию
Лишит наследства? Мало ли
Лесов, земель у батюшки?
Что денег понакоплено,
Куда пойдет добро?
Гадай! У князя в Питере
Три дочери побочные
За генералов выданы,
Не отказал бы им!

А князь опять больнехонек…
Чтоб только время выиграть,
Придумать, как тут быть,
Которая-то барыня
(Должно быть, белокурая:
Она ему, сердечному,
Слыхал я, терла щеткою
В то время левый бок)
Возьми и брякни барину,
Что мужиков помещикам
Велели воротить!

Поверил! Проще малого
Ребенка стал старинушка,
Как паралич расшиб!
Заплакал! пред иконами
Со всей семьею молится,
Велит служить молебствие,
Звонить в колокола!

sich niemals so verhalten! Oh,
verschwindet aus den Augen mir,
ihr Wechselbälger, ihr!'

Die Erben kriegten einen Schreck:
Nicht, dass der Vater sie vorm Tod
enterbt! Hatt er nicht Ländereien,
und Wälder, Gelder angehäuft?
Für wen, wenn nicht für sie?
Doch, ach, in Piter hat der Fürst
drei Töchter noch – unehelich,
verheiratet mit Generäln,
ein solches Erbe schlügen die
doch ganz gewiss nicht aus!

Und wieder kränkelte der Fürst ...
Wie Zeit gewinnen, wie?
Die eine der zwei Damen dann
(die Blonde, so vermute ich,
die rieb dem Ärmsten damals wohl
mit einer Bürste, hörte man,
die linke Seite immer ab),
erzählte ihm dann ganz spontan,
dass laut einem Ukas des Zarn
den Gutsherrn man die Bauern nun
doch endlich wiedergibt!

Er hat's geglaubt! Naiver ist
er als ein Kleinkind, seit der Schlag
ihn damals lähmte. Er begann
zu weinen, und er betete
mit der Familie, und befahl,
die Glocken laut zu läuten für
den Dankesgottesdienst.

И силы словно прибыло,
Опять: охота, музыка,
Дворовых дует палкою,
Велит созвать крестьян.

С дворовыми наследники
Стакнулись, разумеется,
А есть один (он давеча
С салфеткой прибегал),
Того и уговаривать
Не надо было: барина
Столь много любит он!
Ипатом прозывается.
Как воля нам готовилась,
Так он не верил ей:
„Шалишь! Князья Утятины
Останутся без вотчины?
Нет, руки коротки!"
Явилось „Положение", —
Ипат сказал: „Балуйтесь вы!
А я князей Утятиных
Холоп — и весь тут сказ!"
Не может барских милостей
Забыть Ипат! Потешные
О детстве и о младости,
Да и о самой старости
Рассказы у него
(Придешь, бывало, к барину,
Ждешь, ждешь... Неволей слушаешь,
Сто раз я слышал их):
„Как был я мал, наш князюшка
Меня рукою собственной
В тележку запрягал;
Достиг я резвой младости:
Приехал в отпуск князюшка
И, подгулявши, выкупал

Es ist, als käme er erneut
zu Kräften: Jagden und Musik,
schlägt sein Gesinde mit dem Stock,
zitiert die Bauern ran.

Mit dem Gesinde wurden sie
schnell einig, das ist sonnenklar.
Den einen brauchten sie nicht mal
zu überreden: denn der liebt
den Herren wie ein Hund!
(Ihr saht ihn, denn er kam vorhin
mit der Serviette angerannt.)
Ipat heißt er, und als es hieß,
dass wir die Freiheit kriegen solln,
da glaubte er es nicht:
‚Ihr lügt! Der Fürst von Erpel soll
verzichten auf sein Gutsvolk? Nein –
die Arme sind zu kurz!'
Als dann das Manifest erschien,
da sagte er: ‚Macht, was ihr wollt,
tanzt wie die Mäuse auf dem Tisch,
doch ich gehör ihm – Schluss!'
Die Wohltaten des lieben Herrn
vergisst ihm sein Lakai wohl nie!
Wie haben wir gelacht,
wenn aus der Kindheit, Jugendzeit,
sogar aus seinem Alter er
Geschichten uns erzählt'.
(Die musste ich wohl hundert Mal
mir anhörn, wenn ich stundenlang
beim Fürsten wartete):
‚Als ich ein kleiner Junge war,
da spannte mich der kleine Fürst
selbst in sein Wägelchen.
In unsrer wilden Jugendzeit
kam in den Ferien er nach Haus

Меня, раба последнего,
Зимою в проруби!
Да как чудно! Две проруби!
В одну опустит в неводе,
В другую мигом вытянет —
И водки поднесет.
Клониться стал я к старости.
Зимой дороги узкие,
Так часто с князем ездили
Мы гусем в пять коней.
Однажды князь — затейник же! —
И посадил фалетуром
Меня, раба последнего,
Со скрипкой — впереди.
Любил он крепко музыку.
„Играй, Ипат!" А кучеру
Кричит: пошел быстрей!
Метель была изрядная,
Играл я: руки заняты,
А лошадь спотыкливая —
Свалился я с нее!
Ну, сани, разумеется,
Через меня проехали,
Попридавили грудь.
Не то беда: а холодно,
Замерзнешь — нет спасения,
Кругом пустыня, снег...
Гляжу на звезды частые
Да каюсь во грехах.
Так что же, друг ты истинный?
Послышал я бубенчики,
Чу, ближе! чу, звончей!
Вернулся князь (закапали
Тут слезы у дворового,
И сколько ни рассказывал,
Всегда тут плакал он!)

und feierte, und badete
den letzten seiner Sklaven dann
in einem Eisloch. Wundersam:
In einem Netz ließ er mich rein
in so ein Loch, holt' mich im Nu
durchs andre Loch dann wieder raus,
gab mir nen Wodka dann.
Nun bin ich langsam alt und krumm.
Im Winter sind die Wege schmal,
dann laufen bei der Schlittenfahrt
die Pferde nacheinander nur.
Der Fürst, der Spaßvogel, hatt mich,
den letzten seiner Sklaven, mal
als Vorreiter mit Geige auf
das erste Pferd gesetzt.
Er liebt doch die Musik so sehr:
„Los, spiel, Ipat!" Dem Kutscher nun
befahl er: „Schneller, ho!"
Ein Schneesturm! Und so spielte ich
und konnt mich ja nicht festhalten;
das Pferd – es stolperte, ich fiel
hinunter in den Schnee!
Und darauf überfuhr mich dann
der Schlitten, quetschte mir die Brust.
Jedoch nicht das war schlimm:
kalt war's, und wenn man da erfriert,
gibt's keine Rettung mehr ...
Schnee, Wildnis ringsum, und ich schau
hoch zu den Sternen, beichte schon.
Doch da, mein Freund, du glaubst es nicht,
da hör ich Glöckchen, Schellenklang
ganz laut, ganz nah! Mein Fürst, er war
zurückgekehrt! Für mich!'
(Und seine Augen tröpfelten,
an dieser Stelle tropften stets
die Augen des Lakain!)

Одел меня, согрел меня
И рядом, недостойного,
С своей особой княжеской
В санях привез домой!"

Похохотали странники…
Глотнув вина (в четвертый раз),
Влас продолжал: „Наследники
Ударили и вотчине
Челом: „Нам жаль родителя,
Порядков новых, нонешных
Ему не перенесть.
Поберегите батюшку!
Помалчивайте, кланяйтесь,
Да не перечьте хворому,
Мы вас вознаградим:
За лишний труд, за барщину,
За слово даже бранное —
За всё заплатим вам.
Недолго жить сердечному,
Навряд ли два-три месяца,
Сам дохтур объявил!
Уважьте нас, послушайтесь,
Мы вам луга поемные
По Волге подарим;
Сейчас пошлем посреднику
Бумагу, дело верное!"

Собрался мир, галдит!
Луга-то (эти самые),
Да водка, да с три короба
Посулов то и сделали,
Что мир решил помалчивать
До смерти старика.
Поехали к посреднику:
Смеется! „Дело доброе,

‚Und höchstpersönlich nahm er mich,
den Unwürdigen, zu sich hoch
auf seinen Wagen, wärmte mich
und brachte mich nach Haus!'"

Die Wandrer lachen amüsiert,
sie stoßen an (zum vierten Mal!),
und Wlass fährt fort: „Die Erben nun
verneigten sich auch vor dem Dorf,
auf Knien: ‚Vater tut uns leid,
die neue Ordnung, die erträgt,
die überlebt er nicht!
O bitte, schont das Väterchen,
das kranke, schweigt, verneigt euch brav
und widersprecht ihm nicht!
Entlohnen werden wir euch gut:
für jeden Aufwand, für die Fron,
für jedwede Beschimpfungen –
Wir danken's euch gewiss!
Er macht es nicht mehr lange mit,
der Gute – zwei, drei Monate,
so hat's der Doktor uns erklärt!
Oh, bitte tut uns den Gefalln,
gehorcht! – Wir schenken euch dafür
die Auenwiesen – ein Papier
setzen wir auf beim Justitiar
zu eurer Sicherheit!'

Das Dorf versammelte sich, lärmt'!
Drei Körbe voll Versprechungen,
der Wodka und die Wiesen hier
bewirkten dann letztendlich auch,
dass wir beschlossen, still zu sein,
solange bis er endlich stirbt.
Wir fuhrn zum Justitiar:
Der lacht: ‚Das ist ja gut! Es wird

Да и луга хорошие,
Дурачьтесь, бог простит!
Нет на Руси, вы знаете,
Помалчивать да кланяться
Запрета никому!"
Однако я противился:
„Вам, мужикам, сполагоря,
А мне-то каково?
Что ни случится — к барину
Бурмистра! что ни вздумает,
За мной пошлет! Как буду я
На спросы бестолковые
Ответствовать? дурацкие
Приказы исполнять?"

„Ты стой пред ним без шапочки,
Помалчивай да кланяйся,
Уйдешь — и дело кончено.
Старик больной, расслабленный,
Не помнит ничего!"

Оно и правда: можно бы!
Морочить полоумного
Нехитрая статья.
Да быть шутом гороховым,
Признаться, не хотелося.
И так я на веку,
У притолоки стоючи,
Помялся перед барином
Досыта! „Коли мир
(Сказал я, миру кланяясь)
Дозволит покуражиться
Уволенному барину
В останние часы,
Молчу и я — покорствую,

in Russland niemandem verwehrt,
den Mund zu halten, oder auch
zu buckeln! Schließlich sind ja auch
die Auenwiesen nicht so schlecht.
Spielt nur die Trottel, Gott verzeiht's!'
Ich aber wehrte mich:
‚Euch Bauern tut's nicht weh, doch mir!
Zu jedem Anlass heißt es doch:
Holt mir sofort den Stárosta!
Wie's ihm beliebt, tanz ich dann an!
Wie soll ich ständig reagiern
auf Anweisungen sinnlose,
auf Forderungen hirnlose?
Was soll ich damit tun?'

‚Stell dich doch einfach vor ihn hin,
die Mütze ab, verbeug dich sehr,
dann gehst du wieder – und das war's.
Schwach ist der Gutsherr, alt und krank,
weiß hinterher nichts mehr!'

Sie hatten recht: Ich könnt' es tun!
Den geistig schon Umnachteten
zu täuschen, ist nicht schwer!
Doch hab ich, ehrlich, keine Lust
mehr, den Hanswurst zu spieln.
Stand ohnedem mein Lebtag schon
genug an seiner Tür und hab
gedruckst und mich geduckt.
Ich sagte (und verbeugte mich
vor meinen Dorfgenossen) nun:
‚Wenn ihr dem alten Herrn erlaubt,
dass in den letzten Stunden er
noch herrisch sich benimmt,
so widersetze ich mich nicht –

А только что от должности
Увольте вы меня!"

Чуть дело не разладилось.
Да Климка Лавин выручил:
„А вы бурмистром сделайте
Меня! Я удовольствую
И старика, и вас.
Бог приберет Последыша
Скоренько, а у вотчины
Останутся луга.
Так будем мы начальствовать,
Такие мы строжайшие
Порядки заведем,
Что надорвет животики
Вся вотчина... Увидите!"

Долгонько думал мир.
Что ни на есть отчаянный
Был Клим мужик: и пьяница,
И на руку нечист.
Работать не работает,
С цыганами возжается,
Бродяга, коновал!
Смеется над трудящимся:
С работы, как ни мучайся,
Не будешь ты богат,
А будешь ты горбат!
А впрочем, парень грамотный,
Бывал в Москве и Питере,
В Сибирь езжал с купечеством,
Жаль, не остался там!
Умен, а грош не держится,
Хитер, а попадается
Впросак! Бахвал мужик!
Каких-то слов особенных

doch löst in diesem Falle mich
von meinem Amte ab!'

Fast wär nichts draus geworden, hätt
uns Klimka Lawin nicht erlöst:
‚Wählt mich zum Stárosta! Ich will
sowohl den Alten als auch euch
gewiss zufriedenstelln!
Gott holt den Spätling sicher bald
zu sich, und unser Dorf behält
die Auenwiesen dann.
Oh, wird das lustig, wenn wir selbst
die strengsten Regeln machen, selbst
die großen Herren sind!
Am besten lacht, das wisst ihr doch,
der, der als Letzter lacht!'

Sehr lange dachten wir nun nach:
Klim ist nur allzu gut bekannt:
nicht redlich, und ein Trunkenbold
und Draufgänger dazu!
Er spielt den Pferdedoktor, gibt
sich mit Zigeunern ab,
erfand die Arbeit selber nicht,
und lacht, wenn sich ein andrer quält:
‚Die Arbeit bringt euch doch kein Geld,
die Arbeit macht den Rücken krumm,
wer arbeitet, ist dumm!'
Kann schreiben, lesen, ist nicht blöd,
er war schon in den Hauptstädten,
auch nach Sibirien fuhr er schon
mit Kaufleuten, doch blieb er nicht,
dort hätt er bleiben solln!
Ist klug, doch hält den Groschen nicht,
gewieft, doch fliegt er trotzdem auf,
prahlt rum mit großen Worten wie

Наслушался: Атечество,
Москва первопрестольная,
Душа великорусская.
„Я — русский мужичок!"
Горланил диким голосом
И, кокнув в лоб посудою,
Пил залпом полуштоф!

Как рукомойник кланяться
Готов за водку всякому,
А есть казна — поделится,
Со встречным всё пропьет!
Горазд орать, балясничать,
Гнилой товар показывать
С хазового конца.
Нахвастает с три короба,
А уличишь — отшутится
Бесстыжей поговоркою,
Что „за погудку правую
Смычком по роже бьют!"

Подумавши, оставили
Меня бурмистром: правлю я
Делами и теперь.
А перед старым барином
Бурмистром Климку назвали,
Пускай его! По барину
Бурмистр! перед Последышем
Последний человек!

У Клима совесть глиняна,
А бородища Минина,
Посмотришь, так подумаешь,
Что не найти крестьянина
Степенней и трезвей.
Наследники построили

‚die ursprüngliche Residenz',
‚die großrussische Seele' und
auch ‚Zar und Vatalant'.
‚Ein Russe bin ich!', grölt er laut,
wirft in den Nacken seinen Kopf,
säuft eine halbe Flasche aus
in einem Zuge dann.

Verneigt vor jedem sich für Schnaps,
wie'n Waschkrug, aber hat er Geld,
versäuft er's mit dem Ersten, der
dahergelaufen kommt!
Vom faulen Apfel zeigt er nur
die gute Seite vor.
Drei Säcke lügt er einem voll.
Wird er erwischt, dann tut er es
frech ab: ‚Ihr wisst doch selbst:
Dem, der stets nur die Wahrheit geigt,
dem schlägt man hinterher sogleich
die Fiedel um den Kopf!'

Sie dachten nach, beließen mich
als Stárosta, und ich verseh
noch immer dieses Amt.
Dem alten Gutsherrn sagte man,
dass Klimka nun der neue sei.
Nun, soll er Bürgermeister spieln
vorm Gutsherrn! Für den Spätling ist
er nur der letzte Dreck!

Wie Lehm so formbar und so weich
ist Klims Gewissen, doch er sieht
mit seinem Bart wie Mínin aus,
schaut man ihn an, dann scheint er jetzt
die Nüchternheit und Ehrbarkeit
ganz in Person zu sein.

Кафтан ему: одел его —
И сделался Клим Яковлич
Из Климки бесшабашного
Бурмистр первейший сорт.

Пошли порядки старые!
Последышу-то нашему,
Как на беду, приказаны
Прогулки. Что ни день,
Через деревню катится
Рессорная колясочка:
Вставай! картуз долой!
Бог весть с чего накинется,
Бранит, корит; с угрозою
Подступит — ты молчи!
Увидит в поле пахаря
И за его же полосу
Облает: и лентяи-то,
И лежебоки мы!
А полоса сработана,
Как никогда на барина
Не работал мужик,
Да невдомек Последышу,
Что уж давно не барская,
А наша полоса!

Сойдемся — смех! У каждого
Свой сказ про юродивого
Помещика: икается,
Я думаю, ему!
А тут еще Клим Яковлич.
Придет, глядит начальником
(Горда свинья: чесалася
О барское крыльцо!),
Кричит: „Приказ по вотчине!"
Ну, слушаем приказ:

Die Erben gaben Klimka nen
Kaftan – und zieht er diesen an,
dann wird Klim Jakowlitsch sofort
zum ehrenwerten Mann.

Es blieb nun alles wie zuvor,
zu unserm Pech verschrieb der Arzt
dem alten Mann viel frische Luft.
In einem gut gefederten,
bequemen Wägelchen wird er
durchs Dorf gefahren Tag für Tag:
Erheb dich! Mütze ab!
Der Herr beschimpft und rügt uns, droht –
und wir – wir schweigen bloß!
Sieht einen Bauern hinterm Pflug
er gehen, bellt er ihn gleich an,
bezeichnet ihn als Faulenzer,
als Müßiggänger dann.
Und dabei ist das Feld so schön
gepflügt, beackert! Niemals hat
ein Bauer je für seinen Herrn
so gut gearbeitet.
Dem Spätling kommt es gar nicht erst
in seinen Sinn, dass dieses Feld
ihm längst nicht mehr gehört!

Wann immer wir uns treffen – stets
Gelächter! Jeder weiß etwas
vom Gutsherrn, dem verblödeten:
dem klingen manchmal wohl die Ohrn!
Dann kommt als Obrigkeit auch noch
Klim Jakowlitsch hinzu.
(Der Stolz ist doch ein wahres Schwein:
nur allzu gerne schubbert's sich
am Herrentor!) ‚Befehl ans Dorf!'
Wir hören ihn uns an:

„Докладывал я барину,
Что у вдовы Терентьевны
Избенка развалилася,
Что баба побирается
Христовым подаянием,
Так барин приказал:
На той вдове Терентьевой
Женить Гаврилу Жохова,
Избу поправить заново,
Чтоб жили в ней, плодилися
И правили тягло!"
А той вдове — под семьдесят,
А жениху — шесть лет!
Ну, хохот, разумеется!..
Другой приказ: „Коровушки
Вчера гнались до солнышка
Близ барского двора
И так мычали, глупые,
Что разбудили барина, —
Так пастухам приказано
Впредь унимать коров!"
Опять смеется вотчина.
„А что смеетесь? Всякие
Бывают приказания:
Сидел на губернаторстве
В Якутске генерал.
Так на кол тот коровушек
Сажал! Долгонько слушались:
Весь город разукрасили,
Как Питер монументами,
Казненными коровами,
Пока не догадалися,
Что спятил он с ума!"
Еще приказ: „У сторожа,
У ундера Софронова,
Собака непочтительна:

‚Ich hab dem Herrn gemeldet, dass
die Hütte der Terentjewna
zerfallen ist, die arme Frau
von Almosen nur lebt.
Der Herr hat also jetzt befohln,
die Witwe dem Gawriluschka,
dem Shochow zu vermähln,
ihr Haus zu reparieren, dass
sie darin leben und sich mehrn,
und ihre Fron bezahln.'
Die Witwe ist schon siebzig Jahr,
sechs Jahre ist der Bräutigam!
Wir lachen uns halbtot!
Das nächste Mal beschwert er sich:
vor Sonnenaufgang habe man
die Kühe an dem Herrenhof
vorbeigetrieben, und das Vieh,
das dumme, habe so gemuht,
erwacht sei unser Herr davon –
Nun, er befiehlt den Hirten jetzt,
die Kühe zu belehrn!
Und wieder lachten alle laut.
‚Was lacht ihr so? Da habe ich
ganz andere Sachen schon gehört.
Da war zum Beispiel in Jakutsk
der Gouverneur ein General:
und dieser General befahl,
man solle schlecht erzognes Vieh
auf Spieße spießen. Man gehorcht'
recht lange: mit gehenkten Küh'n
war bald die ganze Stadt geschmückt
wie Petersburg mit Statuen.
Doch irgendwann begriffen sie:
Er war nicht bei Verstand.
Einmal befahl der Herr, man soll
den Altgedienten Sofronow

Залаяла на барина,
Так ундера прогнать,
А сторожем к помещичьей
Усадьбе назначается
Еремка!.. „Покатилися
Опять крестьяне со смеху:
Еремка тот с рождения
Глухонемой дурак!

Доволен Клим. Нашел-таки
По нраву должность! Бегает,
Чудит, во всё мешается,
Пить даже меньше стал!
Бабенка есть тут бойкая,
Орефьевна, кума ему,
Так с ней Климаха барина
Дурачит заодно!
Лафа бабенкам! бегают
На барский двор с полотнами,
С грибами, с земляникою:
Всё покупают барыни,
И кормят, и поят!
Шутили мы, дурачились,
Да вдруг и дошутилися
До сущей до беды:
Был грубый, непокладистый
У нас мужик Агап Петров,
Он много нас корил:
„Ай, мужики! Царь сжалился,
Так вы в хомут с охотою…
Бог с ними, с сенокосами!
Знать не хочу господ!..“
Тем только успокоили,
Что штоф вина поставили
(Винцо-то он любил).
Да черт его со временем

sofort entlassen: dessen Hund
der belle, zolle nicht dem Herrn
den nötigen Respekt.
Als neuen Wächter für das Gut
bestimme er Jerjomuschka!
Die Bäuche hielten alle sich:
Jerjomuschka ist von Geburt
ein taubstummer Idiot!

Klim ist zufrieden – hat er doch
ein Amt, das wirklich zu ihm passt.
Er rennt, tut groß, er mischt sich ein,
trinkt auch nicht mehr so viel!
Wir haben hier ein muntres Weib,
Oréfjewna, ist Klimuschkas
Gevatterin und rennt mit ihm,
den Gutsherrn naszuführn.
Die Weiber nutzen das jetzt aus:
Sie schleppen Linnen, Pilze, Beern
zum Hof, die Damen kaufen's ab
und bieten ihnen dann sogar
noch was zu essen an.
Doch haben wir die Scherze wohl
zu weit getrieben – irgendwann
trat dann ein Unglück ein.
Von uns einer, Agap Petrow,
ein grober, sturer Bauersmann,
der warf uns vor: ‚Der Zar hat sich
erbarmt – und ihr? Hängt euch das Joch
alleine um den Hals!
Oh, geht mir mit den Wiesen weg –
ich will die Herren nicht mehr sehn!'
Zur Ruhe kriegten wir ihn nur
mit Wodka (denn den mochte er).
Doch irgendwann geschah es doch,
der Teufel hatt die Hand im Spiel,

Нанес-таки на барина:
Везет Агап бревно
(Вишь, мало ночи глупому,
Так воровать отправился
Лес — среди бела дня!),
Навстречу та колясочка
И барин в ней: „Откудова
Бревно такое славное
Везешь ты, мужичок?.."
А сам смекнул откудова.
Агап молчит: бревешко-то
Из лесу, из господского,
Так что тут говорить!
Да больно уж окрысился
Старик: пилил, пилил его,
Права свои дворянские
Высчитывал ему!

Крестьянское терпение
Выносливо, а временем
Есть и ему конец.
Агап раненько выехал,
Без завтрака: крестьянина
Тошнило уж и так,
А тут еще речь барская,
Как муха неотвязная,
Жужжит под ухо самое...
Захохотал Агап!
„Ах шут ты, шут гороховый!
Никшни!" — да и пошел!
Досталось тут Последышу
За дедов и за прадедов,
Не только за себя.
Известно, гневу нашему
Дай волю! Брань господская
Что жало комариное,

da kam es zum Zusammenstoß:
Agap fuhr Holz vom Wald.
(Der Dummkopf hätte ja auch nachts
zum Holzklau fahren können – nein,
es musst am Tage sein!)
Da kam ihm jenes Wägelchen
entgegen; drinnen saß der Herr:
‚Sag, Mann, wo ist das schöne Holz
auf deiner Fuhre da denn her?'
Der Alte wusste ganz genau,
woher. Agap, der schwieg:
Das Holz war aus dem Herrenwald,
das war ja klar, zu sagen gab's
da nicht mehr allzu viel.
Der Alte biss und nörgelte,
und bohrte, rechnete Agap
die Adelsrechte vor.

Ja, die Geduld des Bauern ist
sehr groß und zäh, doch irgendwann
ist sogar sie vorbei!
Agap war ohne Frühstücksbrot
von früh an auf den Beinen schon,
vor Hunger war ihm sowieso
schon schlecht, und dann dies lästige
Geschmeiß vor seinem Ohr …
Agap begann nun, hohnerfüllt:
‚Du Narr, Hanswurst du alter, du!
Halt deinen Mund!' Er legte los:
Der alte Herr bekam sein Fett,
und nicht nur er – die Ahnen auch,
die Urahnen. O weh!
O weh, wenn losgelassen ist
der Bauernzorn! Denn zürnt der Herr,
dann ist das wie ein Mückenstich.
Doch zürnt der Bauer, ist das wie

Мужицкая — обух!
Опешил барин! Легче бы
Стоять ему под пулями,
Под каменным дождем!
Опешили и сродники,
Бабенки было бросились
К Агапу с уговорами,
Так он вскричал: „Убью!..
Что брага, раскуражились
Подонки из поганого
Корыта… Цыц! Никшни!
Крестьянских душ владение
Покончено. Последыш ты!
Последыш ты! По милости
Мужицкой нашей глупости
Сегодня ты начальствуешь,
А завтра мы Последышу
Пинка — и кончен бал!
Иди домой, похаживай,
Поджавши хвост, по горницам,
А нас оставь! Никшни!..“

„Ты — бунтовщик!“ — с хрипотою
Сказал старик; затрясся весь
И полумертвый пал!
„Теперь конец!“ — подумали
Гвардейцы черноусые
И барыни красивые;
Ан вышло — не конец!

Приказ: пред всею вотчиной,
В присутствии помещика,
За дерзость беспримерную
Агапа наказать.
Забегали наследники
И жены их — к Агапушке,

ein stumpfer Holzbeilhieb.
Der Gutsherr stand da wie erstarrt
Der Alte hätte Steinregen
und Kugelhagel eher noch
ertragen. Ganz erstarrt warn auch
die Erben. Sie versuchten noch,
Agap schnell zu beruhigen.
Doch der schrie rum: ‚Ich bring euch um …!
Ihr Abschaum! Jauche! Stinkend fließt
ihr aus dem Abfallberg!
Halt's Maul und schweig! Vorbei die Zeit,
wo dir das Bäuerlein gehört.
Du Spätling! Spätling! Nur noch dank
der Bauerndummheit spielst du hier
heut noch den großen Herrn!
Und morgen endlich kriegst du dann
den Fußtritt – und das war's!
Sieh zu, dass du nach Hause kommst,
zieh deinen Schwanz ein und spazier
durch deine Stuben, aber lass
uns Bauern jetzt in Ruh!'

‚Du Aufrührer!', kam's heiser noch
vom Alten, dann erbebte er
am ganzen Körper, fiel!
‚Das war's!' – die Hoffnung überkam
die Gardeoffiziere da,
und auch die schönen Damen, doch –
Sie hatten sich geirrt!

Vom Herrn erging Befehl: es sei
für beispiellose Dreistigkeit
Agap zu strafen vor dem Gut,
im Beisein seines Herrn.
Und wieder kamen angerannt
die Erben mit den schönen Fraun

И к Климу, и ко мне!
„Спасите нас, голубчики!
Спасите!" Ходят бледные:
„Коли обман откроется,
Пропали мы совсем!"
Пошел бурмистр орудовать!
С Агапом пил до вечера,
Обнявшись, до полуночи
Деревней с ним гулял,
Потом опять с полуночи
Поил его — и пьяного
Привел на барский двор.
Всё обошлось любехонько:
Не мог с крылечка сдвинуться
Последыш — так расстроился...
Ну, Климке и лафа!

В конюшню плут преступника
Привел, перед крестьянином
Поставил штоф вина:
„Пей да кричи: помилуйте!
Ой, батюшки! ой, матушки!"
Послушался Агап,
Чу, вопит! Словно музыку,
Последыш стоны слушает;
Чуть мы не рассмеялися,
Как стал он приговаривать:
„Ка-тай его, раз-бой-ника,
Бун-тов-щи — ка... Ка-тай!"
Ни дать ни взять под розгами
Кричал Агап, дурачился,
Пока не допил штоф:
Как из конюшни вынесли
Его мертвецки пьяного
Четыре мужика,
Так барин даже сжалился:

zu Klim, Agapuschka und mir:
‚Ach rettet, liebe Leute, uns,
ach rettet uns!' Sie warn ganz blass.
‚Fliegt der Betrug jetzt auf, dann sind
wir alle doch verlorn!'
Klim-Stárosta wurd gleich aktiv:
soff mit Agap die Nacht hindurch,
und wankte Arm in Arm mit ihm
bis Mitternacht durchs Dorf.
Danach gab er Agapuschka
noch mehr vom Schnaps und führte ihn
besoffen hin zum Gut.
Das Ganze lief recht glimpflich ab:
Der Spätling konnte ja nicht weg
von der Veranda, war enttäuscht,
doch Klima war es recht.

Es führte den Verbrecher nun
der Schelm zum Pferdestall des Guts
und stellte Schnaps ihm hin:
‚Trink, sauf, und schrei dabei:
Erbarm, erbarm dich, Väterchen!
Erbarm, erbarm dich, Mütterchen!'
Agap gehorchte, schrie.
Und wie er schrie! Der Alte lauscht'
den Schreien wie Musik.
Fast war es uns zum Lachen, als
er wieder anfing: ‚M-ach ihn pl-att,
den A-ufrüh-rer, den R-äuber daa!'
Als schlüge man mit Knuten ihn,
so schrie Agap, bis irgendwann
die Flasche war geleert.
Dann trugen ihn vier Männer raus,
den Sturzbesoffenen, und da
erfasste selbst den alten Herrn
sowas wie Mitleid, Mitgefühl:

„Сам виноват, Агапушка!" —
Он ласково сказал…"

„Вишь, тоже добрый! сжалился", —
Заметил Пров, а Влас ему:
„Не зол… да есть пословица:
Хвали траву в стогу,
А барина — в гробу!
Всё лучше, кабы бог его
Прибрал… Уж нет Агапушки…"

„Как! умер?"
  — „Да, почтенные:
Почти что в тот же день!
Он к вечеру разохался,
К полуночи попа просил,
К белу свету преставился.
Зарыли и поставили
Животворящий крест…
С чего? Один бог ведает!
Конечно, мы не тронули
Его не только розгами —
И пальцем. Ну а всё ж
Нет-нет — да и подумаешь:
Не будь такой оказии,
Не умер бы Агап!
Мужик сырой, особенный,
Головка непоклончива,
А тут: иди, ложись!
Положим, ладно кончилось,
А всё Агап надумался:
Упрешься — мир осердится,
А мир дурак — доймет!
Всё разом так подстроилось:
Чуть молодые барыни
Не целовали старого,

‚Bist selber schuld, Agapuschka!',
sprach er voll Zärtlichkeit …"

„Wie gütig! Mitgefühl!", so Prow.
„Nun ja – doch kennt ihr ja das Wort:
Den Morgen lobt vorm Abend nicht,
den Herren lobt im Sarg",
erwidert darauf Wlassuschka:
„Gott hätt den Alten holen solln,
anstatt Agapuschka …"

„Wie! Starb er?"
„Ja, Verehrteste:
Er starb noch fast am selben Tag!
Er ächzte abends schon und ließ
den Popen kommen mitternachts,
starb morgens. Wir verbuddelten
ihn dann, und stellten dem Agap
ein Holzkreuz auf sein Grab …
Woran er starb, weiß Gott allein!
Wir haben ihn nicht angerührt –
nicht mit den Knuten und auch nicht
mit Händen. Dennoch denke ich:
Wär jener Vorfall nicht passiert,
dann lebte er wohl noch.
Ein Kerl, so urwüchsig, speziell,
ein unbequemer Kopf, und doch
verlangten alle: Beuge dich!
Wir dachten, alles ginge gut,
Agap dagegen grübelte:
Wenn er sich weigert, zürnt das Dorf,
das Dorf jedoch ist dumm, es macht
die Hölle ihm dann heiß!
Und wie sie alle bettelten:
Womöglich hatten sie ihm auch
ein Scheinchen zugesteckt.

Полсотни, чай, подсунули,
А пуще: Клим бессовестный,
Сгубил его, анафема,
Винищем!..
     Вон от барина
Посол идет: откушали!
Зовет, должно быть, старосту,
Пойду взгляну камедь!"

3

Пошли за Власом странники;
Бабенок тоже несколько
И парней с ними тронулось;
Был полдень, время отдыха,
Так набралось порядочно
Народу — поглазеть.
Все стали в ряд почтительно
Поодаль от господ...

За длинным белым столиком,
Уставленным бутылками
И кушаньями разными,
Сидели господа:
На первом месте — старый князь,
Седой, одетый в белое,
Лицо перекошенное
И — разные глаза.
В петлице крестик беленький
(Влас говорит: Георгия
Победоносца крест).
За стулом в белом галстуке
Ипат, дворовый преданный,
Обмахивает мух.

Vor allem hat der Satan Klim
Agap mit Schnaps kaputtgemacht,
auf dem Gewissen hat er ihn ...
      Seht, da kommt der Lakai!
Er kommt vom Herrn: Man hat gespeist,
zitiert den Stárosta zu sich;
ich gehe hin und schaue mir
mal die Kommedje an!"

3

Die Wandrer, ein paar Weiber noch,
und ein paar Burschen folgen ihm,
denn es ist grade Mittagszeit
und Pause, und so findet sich
manch schaulustiges Völkchen ein,
das nur mal gucken will.
In Reihe stehn sie, ehrfurchtsvoll,
weitab von dem Geschehn ...

Da sitzen nun die Herrschaften
an jenem langen, weißen Tisch,
auf dem jetzt Flaschen allerlei
und edle Speisen stehn.
Ganz oben sitzt der alte Fürst,
das Haar ergraut, die Kleidung weiß,
verschiedne Augen, eins ganz blind,
auch das Gesicht ganz schief.
Im Knopfloch steckt ein weißes Kreuz
(Der Wlass erklärt, dass dies das Kreuz
des siegreichen Sankt Georg sei).
Mit weißem Binder steht Ipat,
sein ältster, treuester Lakai,
dort hinterm Herrenstuhl und scheucht

По сторонам помещика
Две молодые барыни:
Одна черноволосая,
Как свекла губы красные,
По яблоку — глаза!
Другая белокурая,
С распущенной косой,
Ах, косонька! как золото
На солнышке горит!
На трех высоких стульчиках
Три мальчика нарядные,
Салфеточки подвязаны
Под горло у детей.
При них старуха нянюшка,
А дальше — челядь разная:
Учительницы, бедные
Дворянки. Против барина —
Гвардейцы черноусые,
Последыша сыны.

За каждым стулом девочка,
А то и баба с веткою —
Обмахивает мух.
А под столом мохнатые
Собачки белошерстые.
Барчонки дразнят их...

Без шапки перед барином
Стоял бурмистр:

„А скоро ли, —
Спросил помещик, кушая, —
Окончим сенокос?"

„Да как теперь прикажете:
У нас по положению

vom Herrn die Fliegen weg.
Die Damen sitzen bei dem Herrn –
die eine links, die andre rechts.
Brünett die eine, roter Mund
wie rote Rübchen, Äugelein
wie runde Äpfelchen!
Die andere mit blondem Haar,
hat ihren Zopf gelöst.
Was für ein Zopf! Wie pures Gold
er in der Sonne glänzt!
Drei Enkelchen in niedlichen
Gewändern auf den Kinderstühln,
Servietten um den Hals,
die Lehrerin, die Kinderfrau,
die armen alten Hausfräulein,
am Tafelende sitzen dann
des Spätlings Söhne stolz und kühn,
dem Fürsten, ihrem Väterchen,
gerade vis-à-vis.

Und hinter einem jeden Stuhl
ein Mädchen oder Weib mit Zweig
jagt all die Fliegen fort.
Die weißen Hündchen haben sich
vor den drei kleinen Fürstlein schon
verkrochen unterm Tisch.

Der Stárosta steht vor dem Herrn,
die Mütze in der Hand.

 „Und, haben wir die Mahd denn bald
beendet?", so erkundigt sich
beim Essen nun der Herr.

„Wie Ihr befehlt, mein Herr; es sind
drei Tage Frondienst wöchentlich

Три дня в неделю барские,
С тягла: работник с лошадью,
Подросток или женщина,
Да полстарухи в день.
Господский срок кончается…"

„Тсс! тсс! — сказал Утятин-князь,
Как человек, заметивший,
Что на тончайшей хитрости
Другого изловил. —
Какой такой господский срок?
Откудова ты взял его?"
И на бурмистра верного
Навел пытливо глаз.

Бурмистр потупил голову.
„Как приказать изволите!
Два-три денька хорошие,
И сено вашей милости
Всё уберем, бог даст!
Не правда ли, ребятушки?.."
(Бурмистр воротит к барщине
Широкое лицо.)
За барщину ответила
Проворная Орефьевна,
Бурмистрова кума:
„Вестимо так, Клим Яковлич,
Покуда вёдро держится,
Убрать бы сено барское,
А наше — подождет!"

„Бабенка, а умней тебя!"
Помещик вдруг осклабился
И начал хохотать.
„Ха-ха! дурак!.. Ха-ха-ха-ха!
Дурак! дурак! дурак!

pro Stelle festgelegt:
das heißt: pro Tag ein Mann mit Pferd,
ein Bube oder eine Frau,
plus eine halbe Alte noch.
Die Frondienstfrist, die endet ja ..."

„Pst! Pst!", so unterbricht ihn da
der Fürst von Erpel schnell,
als habe Klim er grad ertappt
bei einem raffinierten Trick:
„Sag, was für eine Frondienstfrist?
Wie kommst du denn auf so etwas?",
sein Auge zielt sehr durchdringend
jetzt auf den Stárosta.

Der treue Bürgermeister senkt
den Kopf: „Ganz wie der Herr befiehlt!
Bleibt's Wetter zwei, drei Tage gut,
dann bringen Euer Gnaden Heu,
so Gott befiehlt, wir restlos ein.
Nicht wahr, ihr Leute, ihr?"
(Den Dorfgenossen wendet schnell
er sein Gesicht nun zu.)
Oréfjewna, des Stárostas
Gevatterin, erwidert flink:
„Ja freilich, das, Klim Jakowlitsch,
versteht sich doch von selbst!
Wenn sich das Wetterchen so hält!
Vor allem muss das Heu des Herrn
herein. Das unsre wartet noch!"

„Sieh an! Sieh an! Was für ein Weib!
Ein Weib, doch klüger noch als du!"
Die Zähne bleckt der Gutsherr nun,
fängt an zu lachen: „Ha-ha-ha!
Du Dummkopf! Ha-ha-ha!

Придумали: господский срок!
Ха-ха… дурак! ха-ха-ха-ха!
Господский срок — вся жизнь раба!
Забыли, что ли, вы:
Я божиею милостью,
И древней царской грамотой,
И родом и заслугами
Над вами господин!.."

Влас наземь опускается.
„Что так?" — спросили странники.
„Да отдохну пока!
Теперь не скоро князюшка
Сойдет с коня любимого!
С тех пор, как слух прошел,
Что воля нам готовится,
У князя речь одна:
Что мужику у барина
До светопреставления
Зажату быть в горсти!.."

И точно: час без малого
Последыш говорил!
Язык его не слушался:
Старик слюною брызгался,
Шипел! И так расстроился,
Что правый глаз задергало,
А левый вдруг расширился
И — круглый, как у филина —
Вертелся колесом,
Права свои дворянские,
Веками освященные,
Заслуги, имя древнее
Помещик поминал,
Царевым гневом, божиим
Грозил крестьянам, ежели

Was habt ihr euch da ausgedacht!
Die Frondienstfrist! – Ha-ha-ha-ha!
– Die ist des Sklaven Lebensfrist!
Habt ihr's vergessen: Ich, nur ich!
Von Allerhöchsten Gnaden bin
aufgrund der alten Urkunde
des Zaren, von Geschlecht und Rang
der Herr ich über euch!"

Wlass setzt sich auf den Boden hin.
„Was ist denn?", so die Wanderer.
„Ich ruh so lange aus.
Das Fürstlein lässt jetzt nicht so schnell
sein Steckenpferdchen fahrn. Es gibt,
seitdem die Rede davon war,
dass wir die Freiheit kriegen solln,
ein Thema nur für ihn:
Bis zu dem Ende dieser Welt
soll spürn der Bauer, dass der Herr
fest in der Faust ihn hält!"

So kommt es. Eine Stunde lang
hält nun des Spätlings Rede an:
Die Zunge, die gehorcht nicht mehr,
der Speichel zischt und fliegt umher,
und er gerät ganz außer sich,
sein rechtes Auge schlingert, zuckt
das linke wird auf einmal weit
(ein Uhu-Auge, groß und rund!)
und dreht sich wie ein Rad.
Von Adelsrechten redet er,
geheiligt durch Jahrhunderte,
gedenkt des alten Namens und
auch der Verdienste, und er droht
den Bauern mit des Zaren Zorn
und auch mit Gottes Zorn –

Взбунтуются они,
И накрепко приказывал,
Чтоб пустяков не думала,
Не баловалась вотчина,
А слушалась господ!

„Отцы! — сказал Клим Яковлич,
С каким-то визгом в голосе,
Как будто вся утроба в нем,
При мысли о помещиках,
Заликовала вдруг. —
Кого же нам и слушаться?
Кого любить? надеяться
Крестьянству на кого?
Бедами упиваемся,
слезами упиваемся,
куда нам бунтовать?
Всё ваше, всё господское —
Домишки наши ветхие,
И животишки хворые,
И сами — ваши мы!
Зерно, что в землю брошено,
И овощь огородная,
И волос на нечесаной
Мужицкой голове —
Всё ваше, всё господское!
В могилках наши прадеды,
На печках деды старые
И в зыбках дети малые —
Всё ваше, всё господское!
А мы, как рыбы в неводе,
Хозяева в дому!"

Бурмистра речь покорная
Понравилась помещику:
Здоровый глаз на старосту

nur für den Fall der Rebellion,
befiehlt dem Gutsvolk ausdrücklich:
„Hegt keine Flausen, macht mir ja
auch keinen Unfug, sondern seid
gefügig stets dem Herrn!"

„O Vater!", spricht Klim Jakowlitsch
mit Winselstimme, so als ob
bei dem Gedanken an den Herrn
das Innre seines Wanstes gleich
zu jubiliern beginnt.
„Wem sonst denn soll die Bauernschaft
gehorchen, wen verehrn?
Auf wen solln wir verlassen uns?
Oh, wir berauschen uns am Leid,
wir waschen uns im Tränenfluss,
wozu denn rebelliern?
Euch Herrn gehört doch alles hier:
die altersschwachen Hüttchen, und
die kranken Tiere, und auch wir
gehören alle Euch!
Das Korn im Acker Euer ist,
im Garten das Gemüse und
auf jedem Bauernschädel auch
das ungekämmte Haar. –
Das ist doch alles Herrengut!
Im Grab auch unsre Vorfahren,
die Alten auf den Öfen und
die Kinder in den Wiegen sind
doch Euer, Herrengut!
Wir schwimmen wie die Fischelein
in einem Fischernetz!"

Die kriecherische Rede nun
gefällt dem Gutsbesitzer sehr:
Sein rechtes, gutes Auge blickt

Глядел с благоволением,
А левый успокоился:
Как месяц в небе стал!
Налив рукою собственной
Стакан вина заморского,
„Пей!" — барин говорит.
Вино на солнце искрится,
Густое, маслянистое.
Клим выпил, не поморщился
И вновь сказал: „Отцы!
Живем за вашей милостью,
Как у Христа за пазухой:
Попробуй-ка без барина
Крестьянин так пожить!
(И снова, плут естественный,
Глонул вина заморского.)
Куда нам без господ?
Бояре — кипарисовы,
Стоят, не гнут головушки!
Над ними — царь один!
А мужики вязовые —
И гнутся-то, и тянутся,
Скрипят! Где мат крестьянину,
Там барину сполагоря:
Под мужиком лед ломится,
Под барином трещит!
Отцы! руководители!
Не будь у нас помещиков,
Не наготовим хлебушка,
Не запасем травы!
Хранители! радетели!
И мир давно бы рушился
Без разума господского,
Без нашей простоты!
Вам на роду написано
Блюсти крестьянство глупое,

jetzt wohlwollend zum Stárosta,
das linke Auge kommt zur Ruh,
ganz wie der liebe Mond!
Vom ausländischen Wein gießt er
ein Gläschen eigenhändig ein.
„Trink!", spricht der Gutsbesitzer mild.
Schön satt und ölig blitzt der Wein
im Sommersonnenschein.
Klim trinkt, verzieht nicht das Gesicht.
„Ach, Väterchen!", er darauf spricht:
„Wie Gott in Frankreich leben wir
dank Eurer großen Gnade nur!
Das Bauernvolk versuche doch
zu leben ohne Herrn!"
(Der Schelm nimmt einen weitren Schluck
vom ausländischen, guten Wein.)
„Was wären wir denn ohne Euch?
Wie die Zypressen seid Ihr doch,
steht mit erhobnem Wipfel da,
darüber nur der Zar!
Wir Bauern sind wie Rüstern nur,
wir beugen uns, wir quälen uns,
wir knarren! Wo der Bauer flucht,
da ist der Herr ganz aufgeräumt,
ja, unterm Herrn, da knackt das Eis,
und unterm Bauern bricht's!
O Väterchen, ihr führt uns doch!
Was täten wir nur ohne Euch!
Getreide ernteten wir nicht,
im Stall wär auch kein Heu!
Ihr Gönner, ihr Beschützer, ihr!
Oh, ohne herrschaftlichen Geist,
und ohne unsre Einfalt gäb's
die Welt schon längst nicht mehr!
Euch hat das Schicksal zugedacht,
zu hüten uns! Und unser Los

А нам работать, слушаться,
Молиться за господ!"

Дворовый, что у барина
Стоял за стулом с веткою,
Вдруг всхлипнул! Слезы катятся
По старому лицу.
„Помолимся же господу
За долголетье барина!" —
Сказал холуй чувствительный
И стал креститься дряхлою,
Дрожащею рукой.
Гвардейцы черноусые
Кисленько как-то глянули
На верного слугу;
Однако — делать нечего! —
Фуражки сняли, крестятся.
Перекрестились барыни,
Перекрестилась нянюшка,
Перекрестился Клим…

Да и мигнул Орефьевне:
И бабы, что протискались
Поближе к господам,
Креститься тоже начали,
Одна так даже всхлипнула
Вподобие дворового.
(„Урчи! вдова Терентьевна!
Старуха полоумная!" —
Сказал сердито Влас.)
Из тучи солнце красное
Вдруг выглянуло; музыка
Протяжная и тихая
Послышалась с реки…

ist der Gehorsam, ist's Gebet
für Euer, Herren, Wohl!"

Ein Schluchzer: Das ist der Lakai,
der mit dem Wedel hinterm Stuhl!
Es kullern Tränen über sein
sehr altes Angesicht.
„So lasst zu Gott uns beten nun,
dass unser Herr noch lange leb!",
spricht der gefühlvolle Lakai,
bekreuzigt sich mit zittriger
und altersschwacher Hand.
Die mit den schwarzen Schnauzern nun,
die blicken doch recht säuerlich
den treuen Diener an.
Jedoch – da können sie nichts tun!
Die Mützen nehmen sie vom Kopf,
bekreuzigen sich, ebenso
die Damen und die Kinderfrau,
auch Klim bekreuzigt sich …

… und zwinkert der Oréfjewna
schnell zu, die Weiber drängen sich
noch dichter an die Herrschaft ran,
bekreuzigen sich ebenfalls,
die eine schluchzt sogar noch auf,
genau wie der Lakai.
(„Teréntjewa, das dumme Weib,
die Witwe ist schon ganz verrückt!",
knurrt Wlass da ärgerlich.)
Aus einer Wolke plötzlich schaut
die rote Abendsonne raus,
und leis klingt langsame Musik
herüber dort vom Fluss.

Помещик так растрогался,
Что правый глаз заплаканный
Ему платочком вытерла
Сноха с косой распущенной
И чмокнула старинушку
В здоровый этот глаз.
„Вот! — молвил он торжественно
Сынам своим наследникам
И молодым снохам. —
Желал бы я, чтоб видели
Шуты, врали столичные,
Что обзывают дикими
Крепостниками нас,
Чтоб видели, чтоб слышали…"

Тут случай неожиданный
Нарушил речь господскую:
Один мужик не выдержал —
Как захохочет вдруг!

Задергало Последыша.
Вскочил, лицом уставился
Вперед! Как рысь, высматривал
Добычу. Левый глаз
Заколесил… „Сы-скать его!
Сы-скать бун-тов-щи-ка!"

Бурмистр в толпу отправился;
Не ищет виноватого,
А думает: как быть?
Пришел в ряды последние,
Где были наши странники,
И ласково сказал:
„Вы люди чужестранные,
Что с вами он поделает?
Подите кто-нибудь!"

Wie ist der Gutsherr da gerührt,
ein Tränchen mit dem Tüchlein wischt
aus seinem rechten Auge ihm
die Schwiegertochter nun ganz flink,
die mit dem aufgelösten Zopf,
auf das gesunde Auge setzt
sie dann noch einen Schmatz.
„Dies hier", spricht zu den Söhnen jetzt,
und zu den Schwiegertöchtern er
in feierlichem Ton:
„Dies sollten mal die Narren hörn
in Moskau, jene Lügner, die
uns wüste Fronherrn schimpfen – ooh!
Dies sollten sie mal sehn …!"

Ein unerhörter Vorfall stört
die Ansprache mit einem Mal:
da kann ein Bauer sich nicht mehr
beherrschen und platzt los!

Der Spätling fängt zu zucken an,
springt auf, reckt sein Gesicht nach vorn,
späht nach der Beute wie ein Luchs.
Das linke Auge rollt schon los
„Wer war d-as? Fin-det den Re-belln!
Dann her zu m-ir mit i-hm!"

Der Stárosta begibt sich nun
ins Volk – sucht keinen Schuldigen,
fragt nur: „Was soll ich tun?"
Kommt in die hintre Reihe dann,
da stehen unsre Wanderer,
ganz freundlich fragt er sie:
„Ihr seid doch Fremde, euch kann er
nichts anhaben, kann einer uns
nicht den Gefallen tun?"

Замялись наши странники,
Желательно бы выручить
Несчастных вахлаков,
Да барин глуп: судись потом,
Как влепит сотню добрую
При всем честном миру!
„Иди-ка ты, Ромáнушка! —
Сказали братья Губины. —
Иди! ты любишь бар!"
„Нет, сами вы попробуйте!"
И стали наши странники
Друг дружку посылать.
Клим плюнул. „Ну-ка, Власушка,
Придумай, что тут сделаем?
А я устал; мне мочи нет!"

„Ну, да и врал же ты!"

„Эх, Влас Ильич! где враки-то? —
Сказал бурмистр с досадою. —
Не в их руках мы, что ль?..
Придет пора последняя:
Заедем все в ухаб,
Не выедем никак,
В кромешный ад провалимся,
Так ждет и там крестьянина
Работа на господ!"

„Что ж там-то будет, Климушка?"

„А будет что назначено:
Они в котле кипеть,
А мы дрова подкладывать!"

(Смеются мужики.)

Die Wandrer drucksen, würden ja
den Dummersdorfern helfen, doch
kriegt der Idiot es fertig und
versetzt ihm vor dem ganzen Dorf
einhundert Schläge noch!
Wer hat schon Lust, vorm Richter sich
zu streiten dann im Nachhinein?
„Geh du, Romanuschka, du liebst
die Herren doch!", die Gubins da.
„Nein, danke! Ihr könnt selber gehn!"
Die sieben Wandrer schicken sich
nun gegenseitig los.
Klimacha spuckt jetzt aus: „Nun, Wlass,
denk du dir aus, was wir jetzt tun,
Ich weiß es nicht, bin's müd!"

„Hast ihm die Hucke ja ganz schön
auch vollgelogen, Klim!"

„Was heißt gelogen, Wlass Iljitsch?",
meint Klim jetzt traurig: „Haben die
uns nicht in ihrer Hand?
Wenn unser letztes Stündlein schlägt,
wir in die Grube fahrn, was dann?
Wir fallen in die schlimmste Höll,
der Bauer schuftet wieder nur
für all die Herren dort!"

„Wie kommst du darauf, Klimuschka?"

„Die werden, wie sie es verdient,
im Kessel schmorn. Das Feuerholz,
das legen wir dann nach!"

(Und wieder lachen alle Mann.)

Пришли сыны Последыша:
„Эх! Клим-чудак! до смеху ли?
Старик прислал нас; сердится,
Что долго нет виновного…
Да кто у вас сплошал?"

„А кто сплошал, и надо бы
Того тащить к помещику,
Да всё испортит он!
Мужик богатый… Питерщик…
Вишь, принесла нелегкая
Домой его на грех!
Порядки наши чудные
Ему пока в диковину,
Так смех и разобрал!
А мы теперь расхлебывай!"

„Ну… вы его не трогайте,
А лучше киньте жеребий.
Заплатим мы: вот пять рублей…"

„Нет! разбегутся все…"

„Ну, так скажите барину,
Что виноватый спрятался".

„А завтра как? Забыли вы
Агапа неповинного?"

„Что ж делать?.. Вот беда!"

„Давай сюда бумажку ту!
Постойте! я вас выручу!" —
Вдруг объявила бойкая
Бурмистрова кума
И побежала к барину,

Des Spätlings Söhne kommen an:
„He, Klim, du Schelm, zum Lachen ist
das nicht! Der Alte schickt uns schon
und wütet: will den Schuldigen ...
Wer schoss denn nun den Bock?"

„Den, der das war, den können wir
zum Herrn nicht schicken – der versaut
uns alles ganz und gar!
Ein reicher Bauer, arbeitet
in Piter, weiß der Teufel auch,
wieso der heimgekommen ist!
Der findet unsre Abmachung
so komisch, lacht halbtot sich nun.
Die Suppe müssen wir allein
jetzt auslöffeln, mein Herr!"

„Nun gut, den Mann, den rührt nicht an,
Lasst doch das Los entscheiden; hier
ist ein Fünfrubelschein ..."

„O nein, die rennen alle weg!"

„Nun, dann erzählt dem Gutsherrn doch,
dass sich der Schuldige versteckt."

„Und dann? Habt ihr vergessen schon,
wie's unserem Agap erging?"

„Was tun? ... Oh, welch Malheur!"

Die muntere Gevatterin
des Bürgermeisters plötzlich ruft:
„Ich gehe! Gebt den Schein nur her!
Bleibt stehen, ich erlöse euch!"
Sie rennt zum Gutsherrn, – bautz! – sie fällt

Бух в ноги: „Красно солнышко!
Прости, не погуби!
Сыночек мой единственный,
Сыночек надурил!
Господь его без разуму
Пустил на свет! Глупешенек:
Идет из бани — чешется!
Лаптишком, вместо ковшика,
Напиться норовит!
Работать не работает,
Знай скалит зубы белые,
Смешлив... так бог родил!
В дому-то мало радости:
Избенка развалилася,
Случается, есть нечего —
Смеется дурачок!
Подаст ли кто копеечку,
Ударит ли по темени —
Смеется дурачок!
Смешлив... что с ним поделаешь?
Из дурака, родименький,
И горе смехом прет!"

Такая баба ловкая!
Орет, как на девишнике,
Целует ноги барину.
„Ну, бог с тобой! Иди! —
Сказал Последыш ласково.
Я не сержусь на глупого,
Я сам над ним смеюсь!"
— „Какой ты добрый!" — молвила
Сноха черноволосая
И старика погладила
По белой голове.
Гвардейцы черноусые
Словечко тоже вставили:

vor seine Füße, weint sehr laut:
„Mein Herr, vergib, mein Sonnenschein!
Stürz mich nicht ins Verderben rein!
Die Dummheit, die beging mein Sohn,
mein einziges mein Kind!
Gott hat ihn einfältig und dumm
erschaffen – und so ist er nun:
Kommt aus der Banja, kratzt sich noch,
statt aus der Kelle trinkt er doch
das Wasser aus dem Schuh!
Taugt nicht zur Arbeit, lacht und lacht,
die weißen Zähne bleckt er, lacht.
Ach, so erschuf ihn Gott!
Welch Last! Selbst wenn die Hütte uns
zusammenfällt, der Dussel lacht!
Wenn nichts zum Essen ist im Haus,
wenn wer ihm ein Kopekchen schenkt,
wenn wer ihm ein paar überzieht –
der kleine Dussel lacht!
Was soll ich bloß dagegen tun?
Ihr wisst doch, Herr: Den Tor erkennt
man an dem Lachen stets!"

So ein gerissnes Weib ist das:
Schreit rum wie auf dem Mädchenmarkt
und küsst dem Herrn die Füß!
„Nun, Gott sei mit dir, geh mit Gott!",
spricht da der Spätling voll Gefühl:
„Ich zürn doch einem Blöden nicht,
darüber lach ich selbst!"
„Wie gütig du doch bist!", ruft da
die eine Schwiegertochter aus,
und streicht dem alten Greis sogar
noch übers weiße Haupt.
Und auch die Offiziere nun
mit ihren Schnauzern loben ihn.

Где ж дурню деревенскому
Понять слова господские,
Особенно Последыша
Столь умные слова?
А Клим полой суконною
Отер глаза бесстыжие
И пробурчал: „Отцы!
Отцы! сыны атечества!
Умеют наказать,
Умеют и помиловать!"

Повеселел старик!
Спросил вина шипучего.
Высоко пробки прянули,
Попадали на баб.
С испугу бабы визгнули,
Шарахнулись. Старинушка
Захохотал! За ним
Захохотали барыни,
За ними — их мужья,
Потом дворецкий преданный,
Потом кормилки, нянюшки,
А там — и весь народ!
Пошло веселье! Барыни,
По приказанью барина,
Крестьянам поднесли,
Подросткам дали пряников,
Девицам сладкой водочки,
А бабы тоже выпили
По рюмке простяку…

Последыш пил да чокался,
Красивых снох пощипывал.
(„Вот так-то! чем бы старому
Лекарство пить, — заметил Влас, —
Он пьет вино стаканами.

Wie soll das dumme Bauernvolk
denn diese Herren nur verstehn,
vor allem all das weise Zeug,
das dieser Spätling sagt?
Die Äugelein, die schamlosen,
wischt Klim sich mit dem Ärmel ab
und brummelt hörbar: „Väterchen,
oh, Vatalandes Sohn!
Gerechte Strafen Ihr verhängt,
doch Gnade übt Ihr auch!"

Der Alte ist jetzt gut gelaunt,
lässt Wein servieren schäumenden.
Die Korken knallen, fliegen weit
bis zu den Weibern hin.
Gekreisch, Geschrei! Die weichen nun
zurück. Der Alte lacht und lacht!
Und nach ihm lachen alle los:
zuerst die Schwiegertöchter wohl,
dann ihre Ehegatten, dann
auch der getreue Hoflakai,
die Ammen und die Kinderfraun,
und schließlich lacht das Volk!
Und lustig wird's! Es reichen jetzt
die Damen auf Geheiß des Herrn
den Bauern auch ein Glas,
den Buben Pfefferkuchen fein,
und süßen Most den Mägdelein,
den Weibern aber geben sie
vom selbstgebrannten Schnaps.

Der Herr stößt nun mit allen an,
kneift seine Schwiegertöchter dann.
(„Tja, das gefällt dem Spätling mehr
als die Arzneien", sagt nun Wlass:
„Der bechert fröhlich vor sich hin.

Давно уж меру всякую
Как в гневе, так и в радости
Последыш потерял.")

Гремит на Волге музыка,
Поют и пляшут девицы —
Ну, словом, пир горой!
К девицам присоседиться
Хотел старик, встал на ноги
И чуть не полетел!
Сын поддержал родителя.
Старик стоял: притопывал,
Присвистывал, прищелкивал,
А глаз свое выделывал —
Вертелся колесом!

„А вы что ж не танцуете? —
Сказал Последыш барыням
И молодым сынам. —
Танцуйте!" Делать нечего!
Прошлись они под музыку.
Старик их осмеял!
Качаясь, как на палубе
В погоду непокойную,
Представил он, как тешились
В его-то времена!
„Спой, Люба!" Не хотелося
Петь белокурой барыне,
Да старый так пристал!

Чудесно спела барыня!
Ласкала слух та песенка,
Негромкая и нежная,
Как ветер летним вечером,
Легонько пробегающий
По бархатной муравушке,

In allen Dingen mittlerweil,
in Zorn und Freude hat der Herr
verlorn das rechte Maß!")

Weithin erschallt jetzt die Musik
dort überm Fluss. – Was für ein Fest!
Es singt und tanzt die Mädchenschar.
Der Greis will zu den Mädchen gehn,
mit ihnen tanzen, er steht auf
und schlägt beinahe hin!
Der Sohn hält seinen alten Herrn,
da steht er nun: Er schnipst und pfeift,
stampft auf der Stelle mit dem Fuß,
und auch sein Auge tanzt und dreht
sich zur Musik im Kreis.

„Was tanzt ihr denn nicht?", fragt der Greis
die Schwiegertöchter, und befiehlt
auch seinen Söhnen: „Tanzt!"
Nun ja, was sollen sie da tun?
Sie tanzen, sie bewegen sich
zu der Musik. Der Alte höhnt,
steht schwankend, so als stünde er
bei Sturm an Deck, erinnert sich,
wie es zu seiner Zeit doch war,
man sich vergnügte da!
„Sing, Ljuba!", doch da ziert sich nun
die Blonde, singt nicht gerne vor.
Der Alte lässt nicht ab.

Dann singt sie: Oh, wie wunderschön!
Das Liedchen streichelt das Gemüt,
klingt leise, zärtlich, liebevoll,
so wie der Sommerabendwind
das samtne grüne Gras berührt,
als spüre man, wie Regen leicht

Как шум дождя весеннего
По листьям молодым!

Под песню ту прекрасную
Уснул Последыш. Бережно
Снесли его в ладью
И уложили сонного.
Над ним с зеленым зонтиком
Стоял дворовый преданный,
Другой рукой отмахивал
Слепней и комаров.
Сидели молча бравые
Гребцы; играла музыка
Чуть слышно... лодка тронулась
И мерно поплыла...
У белокурой барыни
Коса, как флаг распущенный,
Играла на ветру...

„Уважил я Последыша! —
Сказал бурмистр. — Господь с тобой!
Куражься, колобродь!
Не знай про волю новую,
Умри, как жил, помещиком,
Под песни наши рабские,
Под музыку холопскую —
Да только поскорей!
Дай отдохнуть крестьянину!
Ну, братцы! поклонитесь мне,
Скажи спасибо, Влас Ильич:
Я миру порадел!
Стоять перед Последышем
Напасть... язык примелется,
А пуще смех долит.
Глаз этот... как завертится,

im Frühling rauscht, wenn er ganz sanft
die jungen Blätter streift.

Bei diesem schönen Liedchen schläft
der Alte ein. Sie tragen ihn
behutsam zu dem Nachen hin
und legen ihn hinein.
Dort überm Herrn steht sein Lakai,
hält einen kleinen grünen Schirm,
und wedelt mit der rechten Hand
die Mücken von ihm fort.
Die braven Ruderer im Boot
sind still und warten; die Musik
spielt kaum noch hörbar ... und das Boot
legt ab und fährt gemächlich los ...
Wie ein gehisstes Fähnchen spielt
der lose Zopf der blonden Frau
ganz leis im Sommerwind.

„Zum Mund geredet hab ich ihm
genug", sagt Klim: „Gott steh dir bei,
du Fatzke! Deinen Dünkel leb,
verdräng die neue Freiheit nur,
stirb so, wie du gelebt hast, Herr,
bei unserm sklavischen Gesang,
bei unsrer knechtischen Musik,
doch bitte, stirb recht bald!
Lass aufatmen den Bauersmann!
Nun, Brüderchen, verneigt euch mir,
bedank dich bei mir, Wlass Iljitsch:
ich hab's fürs Dorf getan!
Welch Qual, vorm Spätling schönzutun.
So manches Mal schien mir dabei
die Zunge abzufalln.
Noch schwerer, zu verkneifen sich

Беда! Глядишь да думаешь:
„Куда ты, друг единственный?
По надобности собственной
Аль по чужим делам?
Должно быть, раздобылся ты
Курьерской подорожною!.."
Чуть раз не прыснул я.
Мужик я пьяный, ветреный,
В амбаре крысы с голоду
Подохли, дом пустехонек,
А не взял бы, свидетель бог,
Я за такую каторгу
И тысячи рублей,
Когда б не знал доподлинно,
Что я перед последышем
Стою… что он куражится
По воле по моей…"

Влас отвечал задумчиво:
„Бахвалься! А давно ли мы,
Не мы одни — вся вотчина…
(Да… всё крестьянство русское!)
Не в шутку, не за денежки,
Не три-четыре месяца,
А целый век… да что уж тут!
Куда уж нам бахвалиться,
Недаром вахлаки!"

Однако Клима Лавина
Крестьяне полупьяные
Уважили: „Качать его!"
И ну качать… „ура!"
Потом вдову Терентьевну
С Гаврилкой, малолеточком,
Клим посадил рядком

das Lachen. Oh, dies Auge! Nein!
Wenn das sich so zu drehn beginnt,
dann frag ich mich: Woher, wohin?
Rollst du aus eignem Antrieb wohl?
Hast du Befehl? Kurierauftrag?
Wer hat ihn dir erteilt?
Oh, manches Mal war ich davor,
herauszuplatzen. Ja, ich weiß:
Ich bin ein Schlendrian!
Ich trink auch gern, mein Haus ist leer,
selbst Ratten sind verhungert schon
in meiner Scheune. Und trotzdem:
Für tausend Rubel würde ich
nicht auf mich nehmen jene Qual,
wüsst ich nicht, dass der Spätling da
nur so lange noch herrschen kann,
solange ich's erlaub!"

„Tu du nur groß", entgegnet Wlass
sehr nachdenklich: „Doch ich weiß nur
zu gut, was wir erduldeten
(mit uns die ganze Bauernschaft)!
Und nicht zum Scherz, und nicht für Geld!
Und nicht für zwei, drei Monate –
ein ganzes Leben lang!
Und prahln wir jetzt, so nennt man uns
zu Recht Großdummersdorf!"

Die Bäuerlein, sie lassen sich's,
so halb im Suff, trotz alledem
nicht nehmen: Klim, der lebe hoch:
„Kommt, werft ihn hoch! Hurra!"
Klim setzt dann die Terentjewa,
die alte Witwe, auf nen Stuhl,
den kleinen Bub Gawriluschka

И жениха с невестою
Поздравил! Подурачились
Досыта мужики.
Приели всё, всё припили,
Что господа оставили,
И только поздним вечером
В деревню прибрели.
Домашние их встретили
Известьем неожиданным:
Скончался старый князь!
„Как так?" — „Из лодки вынесли
Его уж бездыханного —
Хватил второй удар!"

Крестьяне пораженные
Переглянулись, крестятся…
Вздохнули… Никогда
Такого вздоха дружного,
Глубокого-глубокого
Не испускала бедная
Безграмотной губернии
Деревня Вахлаки…

. . . . . .

Но радость их вахлацкая
Была непродолжительна.
Со смертию Последыша
Пропала ласка барская:
Опохмелиться не дали
Гвардейцы вахлакам!
А за луга поемные
Наследники с крестьянами
Тягаются доднесь.
Влас за крестьян ходатаем,

als Bräutigam gleich neben sie,
und alle gratulieren nun
dem Paar und haben Spaß.
Sie essen, saufen alles aus,
was von dem herrschaftlichen Mahl
noch übrig ist, spät in der Nacht
dann schleichen sie nach Haus.
Zu Hause überrascht sie gleich
die große Neuigkeit:
„Hört, hört! Der alte Fürst ist tot!"
„Wie das?" – „Ihn traf ein zweiter Schlag!
Entseelt schon, leblos hat man ihn
getragen aus dem Boot."

Verblüfft sehn sich die Bauern an,
bekreuzigen sich, holen Luft ...
– noch nie zuvor hat dieses Dorf
im Ahnungslos-Gouvernement,
im Amtsbezirke Trotteln je
gemeinsam, einig, einen so,
so tiefen Seufzer wohl getan
aus tiefstem Inneren ...

. . . . . .

Die Dummersdorfer Freude hielt
nicht lange an: denn nach dem Tod
des Spätlings war es schnell vorbei
mit aller Freundlichkeit.
Die Erben ließen Dummersdorf
sich nicht besinnen, gaben nicht
die Auenwiesen her.
Es hält noch immer an der Streit:
In Moskau und in Petersburg
müht Wlass Iljitsch als Anwalt sich

Живет в Москве... был в Питере...
А толку что-то нет!

(1872)

ПИР НА ВЕСЬ МИР

Посвящается Сергею Петровичу Боткину

Вступление

В конце села Валахчина,
Где житель — пахарь исстари
И частью — смолокур,
Под старой-старой ивою,
Свидетельницей скромною
Всей жизни вахлаков,
Где праздники справляются,
Где сходки собираются,
Где днем секут, а вечером
Целуются, милуются, —
Шел пир, великий пир!
Орудовать по-питерски
Привыкший дело всякое,
Знакомец наш Клим Яковлич,
Видавший благородные
Пиры с речами, спичами,
Затейщик пира был.
На бревна, тут лежавшие,
На сруб избы застроенной
Уселись мужики;
Тут тоже наши странники
Сидели с Власом-старостой

fürs Dorf, jedoch, weiß Gott warum ...
es kommt nichts raus dabei!

(1872)

DAS DORFFEST
Sergej Petrowitsch Botkin gewidmet

Einleitung

Am Ende von Großdummersdorf,
wo immer schon der Ackersmann
auch Holzteersieder war,
bei jenem alten Weidenbaum,
der ganz verschwiegen Zeuge ist
von allem, was geschieht,
wo jedes Fest gefeiert wird,
wo stets das Dorf zusammenkommt,
wo tags sie Sünder züchtigen,
und nachts dann küssen, rumpoussiern,
ist heut ein großes Fest!
Dies Fest auf Petersburger Art
hat der uns gut bekannte Klim,
der Jakowlitsch, erdacht.
Er hat, erfahren, weitgereist,
manch edles Fest schon miterlebt,
mit Rede und mit Speech.
Dort nehmen jetzt die Bauern Platz
auf Balken, die da liegen, um
ein neues Haus zu baun.
Auch unsre sieben setzen sich
(Wie immer sind sie neugierig!)

(Им дело до всего).
Как только пить надумали,
Влас сыну-малолеточку
Вскричал: „Беги за Трифоном!"
С дьячком приходским Трифоном,
Гулякой, кумом старосты,
Пришли его сыны,
Семинаристы: Саввушка
И Гриша; было старшему
Ух девятнадцать лет;
Теперь же протодьяконом
Смотрел, а у Григория
Лицо худое, бледное
И волос тонкий, вьющийся,
С оттенком красноты.
Простые парни, добрые,
Косили, жали, сеяли
И пили водку в праздники
С крестьянством наравне.

Тотчас же за селением
Шла Волга, а за Волгою
Был город небольшой
(Сказать точнее, города
В ту пору тени не было,
А были головни:
Пожар всё снес третьеводни).
Так люди мимоезжие,
Знакомцы вахлаков,
Тут тоже становилися,
Парома поджидаючи,
Кормили лошадей.
Сюда брели и нищие,
И тараторка-странница,
И тихий богомол.

zu Bürgermeister Wlass.
Der schickt schnell seinen Jüngsten los,
als schon das erste Glas gefüllt,
„Lauf hin, sag Trifon schnell Bescheid!"
Der Trifon ist der Küster hier,
und Wlass' Gevatter ist er auch,
ein großer Liederjan.
Er bringt auch seine Söhne mit -
Seminaristen: Sawwuschka,
der ältere, ist neunzehn schon,
und dient als Oberdiakon.
Der zweite Sohn, der Grischenka,
ist blass, er hat ein mageres
Gesicht und rötlich schimmerndes
gelocktes blondes Haar.
Sind einfache und gute Jungs,
sie mähen, säen, ernten mit
den Bauern, trinken feiertags
den Wodka so wie sie.

Gleich hinterm Dorf die Wolga fließt,
und auf der andern Seite liegt
noch eine kleine Stadt.
(Vom Städtchen ist, genau gesagt,
nichts mehr zu sehen – keine Spur!
Verbrannte Scheite schwelen nur,
denn grade vor zwei Tagen hat
ein Brand gewütet dort.)
Auf Durchreise sind Leute hier
(die Dummersdorfer kennen sie),
versorgen ihre Pferde noch
und warten auf den Prahm.
Auch Bettler kommen angepirscht,
ein Pilgerweib, ein schwatzhaftes,
und ein sehr stiller Mönch.

В день смерти князя старого
Крестьяне не предвидели,
Что не луга поемные,
А тяжбу наживут.
И, выпив по стаканчику,
Первей всего заспорили:
Как им с лугами быть?
Не вся ты, Русь, обмеряна
Землицей: попадаются
Углы благословенные,
Где ладно обошлось.
Какой-нибудь случайностью —
Неведеньем помещика,
Живущего вдали,
Ошибкою посредника,
А чаще изворотами
Крестьян — руководителей —
В надел крестьянам изредка
Попало и леску.
Там горд мужик, попробуй-ка
В окошко стукнуть староста
За податью — осердится!
Один ответ до времени:
„А ты леску продай!"
И вахлаки надумали
Свои луга поемные
Сдать старосте — на подати:
Всё взвешено, рассчитано,
Как раз — оброк и подати,
С залишком. „Так ли, Влас?"

„А коли подать справлена,
Я никому не здравствую!
Охота есть — работаю,
Не то — валяюсь с бабою,
Не то — иду в кабак!"

Der alte Fürst ist grade tot,
die Dummersdorfer ahnen nicht,
dass statt der schönen Auen bald
ein Rechtsstreit ihnen droht.
Sie fangen nach dem ersten Glas
gleich an zu diskutiern, was wohl
zu tun sei mit der Au'!
Ach, Russland, deine Ländereien
sind noch nicht alle aufgeteilt:
Es gibt tatsächlich Gegenden
so segensreich, wo es gut lief –
und wo durch Zufall, Unkenntnis
des Gutsherrn, der fernab nur lebt,
wo sich der Justitiar vertat,
meist aber dank der Listigkeit
des Stárosta, dem Dorfe mal
(obwohl – auch das sehr selten nur)
ein Waldstück wurd zuteil.
Dort ist der Bauer selbstbewusst!
Soll ruhig doch der Stárosta
ans Fenster klopfen, um bei ihm
die Steuern zu kassiern!
Da heißt die Antwort erst einmal:
„Verkauf doch was vom Wald!"
Die Dummersdorfer wollen nun
die Wiesen ihrem Stárosta
verpachten: rechnen hin und her –
den Pachtzins gegen Steuerschuld,
mit einem kleinen Überschuss –
„Was meinst du, Onkel Wlass?"

„Ist unsre Steuer abgezahlt,
dann scher ich mich um niemanden!
Ich arbeit nur, wenn mir so ist,
vergnüg mich in der Schenke dann,
vergnüg mich mit nem Weib!"

„Так!" — вся орда вахлацкая
На слово Клима Лавина
Откликнулась, — на подати!
Согласен, дядя Влас?"

„У Клима речь короткая
И ясная, как вывеска,
Зовущая в кабак, —
Сказал шутливо староста. —
Начнет Климаха бабою,
А кончит — кабаком!"

— „А чем же! Не острогом же
Кончать-ту? Дело верное,
Не каркай, пореши!"

Но Власу не до карканья.
Влас был душа добрейшая,
Болел за всю вахлачину —
Не за одну семью.
Служа при строгом барине,
Нес тяготу на совести
Невольного участника
Жестокостей его.
Как молод был, ждал лучшего,
Да вечно так случалося,
Что лучшее кончалося
Ничем или бедой.
И стал бояться нового,
Богатого посулами,
Неверующий Влас.
Не столько в Белокаменной
По мостовой проехано,
Как по душе крестьянина
Прошло обид… до смеху ли?..
Влас вечно был угрюм.

Die Horde aus Großdummersdorf
stimmt Klim aus vollem Halse zu:
„Verpachten, für den Steuerzins!
Was meinst du, Onkel Wlass?"

„O ja, Klims Rede ist so klar,
und knapp, ganz wie ein Aushangschild,
das in die Schenke lockt!",
scherzt Wlass, der Stárosta, darauf:
„Klim fängt mit einem Weibchen an,
und endet dann im Suff!"

„Ja, wo denn sonst? Im Knast doch nicht!
Das ist ein sicheres Geschäft!
Entschließ dich, unk nicht rum!"

Nach Unkenrufen aber steht
Wlass nicht der Sinn. Ein gutes Herz
hat er. Er sorgt fürs ganze Dorf,
nicht für die Seinen nur.
Hatt einst dem strengen Herrn gedient,
und hatte schwer getragen dran,
dass er des Gutsherrn Grausamkeit
zwangsläufig unterstützt'.
Als Wlass noch jung war, hoffte er
auf bessre Zeit, doch kam es dann
stets so: Das Bessre endete
im Unglück oder Nichts.
Was vielversprechend, neu erscheint,
erschreckt und ängstigt nunmehr sehr
den ungläubigen Wlass.
Auf Bauernseelen wird weit mehr
herumgetrampelt noch als auf
den Pflastern jener Kremlstadt,
der weißen – lustig ist das nicht!
Er schaut meist finster drein.

А тут — сплошал старинушка!
Дурачество вахлацкое
Коснулось и его!
Ему невольно думалось:
„Без барщины... без подати....
Без палки... правда ль, господи?"
И улыбнулся Влас.
Так солнце с неба знойного
В лесную глушь дремучую
Забросил луч — и чудо там:
Роса горит алмазами,
Позолотился мох.
„Пей, вахлачки, погуливай!"
Не в меру было весело:
У каждого в груди
Играло чувство новое,
Как будто выносила их
Могучая волна
Со дна бездонной пропасти
На свет, где нескончаемый
Им уготован пир!
Еще ведро поставили,
Галденье непрерывное
И песни начались!
Как, схоронив покойника,
Родные и знакомые
О нем лишь говорят,
Покамест не управятся
С хозяйским угощением
И не начнут зевать, —
Так и галденье долгое
За чарочкой, под ивою,
Всё, почитай, сложилося
В поминки по подрезанным,
Помещичьим „крепям".
К дьячку с семинаристами

Doch jetzt verlässt die Vorsicht Wlass,
die Dummersdorfer Torheit steckt
den alten Mann heut an!
Ganz unwillkürlich denkt er nun:
„Kein Fron ... kein Zins ... und keine Knut' ...
... Mein Gott, ist das denn wirklich wahr?"
Auf einmal lächelt Wlass.
Es ist, als ob ein Sonnenstrahl
ins finstre Waldesdickicht fällt,
und dort ein Wunder dann entsteht:
der Tau erstrahlt juwelengleich,
und golden glänzt das Moos.
„He, Dummersdorfer, singt und trinkt!"
Unfassbar froh ist allen heut
zumute. In der Brust
spielt ein Gefühl, so gänzlich neu,
als habe eine Woge sie
aus einer abgrundtiefen Schlucht
ans Licht gehoben – dorthin, wo
ein Festmahl schon bereitet ist,
unendlich, grenzenlos!
Ein Eimer Wodka noch, und bald
hebt pausenloses Lärmen an,
und es erklingt Gesang!
So reden nach der Beisetzung
Bekannte und Verwandte noch
so lange vom Verstorbenen,
bis endlich auf dem Leichenschmaus
das Fell versoffen ist und bis
zu gähnen man beginnt.
Und so wird dieses Lärmen dort
beim großen alten Weidenbaum,
beim Schnaps, zu einem Leichenmahl
für das beschnittne Herrenrecht,
das alte Sklavenrecht.
Den Küster und die Söhne man

Пристали: „Пой веселую!"
Запели молодцы.
(Ту песню — не народную —
Впервые спел сын Трифона,
Григорий, вахлакам,
И с „Положенья" царского,
С народа крепи снявшего,
Она по пьяным праздникам
Как плясовая пелася
Попами и дворовыми, —
Вахлак ее не пел,
А, слушая, притопывал,
Присвистывал; „веселою"
Не в шутку называл.)

1. Горькое время – горькие песни

Веселая

„Кушай тюрю, Яша!
Молочка-то нет!"
— „Где ж коровка наша?"
— „Увели, мой свет"
Барин для приплоду
Взял ее домой!"
Славно жить народу
На Руси святой!

„Где же наши куры?" —
Девчонки орут.
„Не орите, дуры!
Съел их земский суд;
Взял еще подводу
Да сулил постой…"

bestürmt: „Singt doch das Lustige!"
Die stimmen an das Lied.
(Dies Lied – kein Volkslied – kennen sie
von Grischa, Trifons jüngstem Sohn,
der sang's als Erster vor.
Seit per Gesetz vom Zaren nun
das Joch vom Volk genommen ist,
das alte Leibrecht aufgelöst,
da singen's Popen, Knechte nur
zum fröhlich-feuchten Tanze vor,
der Bauer singt es nicht,
der hört nur zu, er stampft dazu,
pfeift mit, jedoch „das Lustige"
nennt er es nicht zum Scherz.)

1. Bittere Zeiten, bittere Lieder

Das Lustige

„Brotsuppe mit Wasser,
Iss, mein kleiner Bub!
Haben keine Milch mehr!"
„Wo ist unsre Kuh?"
„Unser Gutsherr hat sie
Zu sich weggeholt."
Ach du heil'ges Russland,
Deinem Volk geht's gut!

„Wo sind unsre Hühnchen?
„Mädchen, schrei doch nicht!
Feine Hühnersuppe
Gab's beim Landgericht;
Nahmen Pferd und Wagen
Auch noch als Tribut ..."

*Славно жить народу
На Руси святой!*

*Разломило спину,
А квашня не ждет!
Баба Катерину
Вспомнила — ревет:
В дворне больше году
Дочка... нет родной!
Славно жить народу
На Руси святой!*

*Чуть из ребятишек,
Глядь — и нет детей:
Царь возьмет мальчишек,
Барин — дочерей!
Одному уроду
Вековать с семьей.
Славно жить народу
На Руси святой!*

. . . . . .

Потом свою вахлацкую,
Родную, хором грянули,
Протяжную, печальную —
Иных покамест нет.
Не диво ли? широкая
Сторонка Русь крещеная,
Народу в ней тьма тем,
А ни в одной-то душеньке
Спокон веков до нашего
Не загорелась песенка
Веселая да ясная,
Как ведреный денек.
Не диво ли? не страшно ли?

Ach du heil'ges Russland,
Deinem Volk geht's gut!

„Oh, wie schmerzt der Rücken,
Keine Hilfe da!
Fort ist meine Katja,
Denn der Gutsherr hat
Sie vor einem Jahr schon
In sein Haus geholt!"
Ach du heil'ges Russland,
Deinem Volk geht's gut!

„Kaum hat man die Kinder
Großgezogen, schon
Nimmt der Herr die Tochter
Und der Zar den Sohn!
Bei den Eltern bleiben
Darf nur der Idiot!"
Ach du heil'ges Russland,
Deinem Volk geht's gut!

. . . . . .

Es schmettert dann der Bauernchor
sein eignes, Dummersdorfer Lied –
getragen, traurig klingt's,
denn bessre Lieder gibt's noch nicht.
Wen wundert's? Dieses Russenland,
das christliche, ist groß und weit,
hat Menschen ohne Zahl,
jedoch in keinem Russenherz
seit Anbeginn der Zeiten je
ein ausgelassnes Lied entstand,
so wie ein heitrer Sonnentag,
so fröhlich und so klar.
Sag, wundert's dich, erschreckt es dich?

О время, время новое!
Ты тоже в песне скажешься,
Но как?.. Душа народная!
Воссмейся ж наконец!

Барщинная

Беден, нечесан Калинушка,
Нечем ему щеголять,
Только расписана спинушка,
Да за рубахой не знать.
С лаптя до ворота
Шкура вся вспорота,
Пухнет с мякины живот.

Верченый, крученый,
Сеченый, мученый,
Еле Калина бредет.

В ноги кабатчику стукнется,
Горе потопит в вине,
Только в субботу аукнется
С барской конюшни жене…

. . . . . .

„Ай, песенка!.. Запомнить бы!.."
Тужили наши странники,
Что память коротка,
А вахлаки бахвалились:
„Мы барщинные! С наше-то
Попробуй, потерпи!
Мы барщинные! выросли
Под рылом у помещика;
День — каторга, а ночь?

Oh neue Zeit, du andre Zeit!
Man wird auch dich besingen einst -
vielleicht lacht dann das Russenherz,
und singt ein frohes Lied!

Das Fronlied

Ungekämmt, arm ist Kalinuschka,
Hat nichts zum Protzen, zum Prahln,
Nur unterm Hemd, doch das sieht man nicht,
Ist grün und blau er bemalt.
Ganz und gar durchgewalkt
Vom Bastschuh bis zum Hals,
Bauch von der Spreu aufgebläht.

Durchgebläut, durchgequält,
Durchgeklopft, durchgedreht,
Schleppt sich Kalina dahin.

Bettelt den Wirt in der Schenke an,
Wo er sein Unglück ersäuft,
Samstag erst sieht dann den Pferdeknecht
Endlich zu Haus mal sein Weib ...

. . . . . .

„Ei, was für'n Lied! ... Das müsste man
sich merken!" Es bedauern nun
die Wandrer, ihr Gedächtnis sei
doch einfach viel zu kurz.
Da tun die Dummersdorfer groß:
„Was mussten wir ertragen stets
als Fronbauern des Herrn!
Vor seiner Schnauze wuchsen wir
als Kinder auf! Nur Zwangsarbeit

Что сраму-то! За девками
Гонцы скакали тройками
По нашим деревням.
В лицо позабывали мы
Друг дружку, в землю глядючи,
Мы потеряли речь.
В молчанку напивалися,
В молчанку целовалися,
В молчанку драка шла!.
— „Ну, ты насчет молчанки-то
Не очень! нам молчанка та
Досталась солоней! —
Сказал соседней волости
Крестьянин, с сеном ехавший
(Нужда пристигла крайняя,
Скосил — и на базар!). —
Решила наша барышня
Гертруда Александровна,
Кто скажет слово крепкое,
Того нещадно драть.
И драли же! Покудова
Не перестали лаяться
А мужику не лаяться —
Едино что молчать.
Намаялись! уж подлинно
Отпраздновали волю мы,
Как праздник: так ругалися,
Что поп Иван обиделся
За звоны колокольные,
Гудевшие в тот день.“

Такие сказы чудные
Посыпались... и диво ли?
Ходить далеко за словом
Не надо — всё прописано
На собственной спине.

am Tage. Und dann nachts!
Welch Schande: Nachts ließ sich der Herr
durch Boten unsere Mädchen holn,
mit Troikas kamen sie!
Wir konnten unsre Blicke nicht
vom Boden heben, schämten uns,
erkannten unsre Nachbarn nicht,
ganz sprachlos waren wir!
Wir soffen, schlugen, küssten uns
nur wortlos, schweigend nur."
„Was das betrifft, das war bei uns",
sagt einer aus dem Nachbardorf,
(der grade aus der Not heraus
sein frisches Heu zum Markte fährt):
„... noch schlimmer, uns versalzte man
das Reden ganz und gar!
Gertruda Alexandrowna,
die Herrin, hatte festgelegt,
zu peitschen den erbarmungslos,
der doch einmal ein kräftiges,
ein derbes Wort gebraucht.
Sie peitschten, bis das Fluchen wir
dann ließen. – Wer nicht fluchen darf,
der schweigt – doch welche Qual!
Oh, wie wir die Befreiung dann
gefeiert haben: Was meint ihr!
Wir fluchten, schimpften nicht zu knapp,
sogar Iwan, der Pope, war
gekränkt, denn schließlich läuteten
die Glocken an dem Tag!"

Solch merkwürdige Reden gibt's
in Mengen, und wen wundert es?
Nach Worten suchen sie nicht lang:
Auf ihren Rücken ist das ja
schon alles eingebrannt.

„У нас была оказия, —
Сказал детина с черными
Большими бакенбардами, —
Так нет ее чудней".
(На малом шляпа круглая,
С значком, жилетка красная,
С десятком светлых пуговиц,
Посконные штаны
И лапти: малый смахивал
На дерево, с которого
Кору подпасок крохотный
Всю снизу ободрал.
А выше — ни царапины,
В вершине не побрезгует
Ворона свить гнездо.)
— „Так что же, брат, рассказывай!"
— „Дай прежде покурю!"
Покамест он покуривал,
У Власа наши странники
Спросили: „Что за гусь?"
— „Так, подбегало-мученик,
Приписан к нашей волости,
Барона Синегузина
Дворовый человек,
Викентий Александрович.
С запяток в хлебопашество
Прыгнул! За ним осталася
И кличка: „Выездной".
Здоров, а ноги слабые,
Дрожат; его-то барыня
В карете цугом ездила
Четверкой по грибы…
Расскажет он! послушайте!
Такая память знатная,
Должно быть (кончил староста),
Сорочьи яйца ел."

„Da gab's mal einen Fall bei uns",
Ich würd's nicht glauben, wüsst ich's nicht!"
erzählt ein Mannsbild da
mit Backenbärten groß und schwarz,
trägt mit Kokarde einen Hut,
und eine rote Weste, drauf
ein Dutzend Knöpfe, hell und blank,
doch Bastschuh an den Füßen, und
die Hose ist aus Hanf.
(So wie ein Baum, wo unten schon
die Rinde wurde abgeschält
von einem kleinen Hirtenbub,
so wirkt der ganze Kerl.
Der Baum scheint oben noch gesund,
in seiner Krone würden noch
die Krähen Nester baun.)
„Na dann erzähle!" – „Wartet kurz!"
Indes er raucht, erkundigen
bei Wlass sich schnell die Wanderer:
„Was ist das für ein Kauz?"
„Wikentij Alexandrowitsch,
ein Zugezogner, ist jetzt hier
gemeldet. Er war Kutschlakai
des Herrn von Sinegúsin, hat
schon manches durchgemacht!
Der ist von der Lakaienbank
gehüpft, betreibt jetzt Ackerbau.
Gesund sonst, nur die Beine sind
ganz zittrig, ohne Kraft;
stand immer auf der Kutsche, wenn
die Herrin mit dem Vierspänner
zum Pilzesammeln fuhr …
Der kann vielleicht erzähln!", sagt Wlass.
„Hat ein Gedächtnis wie ein Gaul –
in seinem frühren Leben war
er sicher mal ein Pferd!"

Поправив шляпу круглую,
Викентий Александрович
К рассказу приступил.

Про холопа примерного – Якова верного

Был господин невысокого рода,
Он деревнишку за взятки купил,
Жил в ней безвыездно тридцать три года,
Волъничал, бражничал, горькую пил.
Жадный, скупой, не дружился с дворянами,
Только к сестрице езжал на чаек;
Даже с родными, не только с крестьянами,
Был господин Поливанов жесток;
Дочь повенчав, муженька благоверного
Высек — обоих прогнал нагишом,
В зубы холопа примерного,
Якова верного,
Походя бил каблуком.

Люди холопского звания —
Сущие псы иногда:
Чем тяжелей наказания,
Тем им милей господа.

Яков таким объявился из младости,
Только и было у Якова радости:
Барина холить, беречь, ублажать
Да племяша-малолетка качать.
Так они оба до старости дожили.
Стали у барина ножки хиреть,
Ездил лечиться, да ноги не ожили...
Полно кутить, баловаться и петь!
Очи-то ясные,
Щеки-то красные,

Wikentij Alexandrowitsch
rückt seinen runden Hut zurecht,
fängt zu erzählen an.

Vom vollkommenen Lakaien – Jakow dem Getreuen

War da ein Herr, war von niedrem Geschlechte,
hatte vom Schmiergeld ein Dörfchen gekauft,
herrschte despotisch und soff dreißig Jahre,
geizig und habsüchtig, fand er darauf
keine Kontakte zum Adel, fuhr höchstens
auf einen Tee zu der Schwester. Er war
grausam zu Bauern, gemein zu den Seinen,
peitscht' nach der Hochzeit den Schwiegersohn aus,
jagte die Tochter dann nackend und weinend
mit ihrem Ehemann aus seinem Haus,
gab dem ergebensten seiner Lakaien,
Jakow dem Treuen,
ganz nebenbei einen Tritt ins Gesicht.

Hündischer noch als ein Köter
ist der Lakai ab und an:
liebt seinen Herren für alles,
was dieser Herr ihm getan.

So einer war auch der Jakow: schon immer
konnten zwei Dinge den Jakow erfreuen:
dienen dem Herrn, ihn verhätscheln, verwöhnen,
und Jakows Liebling, den Neffen, betreuen.
So wurden beide recht alt und betagt,
bis dann dem Herrn seine Beine versagt',
kein Sanatorium und keine Arznei
halfen. Gesang und Vergnügen vorbei!
Klar seine Äugelein,
rosig die Wängelein,

Пухлые руки как сахар белы,
Да на ногах — кандалы!

Смирно помещик лежит под халатом,
Горькую долю клянет,
Яков при барине: другом и братом
Верного Якова барин зовет.
Зиму и лето вдвоем коротали,
В карточки больше играли они,
Скуку рассеять к сестрице езжали
Верст за двенадцать в хорошие дни.
Вынесет сам его Яков, уложит,
Сам на долгушке свезет до сестры,
Сам до старушки добраться поможет,
Так они жили ладком — до поры...

Вырос племянничек Якова, Гриша,
Барину в ноги: „Жениться хочу!"
— „Кто же невеста?" — „Невеста — Ариша".
Барин ответствует: „В гроб вколочу!"
Думал он сам, на Аришу-то глядя:
„Только бы ноги господь воротил!"
Как ни просил за племянника дядя,
Барин соперника в рекруты сбыл.
Крепко обидел холопа примерного,
Якова верного,
Барин, — холоп задурил!
Мертвую запил... Неловко без Якова,
Кто ни послужит — дурак, негодяй!
Злость-то давно накипела у всякого,
Благо есть случай: груби, вымещай!
Барин то просит, то песски ругается,
Так две недели прошли.
Вдруг его верный холоп возвращается...
Первое дело — поклон до земли.
Жаль ему, видишь ты, стало безногого:

mollig die Händchen und weiß, doch gefesselt
ist nun der Herr an den Sessel!

Zahm liegt als Trauerkloß er auf dem Sofa,
flucht auf sein bitteres Los.
Jakow ist bei ihm: „Mein Bruder", so preist
leidend der Herr seinen dienstbaren Geist.
Spielen nun Karten, verkürzen die Zeit sich
winters wie sommers, im Frühjahr, im Herbst.
Manchmal, die Eintönigkeit zu vertreiben,
fahren zur Schwester sie jene zwölf Werst.
Jakow, der schleppt ihn auf eigenen Händen
zu seiner Kutsche, nicht eine Minut
lässt er im Stich ihn. So leben sie beide
einträchtig, einmütig – so weit so gut …

Da kam der Neffe des Jakow, der Grischa,
bittend zum Herrn, macht den Buckel schön krumm:
„Heiraten möcht ich!" – „Die Braut?" – „Die Arischa!"
„Das lässt du bleiben, sonst bring ich dich um!"
Hatt selbst ein Auge aufs Mädel geworfen,
gäb ihm doch Gott seine Beine zurück!
Mochte ihn Jakow auch noch so sehr bitten,
zum Militär den Rivalen er schickt'.
So hatt der Herr seinem besten Lakaien,
Jakow dem Treuen,
ganz unaussprechlichen Schmerz zugefügt.
Jakow fiel ganz aus der Rolle, verschwand nun,
soff bis zum Umfallen … fehlte dem Herrn,
konnt seinem Herrn es doch keiner mehr recht tun.
Die ihm noch dienten, beschimpfte, brüskierte,
schmähte der Herr, und die rächten sich dann.
Zwei Wochen gingen ins Land.
Jakow der Treue kam unverhofft wieder,
fiel vor dem Herrn nun ganz reumütig nieder.
Wer sollte sonst wohl den Schwerkranken pflegen?

Кто-де сумеет его соблюсти?
„Не поминай только дела жестокого;
Буду свой крест до могилы нести!"
Снова помещик лежит под халатом,
Снова у ног его Яков сидит,
Снова помещик зовет его братом.
„Что ты нахмурился, Яша?" — „Мутит!"
Много грибков нанизали на нитки,
В карты сыграли, чайку напились,
Ссыпали вишни, малину в напитки
И поразвлечься к сестре собрались.

Курит помещик, лежит беззаботно,
Ясному солнышку, зелени рад.
Яков угрюм, говорит неохотно,
Вожжи у Якова дрожмя дрожат,
Крестится. „Чур меня, сила нечистая! —
Шепчет, — рассыпься!" (мутил его враг),
Едут... Направо трущоба лесистая,
Имя ей исстари: Чертов овраг;
Яков свернул и поехал оврагом,
Барин опешил: „Куда ж ты, куда?"
Яков ни слова. Проехали шагом
Несколько верст; не дорога — беда!
Ямы, валежник; бегут по оврагу
Вешние воды, деревья шумят..
Стали лошадки — и дальше ни шагу,
Сосны стеной перед ними торчат.

Яков, не глядя на барина бедного,
Начал коней отпрягать,
Верного Яшу, дрожащего, бледного,
Начал помещик тогда умолять.
Выслушал Яков посулы — и грубо,
Зло засмеялся: „Нашел душегуба!

Tat's um den Herrn, den geliebten, ihm leid?
„Kannst du mein grausames Handeln vergeben,
trag ich mein Kreuz bis in Ewigkeit!"
Wieder lag hilflos der Herr auf dem Sofa,
wieder saß Jakow bei ihm Tag für Tag,
wiederum nannte ihn der Herr seinen Bruder.
„Sag mir, was grübelst du, Jascha, nur? Sag!"
Wieder ein Sommer und Pilze getrocknet,
eingekocht Himbeeren, Kirschen und Schlehen,
Karten gespielt viel und Tee viel getrunken;
nun sollt's mal wieder zum Schwesterchen gehen.

Freut sich am Wetter der Herr auf dem Wagen,
hat ein Zigarrchen sich angebrannt.
Jakow blickt finster, will kein Wörtchen sagen,
Es zittern die Zügel ihm nur in der Hand.
Er schlägt ein Kreuz. „Böser Geist du, verschwinde!"
Flüstert: „Geh weg, du Versucher, hinfort!"
Weiter sie fahren ... Dort rechts tiefes Dickicht,
Teufelsschlucht — so hieß schon immer der Ort.
Jakow biegt ab, durch die Teufelsschlucht fährt er.
Starr vor Entsetzen der Gutsherr: „Wohin?
Was hast du vor?" Doch der Jakow — kein Wörtchen.
Langsam, im Schritttempo fahrn sie dahin.
Rumpelt der Wagen durch Löcher und Bruchholz,
Wurzeln und Fließe, und laut rauscht der Wald,
irgendwann wollen die Pferdchen nicht weiter,
vor einer Kiefernwand machen sie halt.

Er spannt, den Herrn keines Blickes mehr würdigend,
ab seine Pferde sodann.
Da fleht der Gutsherr den Jakow, den treuen,
bleichen und zitternden, bebenden, an;
Jakow hört seine Versprechungen, lacht
höhnisch und zornig, verzieht dann den Mund:

*Стану я руки убийством марать,
Нет, не тебе умирать!"
Яков на сосну высокую прянул,
Вожжи в вершине ее укрепил,
Перекрестился, на солнышко глянул,
Голову в петлю — и ноги спустил!..*

*Экие страсти господни! висит
Яков над барином, мерно качается.
Мечется барин, рыдает, кричит,
Эхо одно откликается!*

*Вытянув голову, голос напряг
Барин — напрасные крики!
В саван окутался Чертов овраг,
Ночью там росы велики,
Зги не видать! только совы снуют,
Оземь ширяясь крылами,
Слышно, как лошади листья жуют,
Тихо звеня бубенцами.
Словно чугунка подходит — горят
Чьи-то два круглые, яркие ока,
Птицы какие-то с шумом летят,
Слышно, посели они недалеко.
Ворон над Яковом каркнул один.
Чу! их слетелось до сотни!
Ухнул, грозит костылем господин!
Экие страсти господни!*

*Барин в овраге всю ночь пролежал,
Стонами птиц и волков отгоняя,
Утром охотник его увидал.
Барин вернулся домой, причитая:
„Грешен я, грешен! Казните меня!"
Будешь ты, барин, холопа примерного,*

„An dir mach ich mir doch die Finger nicht dreckig,
du bist es nicht, der heut sterben wird, Hund!"
Steigt eine Kiefer hinauf, schlägt ein Kreuz noch,
bindet da oben die Zügel ganz fest,
steckt in die Schlinge den Kopf, in die Sonne
blickt er noch, eh er sich fallen lässt ...

Jakow hängt oben und schaukelt ganz stille.
O Christi Leiden, welch Kreuz, welche Pein!
Da kann der Herr noch so schreien und brüllen,
Antwort bekommt er vom Echo allein.

Gellend der Herr schreit, den Hals hochgereckt,
keiner hört's Heulen und Jammern.
Schwarz in ein Grabtuch gehüllt ist die Schlucht,
eisig vom Nachttau umklammert.
Stockfinster ist es, er spürt nur ganz nahe
Eulen vorbeigleiten auf ihren Schwingen,
hört, wie die Pferde die Blätter zermahlen
hört ihre Schellen leis klingen.
Leuchtend, als käm eine Eisenbahn näher,
starren zwei grellrunde Augen ihn an;
Vogelgeflatter und Rabengekrächze
hört überm hängenden Jakow er dann.
Hunderte sind's wohl, und er ganz allein.
Über ihm sitzen sie, und der Despot
fuchtelt vor Angst mit der Krücke und droht ...
Oh, Christi Leiden, welch Pein!

So lag er ächzend und stöhnt' unablässig,
hielt sich so Wölfe und Vögel vom Leib,
morgens dann brachte ein Jäger ihn heim.
Ganz wie von Sinnen der Herr klagt' indessen:
„Sünder, ich Sünder! Oh, richtet mich hin!"
Nun wirst du, Herr, deinen besten Lakaien,

Якова верного,
Помнить до судного дня!

. . . . . .

„Грехи, грехи, — послышалось
Со всех сторон. — Жаль Якова,
Да жутко и за барина, —
Какую принял казнь!"
— „Жалей!.." Еще прослышали
Два-три рассказа страшные
И горячо заспорили
О том, кто всех грешней.
Один сказал: кабатчики,
Другой сказал: помещики,
А третий — мужики.
То был Игнатий Прохоров,
Извозом занимавшийся,
Степенный и зажиточный
Мужик — не пустослов.
Видал он виды всякие,
Изъездил всю губернию
И вдоль и поперек.
Его послушать надо бы,
Однако вахлаки
Так обозлились, не дали
Игнатью слово вымолвить,
Особенно Клим Яковлев
Куражился: „Дурак же ты!.."
— „А ты бы прежде выслушал…"
— „Дурак же ты…"
       — „И все-то вы,
Я вижу, дураки! —

Вдруг вставил слово грубое
Еремин, брат купеческий,

Jakow den Treuen,
wohl bis zum Jüngsten Gericht nicht vergessen!

. . . . . .

„O Sünde, Sünde!", hört man da
von allen Seiten. „Armer Kerl,
der Jakow, doch der Herr tut mir
auch leid. Gestraft ist er!"
„Was, Mitleid hast du?" Und sie hörn
sich weitere Berichte an,
ganz schreckliche, beginnen dann,
zu streiten, wer von allen denn
der größte Sünder ist!
Der eine sagt, der Schankwirt sei's,
der Nächste sagt, der Gutsherr sei's,
„Der Bauer!", einer dann.
Das sagt Ignati Próchorow,
fährt Fuhren – ein vermögender,
solider Bauersmann,
der keine hohlen Phrasen drischt,
schon viel herumgekommen ist,
und der die Welt schon kennt.
Sie sollten auf ihn hören, doch
so aufgebracht und aufgeheizt
sind alle Bauern schon,
dass er nicht mehr zu Worte kommt;
am lautesten schreit Klimuschka,
Klim Jakowlew: „Du Dummkopf, du!"
„Hör mir doch erstmal zu, du Kerl ..."
„Du Dummkopf ..."
„Wie ich sehe, seid
ihr alle ganz schön dumm!"

Jerjomin spricht dies grobe Wort,
ist seines Zeichens Händler, kommt

Скупавший у крестьян
Что ни попало, лапти ли,
Теленка ли, бруснику ли,
А главное — мастак
Подстерегать оказии,
Когда сбирались подати
И собственность вахлацкая
Пускалась с молотка. —
Затеять спор затеяли,
А в точку не утрафили!
Кто всех грешней? подумайте!"
    — „Ну, кто же? говори!"
— „Известно кто: разбойники!"
А Клим ему в ответ:
„Вы крепостными не были,
Была капель великая,
Да не на вашу плешь!
Набил мошну: мерещатся
Везде ему разбойники;
Разбой — статья особая,
Разбой тут ни при чем!"
— „Разбойник за разбойника
Вступился!" — прасол вымолвил,
А Лавин — скок к нему!
„Молись!" — и в зубы прасола.
„Прощайся с животишками!" —
И прасол в зубы Лавина.
„Ай, драка! молодцы!"
Крестьяне расступилися,
Никто не подзадоривал,
Никто не разнимал.
Удары градом сыпались:
„Убью! пиши к родителям!"
— „Убью! зови попа!"
Тем кончилось, что прасола
Клим сжал рукой, как обручем,

als Aufkäufer zum Bauern hin,
kauft alles, was sich so ergibt:
ein Kälbchen, Bastschuh, Preiselbeern,
vor allem ist ein Meister er
zu nutzen die Gelegenheit,
wenn wieder Steuern fällig sind
und eines Bauern Eigentum
dann untern Hammer kommt.
„Da brecht ihr einen Streit vom Zaun,
und doch kommt keiner auf den Punkt!
Denkt doch mal nach: Wer sündigt wohl
am meisten?"
　„Sag schon, wer?"
„Das ist doch klar: Die Räuber sind's!"
Doch sagt ihm Klim darauf:
„Ihr wart doch keine Leibeignen,
groß war der bittere Kelch, jedoch
nicht ihr habt ihn geleert!
Hat sich den Geldsack vollgestopft
und siehe da: jetzt sieht er schon
die Räuber lauern überall.
Raub hat mit dem hier nichts zu tun,
da reden wir nicht von!"
„Ein Räuber schützt den anderen!",
kaum hat der Händler dies gesagt,
gibt Lawin – zack! – ihm eins aufs Maul:
„Pass auf, dein letztes Stündlein schlägt …!"
Der Aufkäufer schlägt gleich zurück.
„Die prügeln sich! Nur zu!"
Die Bauern bilden einen Kreis,
doch keiner treibt die beiden an,
und keiner mischt sich ein.
Die Fäuste fliegen Schlag auf Schlag:
„Ich bring dich um! Den Priester ruf!"
„Mach schnell dein Testament!"
Die Sache endet schließlich so:

Другой вцепился в волосы
И гнул со словом „кланяйся"
Купца к своим ногам.
„Ну, баста!" — прасол вымолвил.
Клим выпустил обидчика,
Обидчик сел на бревнышко,
Платком широким клетчатым
Отерся и сказал:
„Твоя взяла! не диво ли?
Не жнет, не пашет — шляется
По коновальской должности.
Как сил не нагулять?"
(Крестьяне засмеялися.)
— „А ты еще не хочешь ли?" —
Сказал задорно Клим.
„Ты думал, нет? Попробуем!"
Купец снял чуйку бережно
И в руки поплевал.

„Раскрыть уста греховные
Пришел черед: прислушайте!
И так вас помирю!" —
Вдруг возгласил Ионушка,
Весь вечер молча слушавший,
Вздыхавший и крестившийся,
Смиренный богомол.
Купец был рад; Клим Яковлев
Помалчивал. Уселися,
Настала тишина.

2. Странники и богомольцы

Бездомного, безродного
Немало попадается

Klim hat den Mann im Würgegriff,
fest wie in einem Eisenring,
und drückt ihn runter: „Beuge dich!"
Der krallt sich in sein Haar.
„Nu, basta!", keucht der Aufkäufer
zu guter Letzt. Klim lässt ihn los.
Der setzt sich, wischt den Schweiß sich ab
mit einem großkarierten Tuch
und sagt: „Du bist der Stärkere!
Kein Wunder auch – du ackerst nicht,
du pflügst nicht, spielst den Rossarzt nur
den lieben langen Tag!
So kommt man gut zu Kräften wohl!"
(Die Bauern lachen fröhlich los.)
„Willst du noch mehr?", fragt Klimuschka.
„Du glaubst ja wohl, ich kann nicht mehr!"
In seine Hände spuckt der Mann
und zieht den Mantel aus.

„Die Lippen öffnen muss ich wohl,
die sündigen: Hört mir nur zu!
Versöhnen werd ich euch!",
ruft da auf einmal Jonuschka,
der demütige Pilgersmann,
der schweigend zugehört, geseufzt
und sich bekreuzigt hat.
Der Aufkäufer ist froh, und Klim
hält seinen Mund. Sie setzen sich
und es wird still ringsum.

2. *Die Pilger und die Frommen*

„Man sieht im großen Russenland
viel armes und entwurzeltes

Народу на Руси,
Не жнут, не сеют — кормятся
Из той же общей житницы,
Что кормит мышку малую
И воинство несметное:
Оседлого крестьянина
Горбом ее зовут.
Пускай народу ведомо,
Что целые селения
На попрошайство осенью,
Как на доходный промысел,
Идут: в народной совести
Уставилось решение,
Что больше тут злосчастия,
Чем лжи, — им подают.
Пускай нередки случаи,
Что странница окажется
Воровкой; что у баб
За просфоры афонские,
За „слезки богородицы"
Паломник пряжу выманит,
А после бабы сведают,
Что дальше Тройцы-Сергия
Он сам-то не бывал.
Был старец, чудным пением
Пленял сердца народные;
С согласья матерей,
В селе Крутые Заводи
Божественному пению
Стал девок обучать;
Всю зиму девки красные
С ним в риге запиралися,
Оттуда пенье слышалось,
А чаще смех и визг.
Однако чем же кончилось?
Он петь-то их не выучил,

und obdachloses Volk.
Sie säen nicht, sie mähen nicht,
und jene große Kornkammer
ernährt sie mit, die auch die Maus,
und auch den unermesslichen
Soldatenstand ernährt:
Des Bauern Buckel nennt man sie.
Obwohl man es im Volk ja weiß,
dass ganze Dorfgemeinschaften
im Herbst auf Betteltouren gehn,
als sei es ein Gewerbe nur,
so hat das Volksgewissen doch
sein Urteil so gefällt:
Es ist mehr Unglück als Betrug
im Spiel: Drum gibt das Volk auch gern
Almosen. Nun, es kommt zwar vor,
dass sich so eine Pilgerin
als Diebin dann erweist,
ein Pilger Weibern Garn abschwatzt,
für'n Pflänzchen, das angeblich aus
den Tränen der Maria stammt,
die Weiber später dann erfahrn,
dass übers Sergijew-Kloster er
nie rausgekommen ist.
Auch einen alten Pilger gab's,
der sang so schön, dass sein Gesang
die Herzen so gefangen nahm,
und in Krutyje Sáwodi
die Mütter ihm gestatteten,
die Töchter jenen himmlischen
Gesang zu lehrn. Er sperrte sich
mit ihnen in der Scheune ein,
von dort war Singen dann zu hörn,
auch Lachen und Gekichere.
Wie endete das Ganze? Nun,
sie konnten zwar nicht singen, doch

А перепортил всех.
Есть мастера великие
Подлаживаться к барыням:
Сначала через баб
Доступится до девичьей,
А там и до помещицы.
Бренчит ключами, по двору
Похаживает барином,
Плюет в лицо крестьянину,
Старушку богомольную
Согнул в бараний рог!
Но видит в тех же странниках
И лицевую сторону
Народ. Кем церкви строятся?
Кто кружки монастырские
Наполнил через край?
Иной добра не делает,
И зла за ним не видится,
Иного не поймешь.
Знаком народу Фомушка:
Вериги двупудовые
По телу опоясаны
Зимой и летом бос,
Бормочет непонятное,
А жить — живет по-божески:
Доска да камень в головы,
А пища — хлеб один.
Чуден ему и памятен
Старообряд Кропильников,
Старик, вся жизнь которого
То воля, то острог.
Пришел в село Усолово:
Корит мирян безбожием,
Зовет в леса дремучие
Спасаться. Становой
Случился тут, всё выслушал:

verdorben waren sie.
Manch Pilger kann sich gut lieb Kind
bei Damen machen: schafft zuerst
zur Mägdekammer Zutritt sich,
danach zur Herrin, klimpert dann
mit ihren Schlüsseln übern Hof,
als sei er selbst der Herr,
spuckt dann dem Bauern ins Gesicht
und jagt ins Bockshorn frech und dreist
das alte fromme Weib.
Doch kann in diesen Pilgern auch
das Volk die gute Seite sehn:
Wer baut die Kirchen, sorgt dafür,
dass all die Klosterkelche jetzt
gefüllt sind bis zum Rand?
Nun, mancher tut nichts Gutes, doch
tut auch nichts Böses. Und man kann
auch manchen Narren nicht verstehn,
zum Beispiel Fomuschka:
hat Büßerketten, zwei Pud schwer,
um seinen Leib gehängt, und läuft
des Winters barfuß, brabbelt stets
so vor sich hin, doch lebt der Mann
ja gottgefällig – isst nur Brot,
als Lagerstatt hat er ein Brett,
als Kissen einen Stein.
An einen wundersamen Greis
erinnert sich das Volk manchmal:
Kropilnikow war altgläubig,
sein ganzes langes Leben war
mal Freiheit und mal Knast.
Er kam einst in ein Dorf und warf
den Leuten vor, wie gottlos sie
doch lebten, und sie sollten doch
ihm folgen in den tiefen Wald,
Erlösung finden dort.

„К допросу сомустителя!"
Он тоже и ему:
„Ты враг Христов, антихристов
Посланник!" Сотский, староста
Мигали старику:
„Эй, покорись!" Не слушает!
Везли его в острог,
А он корил начальника
И, на телеге стоючи,
Усоловцам кричал:

„Горе вам, горе, пропащие головы!
Были оборваны, — будете голы вы,
Били вас палками, розгами, кнутьями,
Будете биты железными прутьями!.."

Усоловцы крестилися,
Начальник бил глашатая:
„Попомнишь ты, анафема,
Судью ерусалимского!"
У парня, у подводчика,
С испугу вожжи выпали
И волос дыбом стал!
И, как на грех, воинская
Команда утром грянула:
В Устой, село недальное,
Солдатики пришли.
Допросы! усмирение!
Тревога! по сопутности
Досталось и усоловцам:
Пророчество строптивого
Чуть в точку не сбылось.

Вовек не позабудется
Народом Ефросиньюшка,
Посадская вдова:

Der Polizeichef hörte dies
per Zufall: ‚Bringt ihn zum Verhör,
den Hetzer!' Der darauf:
‚Du Christi Feind, Gesandter du
des Antichrist!' Der Stárosta
und auch der Polizist vom Dorf,
die warnten leise: ‚Füg dich doch!'
Doch rügte er vom Wagen aus
den Polizeichef weiter und
rief dann dem Dorfe zu:

‚*Wehe euch, wehe, verlorene Seelen!*
Ihr wart zerlumpt, doch bald werdet ihr nackt sein,
Schlug man mit Stöcken euch, Peitschen und Ruten,
Schlägt man euch bald auch mit eisernen Knuten …!'

Die Leute schlugen Kreuze, und
der Polizeichef prügelte
jetzt den Verkünder: ‚Wirst dich noch
des Richters aus Jerusalem
erinnern! Sei verflucht!'
Dem Burschen auf dem Kutschbock fielen
vor Schreck die Zügel aus der Hand,
ihm sträubte sich das Haar.
Zum Unglück kam am nächsten Tag
im Nachbardorfe Widerborst
dann eine Einheit an.
Verhöre und Sanktionen gab's,
und nebenbei, es passte grad,
erging es nun auch ihrem Dorf
recht übel. Die Vorhersage
des Alten wurde wahr.

Vergessen wird das Volk wohl nie
die Witwe Jefrossinjuschka.
Sie kam, als sei sie gottgesandt:

Как божия посланница
Старушка появляется
В холерные года;
Хоронит, лечит, возится
С больными. Чуть не молятся
Крестьянки на нее...

Стучись же, гость неведомый!
Кто б ни был ты, уверенно
В калитку деревенскую
Стучись! Не подозрителен
Крестьянин коренной,
В нем мысль не зарождается,
Как у людей достаточных,
При виде незнакомого,
Убогого и робкого:
Не стибрил бы чего?
А бабы — те радехоньки.
Зимой перед лучиною
Сидит семья, работает,
А странничек гласит.
Уж в баньке он попарился,
Ушицы ложкой собственной,
С рукой благословляющей,
Досыта похлебал.
По жилам ходит чарочка,
Рекою льется речь.
В избе всё словно замерло:
Старик, чинивший лапотки,
К ногам их уронил;
Челнок давно не чикает,
Заслушалась работница
У ткацкого станка;
Застыл уж на уколотом
Мизинце у Евгеньюшки,
Хозяйской старшей дочери,

In jenen Jahren wütete
im Land die Cholera.
Die Alte pflegte, kümmerte
sich um die Kranken, sie begrub
die Toten; alle Bauersfraun
hier beten fast zu ihr …"

Klopf an, du unbekannter Gast,
wer du auch bist, klopf du nur an,
an jede Bauerntür!
Klopf an! Es ist der Bauer hier,
der einfache, nicht argwöhnisch,
dem kommt erst gar nicht ein Verdacht.
Der kommt nur dem Begüterten
beim Anblick jenes schüchternen
und jammervollen Fremden da:
Ob der vielleicht was klaut?
Die Weiber freuen sich sogar.
Im Winter sitzen alle dann
rund um ein Scheit, ein brennendes,
und die Familie arbeitet,
der Gast jedoch erzählt.
Hat in der Banja schon geschwitzt,
mit seinem eignen Löffel schon
die gute Fischsuppe verspeist,
die segnend eine Hand gereicht,
ein Gläschen Wodka wärmt ihn schon,
da fließt die Rede leicht.
Im Hüttchen alles jetzt erstarrt:
der Alte lässt die Bastschuh falln,
die er grad repariert;
das Weberschiffchen klickt nicht mehr,
die Weberin am Webstuhl lauscht
dem Pilger ganz gespannt;
am Finger von Jewgenjuschka,
dem ältesten der Töchterlein,

Высокий бугорок,
А девка и не слышала,
Как укололась до крови;
Шитье к ногам спустилося,
Сидит — зрачки расширены,
Руками развела…
Ребята, свесив головы
С полатей, не шелохнутся:
Как тюленята сонные
На льдинах за Архангельском,
Лежат на животе.
Лиц не видать, завешены
Спустившимися прядями
Волос — не нужно сказывать,
Что желтые они.
Постой! уж скоро странничек
Доскажет быль афонскую,
Как турка взбунтовавшихся
Монахов в море гнал,
Как шли покорно иноки
И погибали сотнями…
Услышишь шепот ужаса,
Увидишь ряд испуганных,
Слезами полных глаз!
Пришла минута страшная —
И у самой хозяюшки
Веретено пузатое
Скатилося с колен.
Кот Васька насторожился —
И прыг к веретену!
В другую пору то-то бы
Досталось Ваське шустрому,
А тут и не заметили,
Как он проворной лапкою
Веретено потрогивал,
Как прыгал на него

ist, wo sie sich gestochen hat,
geronnen schon das Blut.
Ihr Nähzeug ist herabgerutscht,
das Mädchen hat's nicht mal bemerkt,
sie sitzt, Pupillen schwarz und weit,
mit leeren Händen da.
Ganz oben liegen auf der Bank,
wie Robbenjunge schläfrige
auf Schollen dort am Weißen Meer,
die Kinder bäuchlings, schaun herab
die Köpfe tief gesenkt.
Man kann kaum die Gesichter
sehn – von Strähnen sind die zugehängt,
von blondem, gelbem Haar.
Lausch der Legende, die jetzt grad
der alte Pilgersmann erzählt!
Wie einst auf Athos in die See
der Türke jene Mönche trieb,
die widersetzlich warn;
ergeben gingen sie hinein
ins Wasser; und sie starben dann
zu Hunderten im Meer ...
Kannst du's erschrockne Raunen hörn,
und die entsetzten Augen sehn,
die voller Tränen sind?
Dies ist der schlimmste Augenblick –
da rutscht die pralle Spindel gar
der Bäuerin vom Schoß.
Der Kater Wassjka spitzt die Ohrn –
ein Sprung, schon hat er sie!
Zu andrer Zeit erginge es
dem frechen Katertiere schlecht!
Doch heute merken sie nicht mal,
wie er die Spindel mutwillig
mit seiner Pfote erst berührt,
wie er dann auf die Spindel springt,

И как оно каталося,
Пока не размоталася
Напряденная нить!

Кто видывал, как слушает
Своих захожих странников
Крестьянская семья,
Поймет, что ни работою,
Ни вечною заботою,
Ни игом рабства долгого,
Ни кабаком самим
Еще народу русскому
Пределы не поставлены:
Пред ним широкий путь.
Когда изменят пахарю
Поля старозапашные,
Клочки в лесных окраинах
Он пробует пахать.
Работы тут достаточно,
Зато полоски новые
Дают без удобрения
Обильный урожай.
Такая почва добрая —
Душа народа русского...
О сеятель! приди!..

Иона (он же Ляпушкин)
Сторонушку вахлацкую
Издавна навещал.
Не только не гнушалися
Крестьяне божьим странником,
А спорили о том,
Кто первый приютит его,
Пока их спорам Ляпушкин
Конца не положил:
„Эй! бабы!" выносите-ка

und diese rollt, und rollt, und rollt,
bis der gesponn'ne Faden sich
ganz abgewickelt hat!

Wer sah, wie die Familie
des Bauern jenen Pilgern lauscht,
die ihre Gäste sind, der weiß:
Es ist die harte Arbeit nicht,
die Sorge nicht, die ewige,
und nicht das lange Sklavenjoch,
selbst nicht die Schenke, die dem Volk,
den Menschen Grenzen setzt.
Der weiß: Dem Volk, dem russischen,
eröffnet sich ein weiter Weg!
Wenn's alte Feld dem Bauersmann
nicht mehr Ertrag bringt, sucht er sich
ein neues Stück am Waldesrand,
wo er dann pflügt und sät.
Das macht viel Arbeit, doch dafür
bringt ohne Düngung dieses Land
den üppigsten Ertrag.
Die Seele unsres Volkes ist
solch guter Boden. Doch bislang
liegt dieser Boden leider brach …
Es fehlt der Ackersmann!

Der Jona (Jona Ljápuschkin)
besucht die Dummersdorfer schon
seit vielen, vielen Jahrn.
Und gegen diesen frommen Mann,
den Landstreicher, hegt keiner hier
geringsten Widerwillen.
Im Gegenteil, sie streiten gar,
wer ihm als erstes Obdach gibt,
bis Ljápuschkin den Streit dann selbst
beendet: „Weiber, bringt doch mal

Иконы!" Бабы вынесли;
Пред каждою иконою
Иона падал ниц:
„Не спорьте! дело божие,
Котора взглянет ласковей,
За тою и пойду!"
И часто за беднейшею
Иконой шел Ионушка
В беднейшую избу.
И к той избе особое
Почтенье: бабы бегают
С узлами, сковородками
В ту избу. Чашей полною,
По милости Ионушки,
Становится она.

Негромко и неторопко
Повел рассказ Ионушка
„О двух великих грешниках",
Усердно покрестясь.

О двух великих грешниках

*Господу богу помолимся,
Древнюю быль возвестим,
Мне в Соловках ее сказывал
Инок, отец Питирим.*

*Было двенадцать разбойников,
Был Кудеяр — атаман,
Много разбойники пролили
Крови честных христиан,*

*Много богатства награбили,
Жили в дремучем лесу,*

kurz die Ikonen raus!"
Und langgestreckt wirft Ljápuschkin
vor jede sich dann hin:
„Kein Zank! Dies hier ist Gottesding,
der, die besonders freundlich guckt,
der folge ich ins Haus!"
Dem ärmsten Heiligenbild folgt
dann oft der fromme Mann und geht
zur ärmsten Hütte hin.
Und dieser Hütte widerfährt
besondre Ehre, denn zu ihr
mit Bündeln, Töpfen laufen nun
die Weiber. Diese Hütte wird
dank Jonas Gnade für den Tag
zu einem vollen Kelch.

Ganz ohne Eile, leise jetzt
„Von den zwei großen Sündern" fängt
der Jona zu berichten an,
bekreuzigt sich dabei.

Von den zwei großen Sündern

„Lasst uns erst beten, dann will ich euch
Eine Legende berichten.
Im Kloster Solowki vernahm ich einst
Jene uralte Geschichte.

Warn einst zwölf Räuber: ihr Ataman
Wurd Kudejar nur genannt,
Ach, sie vergossen in Strömen Blut,
Meuchelten manch einen Mann,

Hatten viel Reichtum zusammengeraubt,
Lebten im finsteren Wald,

*Вождь Кудеяр из-под Киева
Вывез девицу-красу.*

*Днем с полюбовницей тешился,
Ночью набеги творил,
Вдруг у разбойника лютого
Совесть господь пробудил.*

*Сон отлетел; опротивели
Пьянство, убийство, грабеж,
Тени убитых являются,
Целая рать — не сочтешь!*

*Долго боролся, противился
Господу зверь-человек,
Голову снес полюбовнице
И есаула засек.*

*Совесть злодея осилила,
Шайку свою распустил,
Роздал на церкви имущество,
Нож под ракитой зарыл.*

*И прегрешенья отмаливать
К гробу господню идет,
Странствует, молится, кается,
Легче ему не стает.*

*Старцем, в одежде монашеской,
Грешник вернулся домой,
Жил под навесом старейшего
Дуба, в трущобе лесной.*

*Денно и нощно всевышнего
Молит: грехи отпусти!*

Holte aus Kiew sich Kudejar
Ein Mädchen von schöner Gestalt.

Tags mit der Schönen vergnügte er sich,
Ging dann auf Raubzug des Nachts,
Irgendwann hat das Gewissen ihm dann
Doch noch zu schaffen gemacht.

Plötzlich zuwider nun waren ihm Raub,
Saufen und Mord ungestraft;
Nachts kamen jetzt all die Schatten zu ihm,
Raubten dem Räuber den Schlaf.

All jene Toten, sie suchten ihn heim.
Doch wehrte sich Kudejar
Anfänglich gegen die Skrupel noch,
Köpfte sein Mädchen sogar.

Irgendwann siegt' sein Gewissen, und er
Trennte sich von seiner Schar,
Schenkte die Beute den Klöstern sodann,
Den Dolch, den vergrub Kudejar.

Wanderte, betete, beichtete nun,
Suchte Vergebung im Land,
Pilgerte bis nach Jerusalem,
Doch keinen Frieden er fand.

Kehrte in einer Mönchskutte heim
Später als sehr alter Mann,
Unter dem Dach einer uralten Eich
Lebte der Sünder alsdann.

Flehte und betete Tag und Nacht:
Herrgott, dem Frevler vergib!

Тело предай истязанию,
Дай только душу спасти!

Сжалился бог и к спасению
Схимнику путь указал:
Старцу в молитвенном бдении
Некий угодник предстал,

Рек „Не без божьего промысла
Выбрал ты дуб вековой,
Тем же ножом, что разбойничал,
Срежь его, той же рукой!

Будет работа великая,
Будет награда за труд;
Только что рухнется дерево —
Цепи греха упадут."

Смерил отшельник страшилище:
Дуб — три обхвата кругом!
Стал на работу с молитвою,
Режет булатным ножом,

Режет упругое дерево,
Господу славу поет,
Годы идут — подвигается
Медленно дело вперед.

Что с великаном поделает
Хилый, больной человек?
Нужны тут силы железные,
Нужен не старческий век!

В сердце сомнение крадется,
Режет и слышит слова:

Foltere, quäle den Leib, o Herr,
Doch meine Seele erlös!

Mitleid bekam der Allmächtige.
Zeigte dem Klausner den Weg,
Und es erschien ihm ein Heiliger,
Als er entrückt im Gebet.

Der gab den Rat ihm: „Kein Zufall war's,
Dass du die Eiche dir wähltest.
Mit deiner eigenen Räuberhand
Fälle sie, bei deiner Seele!

Dir wird Erlösung nur bringen einst
Qual unermesslich und Müh:
Fällt der Baum, bist du erlöst, mein Sohn,
Hast deine Frevel gesühnt."

Drei Mann nur konnten das Ungetüm
Mit ihren Armen umgreifen.
Er grub den Dolch aus, und betete,
Schnitt mit ergebenem Eifer.

Schnitt jenen Baum, dem Allgütigen
Schöpfer sein Loblied er sang.
Jahre vergingen, die Arbeit kam nur
Langsam, sehr langsam voran.

Eiserne Kräfte sind notwendig, solch
Riesen zu Falle zu bringen!
Hinfällig, ausgezehrt war er – zu alt,
um diesen Baum zu bezwingen.

Langsam schleicht Zweifel sich in sein Herz,
Wie er so dasitzt und schnitzt:

„Эй, старина, что ты делаешь?"
Перекрестился сперва,

Глянул — и пана Глуховского
Видит на борзом коне,
Пана богатого, знатного,
Первого в той стороне.

Много жестокого, страшного
Старец о пане слыхал
И в поучение грешнику
Тайну свою рассказал.

Пан усмехнулся: „Спасения
Я уж не чаю давно,
В мире я чту только женщину,
Золото, честь и вино.

Жить надо, старче, по-моему:
Сколько холопов гублю,
Мучу, пытаю и вешаю,
А поглядел бы, как сплю!"

Чудо с отшельником сталося:
Бешеный гнев ощутил,
Бросился к пану Глуховскому,
Нож ему в сердце вонзил!

Только что пан окровавленный
Пал головой на седло,
Рухнуло древо громадное,
Эхо весь лес потрясло.

Рухнуло древо, скатилося
С инока бремя грехов!..

„Alter, erklär mir, was tust du denn da?"
Erst mal bekreuzigt er sich.

Schaut dann nach oben, und dort er erblickt
einen Reiter mit Ross und mit Degen:
Es ist Pan Gluchowski, der reichste und auch
Mächtigste Herr in der Gegend.

Schreckliche, grausame Dinge hat er
Über den Pan schon gehört,
Und sein Geheimnis erzählt er ihm nun,
Hofft, dass er ihn noch bekehrt.

Spöttisch lacht jener: „Auf Rettung hoff
Ich schon seit langem nicht mehr.
Denn für mich zählen auf Erden nur noch
Weib, Wein, viel Geld und viel Ehr.

Wie viele hab ich gequält und gehenkt,
Doch schlaf ich auf meinem Kissen
Ruhig, mein Alter! So lebt es sich leicht:
Ruchlos und ohne Gewissen!"

Plötzlich, welch Wunder, erfassten den Mönch
Zorn und gar grimmige Pein:
Sprang auf den Pan zu und rammte ihm
Den Dolch in das Herze hinein.

Kaum war Gluchowski vom Sattel gefallen,
Fiel auch die Eiche mit Dröhnen.
Das war das Ende des riesigen Baums,
Ringsum ein Beben und Stöhnen!

Von seiner bleiernen Sündenlast
Machte ihn frei der Allmächt'ge!

Господу богу помолимся:
Милуй нас, темных рабов!

3. Старое и новое

Иона кончил, крестится;
Народ молчит. Вдруг прасола
Сердитым криком прорвало:

„Эй вы, тетери сонные!
Па — ром, живей, па-ром!"
— „Парома не докличишься
До солнца! перевозчики
И днем-то трусу празднуют,
Паром у них худой,
Пожди! Про Кудеяра-то…"
— „Паром! пар-ом! пар-ом!"
Ушел, с телегой возится,
Корова к ней привязана —
Он пнул ее ногой;
В ней курочки курлыкают,
Сказал им: „Дуры! цыц!"
Теленок в ней мотается —
Досталось и теленочку
По звездочке на лбу.
Нажег коня саврасого
Кнутом — и к Волге двинулся.
Плыл месяц над дорогою,
Такая тень потешная
Бежала рядом с прасолом
По лунной полосе!
„Отдумал, стало, драться-то?
А спорить — видит — не о чем, —
Заметил Влас. — Ой, господи!

Lasst uns nun beten: der Herrgott, er sei
Gnädig dem finsterem Knechte!"

3. Altes und Neues

Der Jona schließt, bekreuzigt sich;
es schweigt das Volk. Der Aufkäufer
schreit da auf einmal los:

„Verdammt, die Fähre, Schlafmützen,
jetzt ist die Fähre weg!
Hol über, Fährmann, Fährmann, ho!"
„Du rufst umsonst, der kommt nicht mehr,
die haben schon bei Tage Angst,
das Fährboot ist schon altersschwach.
Nun warte doch! Vom Kudejar …"
„Hol über, Fährmann! Ho!"
Er läuft zum Fuhrwerk, macht sich dort
zu schaffen. Eine Kuh hat er
da angebunden, die erhält
zunächst mal einen Tritt.
Im Wagen gackern Hühner laut,
„Den Schnabel haltet, blödes Vieh!"
Und auch das Kalb im Wagen kriegt
von ihm noch einen mit.
Mit seiner Gerte zieht er dann
dem Pferd eins über, fährt zum Fluss.
Der Mond bescheint den Weg dorthin,
und auf dem hellen Streifen tanzt,
begleitet ihn sein Schatten nun.
Oh, lustig sieht das aus!
„Hat sich's wohl überlegt und hat
zum Prügeln, Streiten keine Lust",
meint Wlass. „Der Herren Sünde ist

Велик дворянский грех!"
— „Велик, а всё не быть ему
Против греха крестьянского", —
Опять Игнатий Прохоров
Не вытерпел — сказал.
Клим плюнул. „Эх приспичило!
Кто с чем, а нашей галочке
Родные галченяточки
Всего милей... Ну, сказывай,
Что за великий грех?"

Крестьянский грех

Аммирал — вдовец по морям ходил,
По морям ходил, корабли водил,
Под Ачаковым бился с туркою,
Наносил ему поражение,
И дала ему государыня
Восемь тысяч душ в награждение.
В той ли вотчине припеваючи
Доживает век аммирал-вдовец,
И вручает он, умираючи,
Глебу-старосте золотой ларец.
„Гой, ты, староста! Береги ларец!
Воля в нем моя сохраняется:
Из цепей-крепей на свободушку
Восемь тысяч душ отпускается!"

Аммирал-вдовец на столе лежит...
Дальний родственник хоронить катит.

Схоронил, забыл! Кличет старосту
И заводит с ним речь окольную;
Всё повыведал, насулил ему
Горы золота, выдал вольную...

ihm doch zu groß." – „Doch nicht so schlimm,
als wenn die Bauern sündigen",
hält es Ignati Prochorow
schon wieder nicht mehr aus.
„Ich merk schon, du willst unbedingt
darauf bestehen!" Klim spuckt aus.
„Wie immer auch, der Dohle sind
die Dohlenkinder, das ist klar,
die liebsten … Los, dann rede nur:
Welch Sünde ist so schlimm?"

Der sündige Bauer

War ein Ammiral, ein verwitweter,
übers Meer fuhr er, führte Schiffe er,
dort am Schwarzen Meer kämpft' mit Türken er,
er bekämpfte sie, er besiegte sie.
Zur Belobigung gab die Zarin ihm
zirka achttausend Seelen auf dem Land.
Seine Tage lebt' froh und unbeschwert
bis zum Alter dort jener Ammiral.
Rief den Stárosta, als sein Ende naht',
gab ein Kästchen ihm, ein vergoldetes.
‚Hüt das Kästchen, Gleb, ich vertraue dir!
mein Vermächtnis ist in dem Kästchen hier:
meine Leibeignen sollen frei jetzt sein,
lass achttausend Seeln in die Freiheit rein!'

Auf der Bahre lag nun der Ammiral,
zu begraben ihn ein Verwandter kam.

Der begrub ihn nun, rief den Stárosta,
fing zu reden an, fing zu horchen an,
fand so alles raus, bot dem Gleb sodann
sehr viel Geld und auch seine Freilassung.

Глеб — он жаден был — соблазняется:
Завещание сожигается!

На десятки лет, до недавних дней
Восемь тысяч душ закрепил злодей,
С родом, с племенем; что народу-то!
Что народу-то! С камнем в воду-то!

Всё прощает бог, а Иудин грех
Не прощается.
Ой, мужик! мужик! ты грешнее всех,
И за то тебе вечно маяться!

. . . . . .

Суровый и рассерженный,
Громовым грозным голосом
Игнатий кончил речь.
Толпа вскочила на ноги,
Пронесся вздох, послышалось:
„Так вот он, грех крестьянина!
И впрямь страшенный грех!"
— „И впрямь: нам вечно маяться,
Ох-ох!.." — сказал сам староста,
Опять убитый, в лучшее
Не верующий Влас.
И скоро поддававшийся
Как горю, так и радости,
„Великий грех! великий грех!" —
Da вторил Клим.

Площадка перед Волгою,
Луною освещенная,
Переменилась вдруг.
Пропали люди гордые,

Die Versuchung groß, groß die Geldgier auch:
so verbrannten sie jenes Testament.

Dank dem Bösewicht blieben achttausend
Seelen Leibeigne viele Jahre noch,
Eine schlimme Zeit für sie alle war's:
Um den Hals den Stein, und ins Wasser rein!

Gott verzeiht sehr viel, aber einem nicht,
aber Judas nicht.
Oh, du Bauer, du! Hast gesündigt mehr
als die anderen. Finde niemals Ruh!"

. . . . . .

Mit böser, mit vernichtender,
erregter Stimme schließt nunmehr
Ignati den Bericht.
Die Menge ist ganz aufgewühlt
und aufgebracht, laut seufzen sie:
„Des Bauern Sünde ist fürwahr
das schändlichste Vergehn!"
„Wie wahr: Für immer werden wir
jetzt schmoren. Oh-oh-oh", sagt da
betreten unser Stárosta,
der nicht ans Gute glaubende,
der ungläubige Wlass.
Selbst Klim, der ruft und jammert nun
bekümmert: „Oh, welch schändliches,
welch schändliches Vergehn!"

Und plötzlich wandelt sich der Platz
dort an der Wolga, den der Mond
heut Nacht so hell bescheint.
Wo sind die stolzen Männer jetzt,

С уверенной походкою,
Остались вахлаки,
Досыта не едавшие,
Несолоно хлебавшие,
Которых вместо барина
Драть будет волостной,
К которым голод стукнуться
Грозит: засуха долгая
А тут еще — жучок!
Которым прасол-выжига
Урезать цену хвалится
На их добычу трудную,
Смолу, слезу вахлацкую, —
Урежет, попрекнет:
„За что платить вам много-то?
У вас товар некупленный,
Из вас на солнце топится
Смола, как из сосны!"

Опять упали бедные
На дно бездонной пропасти,
Притихли, приубожились,
Легли на животы;
Лежали, думу думали
И вдруг запели. Медленно,
Как туча надвигается,
Текли слова тягучие.
Так песню отчеканили,
Что сразу наши странники
Упомнили ее:

Голодная

Стоит мужик —
Колышется,

die mit dem selbstbewussten Gang?
Nur Arme sind noch da:
nur Hungerleider, denen selbst
das Salz zum Brote fehlt,
die statt des Herren neuerdings
der Richter prügelt, denen nun
durch den Getreidekäfer und
die lange Dürre dieses Jahr
noch größrer Hunger droht:
Der Aufkäufer kürzt jetzt den Preis
(der Halsabschneider, dieser Schuft!)
für ihr Produkt, ihr mühsames,
den tränengleichen Holzteer – und
er brüstet sich damit:
„Warum sollt ich euch viel bezahln?
Ihr habt doch keine Ausgaben,
der Teer fließt doch von selbst aus euch
wie aus den Kiefern raus!"

Die Armen fallen wieder tief
in einen Abgrund bodenlos,
sie legen still und demutsvoll,
um ihren Hunger nicht zu spürn,
sich auf die Bäuche hin.
So hängen sie den Sorgen nach,
die münden nun in einem Lied.
Wie eine Wolke zieht es auf
so schwer, und doch so eindrucksvoll,
dass es den Wanderern sogleich
in dem Gedächtnis bleibt:

Das Hungrige

Der Bauer steht,
Der Bauer wankt,

*Идет мужик —
Не дышится!*

*С коры его
Распучило,
Тоска-беда
Измучила.*

*Темней лица
Стеклянного
Не видано
У пьяного.*

*Идет — пыхтит,
Идет — и спит,
Прибрел туда,
Где рожь шумит.*

*Как идол стал
На полосу,
Стоит, поет
Без голосу:*

*„Дозрей, дозрей
Рожь-матушка!
Я пахарь твой,
Панкратушка!*

*Ковригу съем
Гора горой,
Ватрушку съем
Со стол большой!*

*Всё съем один,
Управлюсь сам.*

Der Bauer geht,
Der Bauer schwankt.

Sein Gang ist schwer
Und atemlos,
Sein Blick ist leer
Und hoffnungslos.

Er lebt von Spreu,
Und Wurzeln auch,
Von diesem Fraße
Schwillt sein Bauch.

So schleppt er müde
Sich daher,
So hungrig und
So sorgenschwer.

Er schläft und geht
Zum Roggenfeld.
„Ich bin es, ich
Hab dich bestellt!"

Der Roggen schwingt,
Und stimmlos dann
Ein Liedchen singt
Der Bauersmann:

„Ein Blin wie'n Tisch
Ich essen werd,
Und noch ein Brot
Groß wie ein Pferd.

Geb nichts dem Sohn,
Dem Mütterlein!

> *Хоть мать, хоть сын*
> *Проси — не дам!"*

. . . . . .

„Ой, батюшки, есть хочется!" —
Сказал упалым голосом
Один мужик; из пещура
Достал краюху — ест.
„Поют они без голосу,
А слушать — дрожь по волосу!" —
Сказал другой мужик.
И правда, что не голосом —
Нутром — свою „Голодную"
Пропели вахлаки.
Иной во время пения
Стал на ноги, показывал,
Как шел мужик расслабленный,
Как сон долил голодного,
Как ветер колыхал,
И были строги, медленны
Движенья. Спев „Голодную"
Шатаясь, как разбитые,
Гуськом пошли к ведерочку
И выпили певцы.

„Дерзай!" — за ними слышится
Дьячково слово; сын его
Григорий, крестник старосты,
Подходит к землякам.
„Хошь водки?" — „Пил достаточно.
Что тут у вас случилося?
Как в воду вы опущены!..."
— „Мы?.. что ты?.." Насторожились,
Влас положил на крестника
Широкую ладонь.

Das ess ich alles
Ganz allein!"

. . . . . .

„Vor Hunger tut mein Bauch schon weh!",
sagt da ganz resigniert ein Mann,
er kramt im Bastkorb, findet dann
noch eine Rinde; isst.
„Sie singen ohne Stimme, doch
beim Zuhörn läuft es heiß und kalt
den Rücken mir hinab",
sagt dann ein andrer Bauer noch.
Es stimmt: Nicht mit der Stimme sang
das Volk sein Hungerlied – es kam
aus seinem Innersten.
Und als es sang, stand manch ein Mann
ganz langsam auf und führte vor,
wie jener Bauer, schwach und krank
so lief und schwankte, wie im Gehn
der Schlaf ihn übermannt.
Nachdem das Lied gesungen ist,
erhebt sich nun die Sängerschar.
Zerschlagen, müde kommen sie
zum Eimer auf ein Glas.

„He, Kopf hoch!", hörn die Bauern da
ein Küsterwort. Wlass' Patensohn
Grigori kommt da an.
„Willst einen Wodka?" – „Danke, nein,
ich hab genug. Was ist mit euch?
Was steht ihr so bedröppelt da?" -
„Bedröppelt? Wir? ... Ach was!"
Die Bauern sind halt auf der Hut;
nur Wlass legt seine breite Hand
auf seinen Patensohn.

„Неволя к вам вернулася?
Погонят вас на барщину?
Луга у вас отобраны?"
— „Луга-то?.. Шутишь брат!"
— „Так что ж переменилося?"..
Закаркали „Голодную",
Накликать голод хочется?"
— „Никак и впрямь ништо!" —
Клим как из пушки выпалил;
У многих зачесалися
Затылки, шепот слышится:
„Никак и впрямь ништо!"

„Пей вахлачки, погуливай!
Всё ладно, всё по-нашему,
Как было ждано-гадано.
Не вешай головы!"

„По-нашему ли, Климушка?
А Глеб-то?.." Потолковано
Немало: в рот положено,
Что не они ответчики
За Глеба окаянного,
Всему виною: крепь!
„Змея родит змеенышей,
А крепь — грехи помещика,
Грех Якова несчастного,
Грех Глеба родила!
Нет крепи — нет помещика,
До петли доводящего
Усердного раба,
Нет крепи — нет дворового,
Самоубийством мстящего
Злодею своему,

„Ihr seht so aus, als ob man euch
zum Frondienst jagt, die Freiheit und
die Wiesen wieder nahm?"
„Du machst wohl Witze, junger Mann!"
„Ihr seid so anders jetzt! Ihr krächzt
das Hungerlied, als wolltet ihr
den Hunger neu heraufbeschwörn!"
„Nein, überhaupt nicht! Keineswegs!",
so kommt es wie aus der Pistol
geschossen da von Klim.
Die Nacken kratzen sie sich jetzt:
„Nein, gar nicht! Keineswegs!"

„He, Dummersdorfer! Lasst den Kopf
nicht hängen!", meint jetzt Klimuschka.
„Wir haben doch, was wir erhofft,
und was wir angestrebt!"

„Was wir erhofften, Klimuschka?
Und Gleb? Was ist mit dem?"
So reden sie, bis ihnen dann
der Grischa seine Meinung sagt:
Nicht sie sei'n doch verantwortlich
für den verdammten Gleb!
Das Übel war die Leibherrschaft:
„So wie die große Schlange auch
nur Schlangenbrut gebiert,
bewirkte diese Kette einst
all jenen Frevel: den des Herrn,
des unglücklichen Jakow und
des unseligen Gleb.
Jetzt, ohne Kette, wird kein Herr
den Sklaven zur Verzweiflung führn,
wird kein Lakai sich rächen mehr,

Нет крепи — Глеба нового
Не будет на Руси!"

Всех пристальней, всех радостней
Прослушал Гришу Пров:
Осклабился, товарищам
Сказал победным голосом:
„Мотайте-ка на ус!"
— „Так, значит, и „Голодную"
Теперь навеки побоку?
Эй, други! Пой веселую!" —
Клим радостно кричал…
Пошло, толпой подхвачено,
О крепи слово верное
Трепаться: „Нет змеи —
Не будет и змеенышей!"
Клим Яковлев Игнатия
Опять ругнул: „Дурак же ты!"
Чуть-чуть не подрались!
Дьячок рыдал над Гришею:
„Создаст же бог головушку!
Недаром порывается
В Москву, в новорситет!"
А Влас его поглаживал:
„Дай бог тебе и серебра,
И золотца, дай умную,
Здоровую жену!"
— „Не надо мне ни серебра
Ни золота, а дай господь,
Чтоб землякам моим
И каждому крестьянину
Жилось вольготно-весело
На всей святой Руси!" —
Зардевшись, словно девушка,
Сказал из сердца самого
Григорий — и ушел.

indem er sich erhängt;
es wird in Russland nunmehr auch
kein neuer Gleb geborn!"

Ganz angespannt, doch freudig hört
vor allem Prow dem Grischa zu,
er strahlt, sagt siegreich: „Schreibt euch das
schnell hinter eure Ohrn!"
„Dann werfen wir das Hungerlied
für immer über Bord?
He, Leute! Schnell ein lustiges",
schreit Klim da fröhlich … und es geht
jetzt in der Menge jenes Wort,
das von der großen Kette, um:
„Gibt's keine große Schlange mehr,
gibt's auch die Brut nicht mehr!"
Klim Jakowlew hackt wieder mal
auf dem Ignáti rum: „Du Narr!"
Sie prügeln sich beinah!
Der Küster schluchzt: „Mein Grischenka!
Was hat der liebe Gott ihm doch
für einen klugen Kopf geschenkt!
Kein Wunder, er will unbedingt
zur Neu-unisität!"
Wlass streichelt seinen Patensohn:
„Gott geb dir Gold und Edelstein,
und eine schöne Frau!"
„Ach, Gold und Silber brauch ich nicht,
was ich will: Möge Gott der Herr
doch machen, dass im heiligen,
im ganzen Russland-Müttercken
die Menschen leben froh und frei,
die Bauern glücklich sind!"
Errötend wie ein Mägdelein,
aus vollem Herzen Grischa hat's
gesagt – und geht nun fort.

. . . . . .

Светает. Снаряжаются
Подводчики. „Эй, Влас Ильич!
Иди сюда, гляди, кто здесь!" —
Сказал Игнатий Прохоров,
Взяв к бревнам приваленную
Дугу. Подходит Влас,
За ним бегом Клим Яковлев,
За Климом — наши странники
(Им дело до всего):
За бревнами, где нищие
Вповалку спали с вечера,
Лежал какой-то смученный,
Избитый человек;
На нем одежа новая,
Да только вся изорвана,
На шее красный шелковый
Платок, рубаха красная,
Жилетка и часы.

Нагнулся Лавин к спящему,
Взглянул и с криком: „Бей его!"
Пнул в зубы каблуком.
Вскочил детина, мутные
Протер глаза, а Влас его
Тем временем в скулу.
Как крыса прищемленная,
Детина пискнул жалобно —
И к лесу! Ноги длинные,
Бежит — земля дрожит!
Четыре парня бросились
В погоню за детиною,
Народ кричал им: „Бей его!",
Пока в лесу не скрылися
И парни, и беглец.

. . . . . .

Der Tag beginnt. Die Fuhrleute,
die spannen ihre Pferde an.
„He, Wlass Iljitsch! Komm, schau doch mal,
wer hier ist!", ruft Ignáti da,
nach einem Krummholz greift er flink,
das an den Balken lehnt.
Wlass kommt, und auch Klim Jakowlew
läuft hin, und unsre Wanderer
ganz schnell ihm hinterher:
(Wie immer sind sie neugierig!)
Wo nachts die Bettler lagerten,
dort hinterm Balken, liegt ein Kerl.
Erschöpft, verprügelt sieht er aus;
Die Kleidung ist zwar neu, jedoch
zerrissen ist sie schon.
Er trägt ein rotes Seidentuch,
und eine Uhr, ein Westchen hübsch
über dem roten Hemd.
Klim Lawin beugt sich über ihn,
er schaut, dann schreit er: „Prügelt ihn!",
und tritt ihm ins Gesicht.
Der Kerl springt auf, er reibt sich noch
die trüben Augen, Wlass jedoch
haut ihm schon eine rein.
Der Kerl quiekt kläglich, so als hätt
man eine Ratte eingeklemmt,
und ab – schnell in den Wald!
Mit seinen langen Beinen rennt
er so, als ob die Erde bebt!
Vier Burschen hinterdrein.
Die Leute brüllen: „Prügelt ihn!",
solange, bis sie alle fünf
im Wald verschwunden sind.

„Что за мужчина? — старосту
Допытывали странники. —
За что его тузят?"

„Не знаем, так наказано
Нам из села из Тискова,
Что буде где покажется
Егорка Шутов — бить его!
И бьем. Подъедут тисковцы,
Расскажут." — „Удоволили?" —
Спросил старик вернувшихся
С погони молодцов.
„Догнали, удоволили!
Побег к Кузьмо-Демьянскому,
Там, видно, переправиться
За Волгу норовит."

„Чудной народ! бьют сонного,
За что про что не знаючи…"

„Коли всем миром велено:
Бей! — стало, есть за что! —
Прикрикнул Влас на странников. —
Не ветрогоны тисковцы,
Давно ли там десятого
Пороли?.. ой, Егор!..
Ай служба — должность подлая!
Гнусь-человек! — Не бить его,
Так уж кого и бить?
Не нам одним наказано:
От Тискова по Волге-то
Тут деревень четырнадцать, —
Чай, через все четырнадцать
Прогнали, как сквозь строй!"

Den Stárosta bedrängen nun
die sieben: „Sag, wer ist der Mann?
Wofür verdrescht ihr ihn?"

„Ich weiß es nicht, aus Pressenow
die Leute wollen, dass man ihn,
Jegorka Schjutow heißt er, schlägt,
wo immer er erscheint!
Die können euch das selbst erzähln,
wenn jemand von dort rüber kommt. –
Und, habt ihr ihn erwischt?", fragt er
die Burschen dann noch schnell.
„Na klar, und wie! Wir haben's ihm
gegeben, und jetzt läuft er wohl
hin nach Kusmo-Demjanskoje,
die Wolga überquern!"

„Ihr seid ja welche! Schlagt nen Kerl,
und wisst nicht mal, warum, weshalb ..."

„Die ganze Dorfgemeinschaft will,
dass man ihn schlägt. Die haben schon
nen Grund!", schreit Wlass die Wandrer an.
„Noch nie hat man in Pressenow
den Polizeihelfer versohlt,
die prügeln nicht so schnell!
Ach, der Jegor! ... Ein mieses Amt
verdirbt so manchen, ist er nicht
charakterfest genug!
Wen prügeln, wenn nicht solchen Kerl?
Nicht wir allein verprügeln ihn,
durch vierzehn Dörfer musste er
Spießruten laufen – überall
hier an der Wolga lang!"

Притихли наши странники.
Узнать-то им желательно,
В чем штука, да прогневался
И так уж дядя Влас.

. . . . . .

Совсем светло. Позавтракать
Мужьям хозяйки вынесли:
Ватрушки с творогом,
Гусятина (прогнали тут
Гусей; три затомилися,
Мужик их нес под мышкою:
„Продай! помрут до городу!" —
Купили ни за что).
Как пьет мужик, толковано
Немало, а не всякому
Известно, как он ест.
Жаднее на говядину,
Чем на вино, бросается.
Был тут непьющий каменщик,
Так опьянел с гусятины,
Начто твое вино!
Чу! слышен крик: „Кто едет-то!
Кто едет-то!" Наклюнулось
Еще подспорье шумному
Веселью вахлаков.
Воз с сеном приближается,
Высоко на возу
Сидит солдат Овсянников,
Верст на двадцать в окружности
Знакомый мужикам,
И рядом с ним Устиньюшка,
Сироточка-племянница,
Поддержка старика.
Райком кормился дедушка,

Die sieben Wandrer sind schon still.
Zwar hätten sie zu gern gewusst,
was los war – doch ist Onkel Wlass
schon jetzt erzürnt genug!

. . . . . .

Schon ist es hell. Die Bauersfraun,
die bringen jetzt das Frühstück raus:
Watruschki, hmm, und Gänsefleisch!
(Hat einer gestern Gänse hier
entlang getrieben, drei davon
warn schwach, die trug er unterm Arm:
Die haben sie ihm abgekauft
für ein geringes Geld).
Man weiß, wie viel ein Bauer trinkt,
das ist bekannt – doch kaum jemand
weiß, wie er essen kann.
Aufs Rindfleisch wirft er gieriger
sich noch als auf den Alkohol.
Da sitzt ein Maurer auf dem Fest,
der trinkt nicht, doch vom Gänsefleisch
ist er schon ganz berauscht!
Ein Ruf ertönt: „Wer kommt denn da!
Da kommt jemand!" Wer das wohl ist?
Kommt da zu ihrem lauten Fest
denn noch ein weitrer Gast?
Ein Fuder Heu, und oben drauf
sitzt einer: ein Soldat.
Das ist Soldat Owsjannikow,
im Umkreis von gut zwanzig Werst
kennt den ein jeder hier.
Des Alten Stütze sitzt bei ihm,
sein Nichtchen, die Ustinjuschka -
ein junges Waisenkind.
Die Camera obscura hat

Москву да Кремль показывал,
Вдруг инструмент испортился,
А капиталу нет!
Три желтенькие ложечки
Купил — так не приходятся
Заученные натвердо
Присловья к новой музыке,
Народа не смешат!
Хитер солдат! по времени
Слова придумал новые,
И ложки в ход пошли.
Обрадовались старому:
„Здорово, дедко! спрыгни-ка,
Да выпей с нами рюмочку,
Да в ложечки ударь!“
— „Забраться-то забрался я,
А как сойду, не ведаю:
Ведет!“ — „Небось до города
Опять за полной пенцией?
Да город-то сгорел!“
— „Сгорел? И поделом ему!
Сгорел? Так я до Питера!
Там все мои товарищи
Гуляют с полной пенцией,
Там — дело разберут!“
— „Чай, по чугунке тронешься?“
Служивый посвистал:
„Недолго послужила ты
Народу православному,
Чугунка бусурманская!
Была ты нам люба,
Как от Москвы до Питера
Возила за три рублика,
А коли семь-то рубликов
Платить, так черт с тобой!“

den Alten früher mal ernährt,
den Kreml, Moskau hat er so
den Leuten vorgeführt.
Dann ging das Instrument entzwei.
Kein Kapital – was sollt er tun?
Er kaufte Kastagnetten sich,
die man auch Löffel nennt.
Die alten Sprüche, die er noch
im Kopf hatt, passten leider nicht
zur neuen zur Musik:
Die Leute amüsierten sich
nicht mehr – doch der Soldat ist schlau:
tritt jetzt mit neuen Liedchen auf.
Den Gast empfangen sie erfreut:
„Willkommen, Alter! Komm, spring ab,
trink ein Glas mit und setz dann bald
die Löffelchen in Gang!"
„Ach, raufgekommen bin ich noch
so irgendwie, doch weiß ich nicht,
wie ich hier runterkommen soll!"
„Willst hin zur Stadt, ob du vielleicht
die volle Peng-si-on bekommst?
Die Stadt ist abgebrannt!"
„Ach, abgebrannt? Dann muss ich doch
nach Piter, denn da kriegen sie
die volle Peng-si-on, da kann
ich endlich alles klärn!"
„Fährst mit dem Dampfross, mit der Bahn?"
„Ach was, die Bahn, die gottlose,
die hat dem Volk, dem christlichen,
nicht lang gedient! Vorbei ist längst
die Zeit, als für drei Rubelchen
man noch nach Piter kam!
Jetzt muss man sieben Rubel zahln –
der Teufel soll sie holn!"

„А ты ударь-ка в ложечки, —
Сказал солдату староста, —
Народу подгулявшего
Покуда тут достаточно,
Авось дела поправятся.
Орудуй живо, Клим!"
(Влас Клима недолюбливал,
А чуть делишко трудное,
Тотчас к нему: „Орудуй, Клим!",
А Клим тому и рад.)

Спустили с воза дедушку,
Солдат был хрупок на ноги,
Высок и тощ до крайности;
На нем сюртук с медалями
Висел, как на шесте.
Нельзя сказать, чтоб доброе
Лицо имел, особенно
Когда сводило старого —
Черт чертом! Рот ощерится,
Глаза — что угольки!

Солдат ударил в ложечки,
Что было вплоть до берегу
Народу — всё сбегается.
Ударил — и запел:

Солдатская

Тошен свет,
Правды нет,
Жизнь тошна,
Боль сильна.
Пули немецкие,
Пули турецкие,

„Dann klopf mal mit den Löffelchen",
sagt da zu ihm der Stárosta:
„Genügend Leute feiern hier,
und trinken, kannst heut sicherlich
noch was dazuverdienen. Klim!
Komm, kümmere dich mal!"
Zwar mag der Wlass den Klim nicht sehr,
doch wenn ihm etwas Mühe macht,
dann heißt es gleich: „Komm, kümmre dich!"
Klim tut das auch ganz gern.

Den Alten heben sie herab,
nicht gut zu Fuß ist der Soldat,
ist lang und dürr und schwach;
trägt mit Medaillen einen Rock,
der hängt an ihm, als hinge er
an einem langen Stock.
Hat nicht das freundlichste Gesicht,
vor allem, wenn er krampft und zuckt,
dann sieht er aus, der alte Mann,
wie der Leibhaftige!

Er schüttelt seine Löffelchen,
und jeder, bis zur Wolga hin,
der grade da ist, kommt herbei
und hört dem Alten zu:

Das Soldatenlied

Leben schlimm,
Voller Grimm,
Schmerz, der quält,
Recht, das fehlt.
Kugeln deutsche,
Kugeln türk'sche,

Пули французские,
Палочки русские!
Тошен свет,
Хлеба нет,
Крова нет,
Смерти нет.
Ну-тка, с редута-то с первого номеру,
Ну-тка, с Георгием — по миру, по миру!
У богатого,
У богатины,
Чуть не подняли
На рогатину.
Весь в гвоздях забор
Ощетинился,
А хозяин, вор,
Оскотинился.
Нет у бедного
Гроша медного:
„Не взыщи солдат!"
— „И не надо, брат!"
Тошен свет,
Хлеба нет,
Крова нет,
Смерти нет.
Только трех Матрен
Да Луку с Петром
Помяну добром.
У Луки с Петром
Табачку нюхнем,
А у трех Матрен
Провиант найдем.
У первой Матрены
Груздочки ядрены,
Матрена вторая
Несет каравая,
У третьей водицы попью из ковша:

Kugeln französische,
Knüppelchen russische!
Leben quält,
Obdach fehlt,
Hab kein Brot,
Wart auf Tod.
Los in den Angriff als Erster voran,
Los mit dem Georgskreuz ab in den Kampf!
Hat mich fortgejagt
Und fast aufgespießt
Dieser reiche Hund,
Dieses reiche Biest.
Diese Bestie hat
Nägel auf dem Zaun,
Darfst als Bettler dich
Auf den Hof nicht traun.
Und der Arme hat
Kein Kopekchen mehr:
„Werd ja selbst nicht satt
Kann nichts geben dir!"
Leben quält,
Obdach fehlt,
Hab kein Brot,
Wart auf Tod.
Halfen ganz spontan
Drei Matrjonuschkas,
Pjotr und Iwan.
Schnupfte Tabak mit
Pjotr und Iwan,
Essen gaben mir
Die Matrjonuschkas.
Der ersten Matrjona
Für Suppe ich dank,
Der zweiten Matrjona
Für Brot frisch und blank,
Die dritte hat Wasser vom Brunnen geschöpft,

Вода ключевая, а мера — душа!
Тошен свет,
Правды нет,
Жизнь тошна,
Боль сильна.

Служивого задергало.
Опершись на Устиньюшку,
Он поднял ногу левую
И стал ее раскачивать,
Как гирю на весу;
Проделал то же с правою,
Ругнулся: „Жизнь проклятая!" —
И вдруг на обе стал.

„Орудуй, Клим!" По-питерски
Клим дело оборудовал:
По блюдцу деревянному
Дал дяде и племяннице,
Поставил их рядком,
А сам вскочил на бревнышко
И громко крикнул: „Слушайте!"
(Служивый не выдерживал
И часто в речь крестьянина
Вставлял словечко меткое
И в ложечки стучал.)

Клим
Колода есть дубовая
У моего двора,
Лежит давно: из младости
Колю на ней дрова,
Так та не столь изранена,
Как господин служивенький.
Взгляните: в чем душа!

Das Maß war die Seele, das Wasser war frisch!
Leben schlimm,
Voller Grimm,
Recht, das fehlt,
Schmerz, der quält.

Ein Krampf befällt ihn, und gestützt
aufs Waisenkind Ustinjuschka,
hebt er das linke Bein erst an
und schüttelt es und pendelt, so
wie eine Waage auf dem Markt,
dasselbe mit dem rechten Bein:
„Verdammtes …!" Plötzlich stellt er sich
auf beide Füße hin.

„Na los, Klim, komm und kümmre dich!"
Der Petersburg-erfahrene
Klim kümmert sich, und ruck, zuck stehn
zwei kleine Tellerchen aus Holz
vor Nichte und Soldat.
Selbst springt auf einen Balken er
und ruft von oben lauthals: „Hört!",
und fängt zu reden an.
(Der Alte kann nicht stille sein,
wirft treffsicher manch Wörtchen ein
und schlägt die Löffelchen.)

Klim
„Ein Hackklotz steht auf meinem Hof
aus gutem Eichenholz:
Von Jugend an hau ich auf ihm
mein Brennholz klein. Und doch ist er
von Narben nicht so übersät
wie der Soldat. Kommt, seht ihn an:
ist Haut und Knochen nur!"

Солдат
Пули немецкие,
Пули турецкие,
Пули французские,
Палочки русские.

Клим
А пенциону полного
Не вышло, забракованы
Все раны старика;
Взглянул помощник лекаря,
Сказал: „Второразрядные!
По ним и пенцион."

Солдат
Полного выдать не велено:
Сердце насквозь не прострелено!

(Служивый всхлипнул; в ложечки
Хотел ударить, — скорчило!
Не будь при нем Устиньюшки,
Упал бы старина.)

Клим
Солдат опять с прошением.
Вершками раны смерили
И оценили каждую
Чуть-чуть не в медный грош.
Так мерил пристав следственный
Побои на подравшихся
На рынке мужиках:
„Под правым глазом ссадина
Величиной с двугривенный,
В средине лба пробоина
В целковый. Итого:
На рубль пятнадцать с деньгою

Soldat
„Kugeln deutsche,
Kugeln türk'sche,
Kugeln französische,
Knüppelchen russische!"

Klim
„Doch eine volle Peng-si-on
gesteht man ihm nicht zu.
Der Arztgehilfe hat sich zwar
die Wunden angesehen, sagt:
‚Die Wunden sind nur zweitklassig!
Die halbe Peng-si-on!'"

Soldat
„Die volle Peng-sjon, die steht mir nicht zu:
Im Herzen das Loch ist nicht groß genug!"

(Er schluchzt; er will die Löffelchen
bewegen, doch schon wieder packt
ein Krampf ihn! Nur Ustinjuschka
hält ihren Onkel noch.)

Klim
„Er reichte bei dem Amt sodann
ein weiteres Ersuchen ein.
Mit einem Messstab maßen sie
die Wunden aus – nen Groschen war
dann jede Wunde wert.
So messen auch die Wachtmeister
nach Prügeleien auf dem Markt:
Die Schramme unterm Auge ist
kopekengroß; das Einschussloch
sieht aus wie'n Rubelstück.
Der Preis für diese Prügelei:
ein Rubel, fünfzehnundeinhalb

Побоев..." Приравняем ли
К побоищу базарному
Войну под Севастополем,
Где лил солдатик кровь?

Солдат

Только горами не двигали
А на редуты как прыгали!
Зайцами, белками, дикими кошками.
Там и простился я с ножками,
С адского грохоту, свисту оглох,
С русского голоду чуть не подох!

Клим

Ему бы в Питер надобно
До комитета раненых, —
Пеш до Москвы дотянется,
А дальше как? Чугунка-то
Кусаться начала!

Солдат

Важная барыня! гордая барыня!
Ходит, змеею шипит:
„Пусто вам! пусто вам! пусто вам!" —
Русской деревне кричит;
В рожу крестьянину фыркает,
Давит, увечит, кувыркает,
Скоро весь русский народ
Чище метлы подметет.

Солдат слегка притопывал,
И слышалось, как стукалась
Сухая кость о кость,
А Клим молчал: уж двинулся
К служивому народ.
Все дали: по копеечке,

Kopeken ... – Ist denn fürs Gericht
bei Sewastópol dort die Schlacht,
wo er sein Blut vergossen hat,
nur eine Prügelei?"

Soldat
„Feuer, Attacke, wir warfen uns dort
Mutig auf all jene Festungen drauf,
Wie wilde Katzen, wie Hasen so schnelle.
Beinah ertaubt in dem Krach, welche Hölle!
Damals hat's mir beide Beine zerfetzt,
Später bin ich fast vor Hunger verreckt!"

Klim
„Er müsste mal nach Piter hin,
zum Amt für Kriegsverwundete.
Bis Moskau schafft er's wohl zu Fuß,
doch dann? Es beißt den armen Mann
das Dampfross neuerdings!"

Soldat
„Stark ist das Ross! Stolz ist das Ross!
Zischt wie ein Drache umher.
Und dieser Drache speit Feuer aufs Land:
‚Fort mit euch! Ab in die Hölle sodann!'
Speit in die Fresse dem einfachen Mann,
schubst uns, und stößt uns, verletzt uns dann noch,
fegt das Volk sauber und fein
schnell in den Abtritt hinein."

Im Takt tritt der Soldat nun auf
mit seinen Füßen, und man kann
die Knochen klappern hörn.
Klim schweigt: Die Leute kommen schon
zu dem Soldaten. Jeder wirft,
soviel er kann, aufs Tellerchen,

По грошу, на тарелочках
Рублишко набрался...

4. Доброе время – добрые песни

В замену спичей с песнями,
В подспорье речи с дракою
Пир только к утру кончился,
Великий пир!.. Расходится
Народ. Уснув, осталися
Под ивой наши странники,
И тут же спал Ионушка,
Смиренный богомол.
Качаясь, Савва с Гришею
Вели домой родителя
И пели; в чистом воздухе
Над Волгой, как набатные,
Согласные и сильные
Гремели голоса:

> *Доля народа,*
> *Счастье его,*
> *Свет и свобода*
> *Прежде всего!*
>
> *Мы же немного*
> *Просим у бога:*
> *Честное дело*
> *Делать умело*
> *Силы нам дай!*
>
> *Жизнь трудовая —*
> *Другу прямая*
> *К сердцу дорога,*

und schließlich liegt da schätzungsweis
ein ganzes Rubelchen ...

4. Gute Zeiten, gute Lieder

Im Wechsel zwischen viel Geschwätz
und Prügelei vergeht das Fest,
so zwischen Reden und Gesang,
und ist am nächsten Morgen dann
endgültig erst vorbei.
Die Leute gehn ... Die Wanderer
und Jonuschka, der Pilgersmann,
die liegen schlafend unterm Baum,
dem großen Weidenbaum.
Den schwankenden Erzeuger führn
jetzt Sawwuschka und Grischa heim.
Sie singen; zweistimmig erklingt,
wie Glocken in der klaren Luft,
nun überm Fluss ihr Lied:

> *Los unsres Volkes,*
> *Leuchtendes Glück,*
> *Seien vor allem*
> *Freiheit und Licht!*
>
> *Nur um ein wenig,*
> *Bitten wir, Gott, dich:*
> *Die gute Sache*
> *Gut auch zu machen,*
> *Gib uns die Kraft!*
>
> *Feigheit und Faulheit*
> *Fort von der Schwelle!*
> *An eurer Stelle*

*Прочь от порога,
Трус и лентяй!
То ли не рай?*

*Доля народа,
Счастье его,
Свет и свобода
Прежде всего!*

. . . . . .

Беднее захудалого
Последнего крестьянина
Жил Трифон. Две коморочки:
Одна с дымящей печкою,
Другая в сажень — летняя,
И вся тут недолга;
Коровы нет, лошадки нет,
Была собака Зудушка,
Был кот — и те ушли.

Спать уложив родителя,
Взялся за книгу Саввушка,
А Грише не сиделося,
Ушел в поля, в луга.

У Гриши — кость широкая,
Но сильно исхудалое
Лицо — их недокармливал
Хапуга-эконом.
Григорий в семинарии
В час ночи просыпается
И уж потом до солнышка
Не спит — ждет жадно ситника,
Который выдавался им
Со сбитнем по утрам.

Arbeit und Mühe
Direkt uns führe
Ins Paradies!

Los unsres Volkes,
Leuchtendes Glück,
Seien vor allem
Freiheit und Licht!

. . . . . .

Viel ärmer als das kläglichste
und allerletzte Bäuerlein
lebt Trifon. Nur zwei Kämmerlein:
Ein Öfchen in der einen qualmt,
die andre gut zwei Meter breit –
ein Sommerstübchen nur;
nicht Pferd noch Kuh, nicht Katz noch Hund –
es gab mal einen, Suduschka,
doch der lief auch schon weg.

Den Vater legen sie zu Bett,
dann greift sich Sawwuschka ein Buch,
den Grischa aber heut nichts hält,
der geht hinaus ins Feld.

Er ist von gutem Körperbau,
doch abgemagert ist er sehr –
nicht viel zu essen kriegen sie
vom Hausverwalter dort.
Grigori wird im Seminar
des Öftren nachts um ein Uhr wach
und schläft dann nicht mehr, bis es tagt –
nur an das Brotstück denkt er dann,
das morgens er erhalten wird
mit einem Honigtee.

Как ни бедна вахлачина,
Они в ней отъедалися.
Спасибо Власу-крестному
И прочим мужикам!
Платили им молодчики,
По мере сил, работою,
По их делишкам хлопоты
Справляли в городу.

Дьячок хвалился детками,
А чем они питаются —
И думать позабыл.
Он сам был вечно голоден,
Весь тратился на поиски,
Где выпить, где поесть.
И был он нрава легкого,
А будь иного, вряд ли бы
И дожил до седин.
Его хозяйка Домнушка
Была куда заботлива,
Зато и долговечности
Бог не дал ей. Покойница
Всю жизнь о соли думала:
Нет хлеба — у кого-нибудь
Попросит, а за соль
Дать надо деньги чистые,
А их по всей вахлачине,
Сгоняемой на барщину,
Не густо! Благо — хлебушком
Вахлак делился с Домною.
Давно в земле истлели бы
Ее родные деточки,
Не будь рука вахлацкая
Щедра, чем бог послал.

So arm Großdummersdorf auch ist,
ihr Brot bekommen sie hier doch,
dank Patenonkel Wlass, und dank
auch anderen im Dorf.
Sie zahln's den Bauern dann zurück
mit Arbeiten, so gut es geht,
erledigen auch oft für sie
die Dinge in der Stadt.

Der Küster prahlt mit seinen Jungs,
doch dass ein Sohn auch essen muss,
vergisst er dabei ganz.
Selbst ewig hungrig, ist er stets
auf Suche nach was Essbarem
und nach was Trinkbarem.
Dabei ist er stets leichten Sinns –
sonst lebte er wohl nicht so lang.
Sein Eheweib, die Domnuschka,
war viel besorgter, doch ihr war
solch langes Leben nicht vergönnt.
Die Gute hatt ihr Lebtag lang
sich um das Salz gesorgt:
Denn fehlte Brot, so konnte sie
drum bitten, aber fehlte Salz –
das musste man bezahln.
Doch Geld war knapp in Dummersdorf,
wo jeder Frondienst leistete.
Die Bauern gaben Domnuschka
zum Glück vom Brot was ab.
Es wären Domnas Kinder längst
vermodert schon im kalten Grab,
hätt nicht der Bauer großzügig
was ihm der Herr bescheret hat
mit Domnuschka geteilt.

Батрачка безответная
На каждого, кто чем-нибудь
Помог ей в черный день,
Всю жизнь о соли думала,
О соли пела Домнушка —
Стирала ли, косила ли,
Баюкала ли Гришеньку,
Любимого сынка.
Как сжалось сердце мальчика,
Когда крестьянки вспомнили
И спели песню Домнину
(Прозвал ее „Соленою"
Находчивый вахлак).

Соленая

Никто как бог!
Не ест, не пьет
Меньшой сынок,
Гляди — умрет!

Дала кусок,
Дала другой —
Не ест, кричит:
„Посыпь сольцой!"

А соли нет,
Хоть бы щепоть!
„Посыпь мукой", —
Шепнул господь.

Раз — два куснул,
Скривил роток.
„Соли еще!" —
Кричит сынок.

Bescheiden half sie jedem dann,
der ihr an einem schwarzen Tag
geholfen hatt. Und Domnuschka
dacht stets ans Salz, vom Salz sie sang.
Beim Waschen sang sie, sang beim Mähn,
sang damit den geliebten Sohn,
den Grischa, in den Schlaf.
Wie zog das Herz des Knaben sich
zusammen später, wenn die Fraun
sich Domnas Lieds erinnerten
und es gemeinsam anstimmten.
(Ein aufgeweckter Bauer hat's
„Das Salzige" genannt.)

Das Salzige

O Herrgott, hör!
Mein kleiner Sohn,
Er isst nicht mehr,
Er trinkt nicht mehr!

Mein kleiner Sohn,
Der stirbt mir bald,
Er isst nicht mehr,
Er schreit nach Salz!

Kein Salz hab ich,
Kein Prischen mehr,
O – lieber Gott,
Wo nehm ich's her?

Was soll ich tun,
Bei meiner Seel?
Da flüstert Gott:
Versuch's mit Mehl!

*Опять мукой…
А на кусок
Слеза рекой!
Поел сынок!*

*Хвалилась мать —
Сынка спасла…
Знать, солона
Слеза была!..*

Запомнил Гриша песенку
И голосом молитвенным
Тихонько в семинарии,
Где было темно, холодно,
Угрюмо, строго, голодно,
Певал — тужил о матушке
И обо всей вахлачине,
Кормилице своей.
И скоро в сердце мальчика
С любовью к бедной матери
Любовь ко всей вахлачине
Слилась, — и лет пятнадцати
Григорий твердо знал уже,
Что будет жить для счастия
Убогого и темного
Родного уголка.

Довольно демон ярости
Летал с мечом карающим
Над русскою землей.
Довольно рабство тяжкое
Одни пути лукавые
Открытыми, влекущими
Держало на Руси!
Над Русью отживающей
Иная песня слышится:

Mein Sohn beißt ab,
Er spuckt es aus,
Die Tränen fallen
Jetzt darauf.

Nun isst mein kleiner
Sohn das Brot,
Die Rettung war's
In höchster Not! …

Der Grischa nahm das Liedchen mit.
Wenn er allein ist, singt er es,
als bete er zu Gott,
in jenem kalten Seminar,
wo's düster ist und hungrig ist,
wo's trostlos, streng und trübe ist,
und trauert seiner Mutter nach,
dem Dorf, das ihn ernährt.
Im Knabenherz verbanden sich
die Liebe zu dem Mütterchen,
die Liebe zu dem Heimatdorf,
und als er fünfzehn Jahr alt war,
da wusste Grischa ganz genau,
dass für die arme, finstere
und jammervolle Heimat er
das Glück erobern will.

Es flog des Zornes Dämon schon
zu lange über Russland hin
mit seinem Henkerschwert.
Der Dämon jener Sklaverei,
der drückendschweren, hielt dem Volk
zu lange schon die lockenden,
doch falschen Wege frei!
Doch überm alten Russland hört
man jetzt ein andres, neues Lied:

То ангел милосердия,
Незримо пролетающий
Над нею, души сильные
Зовет на честный путь.

*Средь мира дольнего
Для сердца вольного
Есть два пути.*

*Взвесь силу гордую,
Взвесь волю твердую, —
Каким идти?*

*Одна просторная
Дорога-торная,
Страстей раба,*

*По ней громадная,
К соблазну жадная
Идет толпа.*

*О жизни искренней,
О цели выспренней
Там мысль смешна.*

*Кипит там вечная,
Бесчеловечная
Вражда — война*

*За блага бренные.
Там души пленные
Полны греха.*

*На вид блестящая,
Там жизнь мертвящая
К добру глуха.*

Der Engel der Barmherzigkeit
fliegt unsichtbar dort über uns
und ruft die starken Seelen jetzt
auf einen bessren Weg:

> *Es gibt zwei Wege nur*
> *Für jedes freie Herz*
> *In unsrer Welt.*
>
> *Die stolzen Kräfte prüf,*
> *Den festen Willen prüf:*
> *Wo willst du gehn?*
>
> *Schon viel begangen ist,*
> *Schön leicht zu gehn und breit*
> *Der eine Weg.*
>
> *Stark die Versuchung ist,*
> *Drum gehen viele nur*
> *Den leichten Weg.*
>
> *Doch führt zum Leben nicht*
> *Und hohen Zielen er:*
> *Kein Sinn zu sehn.*
>
> *Dort herrscht unmenschlicher*
> *Und ewig köchelnder*
> *Neid, Zank und Streit*
>
> *Um schnell Vergängliches,*
> *Um leicht Verfängliches,*
> *Um Eitelkeit.*
>
> *Nach außen glitzernde*
> *Doch innen sterbende*
> *Und leere Welt.*

*Другая — тесная
Дорога, честная,
По ней идут*

*Лишь души сильные,
Любвеобильные,
На бой, на труд.*

*За обойденного,
За угнетенного —
По их стопам*

*Иди к униженным,
Иди к обиженным —
Будь первый там!*

. . . . . .

И ангел милосердия
Недаром песнь призывную
Поет над русским юношей, —
Немало Русь уж выслала
Сынов своих, отмеченных
Печатью дара божьего,
На честные пути,
Немало их оплакала
(Пока звездой падучею
Проносятся они!).
Как ни темна вахлачина,
Как ни забита барщиной
И рабством — и она,
Благословясь, поставила
В Григорье Добросклонове
Такого посланца.
Ему судьба готовила
Путь славный, имя громкое

Sehr eng und dornenreich,
Und schwer zu gehen nur
Der andre Weg.

Nur sehr stark liebende
Und starke Herzen gehn
Den schmalen Pfad.

Zu den Erniedrigten,
Zu den Entwürdigten
Führt jener Pfad.

Für die Betrogenen
Und die Geknechteten
Geh jenen Weg!

. . . . . .

Der Engel der Barmherzigkeit
sang nicht umsonst das neue Lied
auch diesem Jüngling vor.
Ach, Russland hat so manchen Sohn
von göttlicher Begabung schon
auf jenen schweren, dornigen
und engen Weg gesandt.
Es hat so manchen Sohn beweint,
der dann wie eine Sternschnuppe
vom Himmelszelte fiel.
So finster Dummersdorf auch ist,
geprägt von Knechtschaft und von Fron,
so hat es einen solchen Sohn,
Grigori Dobrosklonow, doch
geborn, erzogen, Segen ihm
erteilt, und auf den Weg gebracht –
auf jenen schweren Pfad.
Sein Los: Beschützer seines Volks,

Народного заступника,
Чахотку и Сибирь.

. . . . . .

Светило солнце ласково,
Дышало утро раннее
Прохладой, ароматами
Косимых всюду трав…

Григорий шел задумчиво
Сперва большой дорогою
(Старинная: с высокими
Курчавыми березами,
Прямая, как стрела).
Ему то было весело,
То грустно. Возбужденная
Вахлацкою пирушкою,
В нем сильно мысль работала
И в песне излилась:

>   *„В минуты унынья, о родина-мать!*
>   *Я мыслью вперед улетаю.*
>   *Еще суждено тебе много страдать,*
>   *Но ты не погибнешь, я знаю.*

>   *Был гуще невежества мрак над тобой,*
>   *Удушливей сон непробудный,*
>   *Была ты глубоко несчастной страной,*
>   *Подавленной, рабски бессудной.*

>   *Давно ли народ твой игрушкой служил*
>   *Позорным страстям господина?*
>   *Потомок татар, как коня, выводил*
>   *На рынок раба-славянина,*

Verbannung nach Sibirien,
die Schwindsucht und der Ruhm.

. . . . . .

Die liebe Sonne zärtlich scheint,
der frühe Morgen atmet noch
die Kühle und den Duft vom Gras,
den Duft von frischem Heu.

Grigori geht nun nachdenklich
zuerst den breiten Weg entlang
(Der Weg ist grade wie ein Pfeil;
gelockte Birken säumen ihn,
sind alt, so wie der Weg).
Mal überschwänglich, mal bedrückt
ist er: Das große Bauernfest
hat in ihm etwas ausgelöst,
das packt ihn und ergießt sich jetzt
in einem neuen Lied:

In schweren Momenten der Mutlosigkeit
Lass ich die Gedanken entschweben.
Mein Land, dich erwartet noch Not viel und Leid,
Doch weiß ich: Du wirst überleben.

Da lagst du, verhüllt von der Unwissenheit,
In schwarzem und stickigem Schlafe,
Gepeinigt in hilfloser Hörigkeit
Von Folterern ungestraften.

Dein Volk war seit langem ein Spielball schon
Für schändliche Herrengelüste,
Der Herr auf dem Markt mit dem Sklavensohn,
Als sei er ein Reitpferd, sich brüstet'.

И русскую деву влекли на позор,
Свирепствовал бич без боязни,
И ужас народа при слове „набор"
Подобен был ужасу казни?

Довольно! Окончен с прошедшим расчет,
Окончен расчет с господином!
Сбирается с силами русский народ
И учится быть гражданином.

И ношу твою облегчила судьба,
Сопутница дней славянина!
Еще ты в семействе — раба,
Но мать уже вольного сына!"

. . . . . .

546
Сманила Гришу узкая,
Извилистая тропочка,
Через хлеба бегущая,
В широкий луг подкошенный
Спустился он по ней.
В лугу траву сушившие
Крестьянки Гришу встретили
Его любимой песнею.
Взгрустнулось крепко юноше
По матери-страдалице,
А пуще злость брала.
Он в лес ушел. Аукаясь,
В лесу, как перепелочки
Во ржи, бродили малые
Ребята (а постарше-то
Ворочали сенцо).
Он с ними кузов рыжиков
Набрал. Уж жжется солнышко;
Ушел к реке. Купается, —

Das russische Mädchen geschändet, entehrt,
Dann: Geißelung, Stigmatisierung!
Vergleichbar dem Grauen der Hinrichtung
Das Schreckenswort: „Rekrutierung"!

Doch soll es genug sein der Abrechnung jetzt
Mit früheren Herren und Würgern!
Kommt, russische Menschen, die Kräfte vereint
Und werdet zu wahrhaften Bürgern!

Auch dein Los, Gefährtin, Begleiterin
Wird leichter, erträglicher schon!
Zwar bist du noch immer die Sklavin im Haus,
Doch frei ist schon jetzt dein Sohn!

. . . . . .

Den Grischa lockt ein schmaler Pfad,
der sich hinunterwindet dort,
durch Roggenfelder dann verläuft,
ganz unten einen Heuschlag kreuzt,
den steigt er nun hinab.
Die Bäuerinnen kehren grad
das Heu, und dabei singen sie
ein Lied – sein Lieblingslied.
Sogleich erfasst das Jünglingsherz
die Trauer um die Mutter, doch
noch stärker ist der Zorn.
Er geht nun in den Wald hinein.
Dort rufen gegenseitig sich
wie Wachtelchen im Roggenfeld
die Kinder (nur die älteren,
die helfen schon im Heu).
Er sammelt mit den Kindern schnell
noch einen Korb voll Täublinge:
Die Sonne brennt schon heiß.

Три дня тому сгоревшего
Обугленного города
Картина перед ним:
Ни дома уцелевшего,
Одна тюрьма спасенная,
Недавно побеленная,
Как белая коровушка
На выгоне, стоит.
Начальство там попряталось,
А жители под берегом,
Как войско, стали лагерем,
Всё спит еще, немногие
Проснулись: два подьячие,
Придерживая полочки
Халатов, пробираются
Между шкафами, стульями,
Узлами, экипажами
К палатке-кабаку.
Туда ж портняга скорченный
Аршин, утюг и ножницы
Несет — как лист дрожит.
Восстав со сна с молитвою,
Причесывает голову
И держит на отлет,
Как девка, косу длинную
Высокий и осанистый
Протоерей Стефан.
По сонной Волге медленно
Плоты с дровами тянутся,
Стоят под правым берегом
Три барки нагруженные:
Вчера бурлаки с песнями
Сюда их привели.
А вот и он — измученный
Бурлак! походкой праздничной
Идет, рубаха чистая,

Er geht zum Fluss. Dort badet er.
Am andern Ufer sieht er nun
die kürzlich abgebrannte Stadt.
Was für ein schlimmes Bild:
Kein Haus steht, alles schwarz, verkohlt,
gerettet das Gefängnis nur,
ganz frisch geweißt, steht es nun da
wie eine leuchtendweiße Kuh
auf einem grünen Feld.
Dort haben sich die Oberen
versteckt; das Volk wohnt wie ein Heer
am Fluss im Lager jetzt.
Sie schlafen noch. Erst wenige
sind hoch; die Kittel leicht geschürzt,
vorbei an Schränken, Stühlen und
an Bündeln, an den Fuhrwerken
sind auf dem Weg zum Kneipenzelt
zwei Amtsschreiber im Dienst.
Und auch ein altes Schneiderlein
trägt zitternd, so wie Espenlaub,
dort grad sein Werkzeug hin.
Der Oberpriester Stefan hat
sich schon erhoben, betet schnell,
kämmt sich das Haar, legt seinen Zopf
so wie ein Mädchen übern Rock,
und, hochgewachsen, imposant
steht er nun da und guckt.
Auf der verschlafnen Wolga ziehn
die Holzflöße gemächlich lang,
am rechten Ufer haben drei
beladne Kähne angelegt.
Die Wolgatreidler haben sie
erst gestern hergeschleppt.
Da ist er selbst auch – der Burlak,
der Wolgatreidler: Noch erschöpft,
geht er ganz feierlich entlang

В кармане медь звенит.
Григорий шел, поглядывал
На бурлака довольного,
И с губ слова срывалися
То шепотом, то громкие.
Григорий думал вслух:

Бурлак

*Плечами, грудью и спиной
Тянул он барку бичевой,
Полдневный зной его палил,
И пот с него ручьями лил.
И падал он, и вновь вставал,
Хрипя, „Дубинушку" стонал;
До места барку дотянул
И богатырским сном уснул,
И, в бане смыв поутру пот,
Беспечно пристанью идет.
Зашиты в пояс три рубля.
Остатком — медью — шевеля,
Подумал миг, зашел в кабак
И молча кинул на верстак
Трудом добытые гроши
И, выпив, крякнул от души,
Перекрестил на церковь грудь;
Пора и в путь! пора и в путь!
Он бодро шел, жевал калач,
В подарок нес жене кумач,
Сестре платок, а для детей
В сусальном золоте коней.
Он шел домой — неблизкий путь,
Дай бог дойти и отдохнуть!*

. . . . . .

in einem frisch gewaschnen Hemd,
in dem das Kupfer klingt.
Grigori geht, und schaut ihm nach,
dem sehr zufriedenen Burlak,
von Grischas Lippen lösen sich
nun Worte. Er denkt laut:

Der Burlak

Mit Schulter, Brust und Rücken liegt
Er in der Treidelleine, zieht
Den Treidelkahn den Fluss hinauf,
Er fällt, er steht auch wieder auf.
In Strömen fließt von ihm der Schweiß,
Die Sonne brennt heut schon so heiß,
Als stünde fast sie im Zenit.
Der Treidler stöhnt ein Arbeitslied;
Dann hat er endlich es geschafft,
Den Treidelkahn ans Ziel gebracht,
Fällt um und schläft den Reckenschlaf.
Frühmorgens wäscht sich der Burlak
Den Schweiß dann in der Banja ab,
Am Fluss geht fröhlich er entlang.
Im Gürtel sind drei Rubel drin,
Mit den Kopeken klingeling
Geht er zum Krug und wirft das Geld
Dort auf den Tisch – ein Mann von Welt!
Trinkt und bekreuzigt sich vergnügt,
Dann wird es Zeit! Er muss zurück!
Der Schwester Tüchlein, Tuch dem Weib,
Dem Sohn ein Pferd aus Billiggold,
So geht er heim – der Weg ist weit,
Gott schütze ihn, Gott sei ihm hold!

. . . . . .

С бурлака мысли Гришины
Ко всей Руси загадочной,
К народу перешли.
И долго Гриша берегом
Бродил, волнуясь, думая,
Покуда песней новою
Не утолил натруженной,
Горящей головы.

Русь

Ты и убогая,
Ты и обильная,
Ты и могучая,
Ты и бессильная,
Матушка Русь!

В рабстве спасенное
Сердце свободное —
Золото, золото
Сердце народное!

Сила народная,
Сила могучая —
Совесть спокойная,
Правда живучая!

Сила с неправдою
Не уживается,
Жертва неправдою
Не вызывается, —

Русь не шелохнется,
Русь — как убитая!

Von dem Burlaken wandert jetzt
sein Geist zurück zum Volke hin,
zum rätselhaften Russenland.
Und lange streift Grigori noch
erregt am großen Fluss umher,
denkt nach und grübelt, bis ihm dann
ein neues Lied das glühende,
das heiße Köpfchen kühlt.

Russland

Du bist so ausgezehrt,
Du bist so bärenstark.
Prächtig und jammervoll,
Karg und verschwenderisch
Bist du, mein Land.

Herz, trotz der Sklaverei
Bist du noch immer frei –
Goldenes, goldenes
Herz meines Volks!

Volkes Kraft, mächtige,
Unüberwindbare –
Wahrheit und Ehrlichkeit,
Redlichkeit siegt!

Stärke mit Unwahrheit,
Glück mit Verlogenheit,
Opfer mit Heimtücke
Nie sich verträgt.

Russland – es rührt sich nicht,
Russland – es regt sich nicht!

*А загорелась в ней
Искра сокрытая, —*

*Встали — небужены,
Вышли — непрошены,
Жита по зернышку
Горы наношены!*

*Рать подымается —
Неисчислимая!
Сила в ней скажется
Несокрушимая!*

*Ты и убогая,
Ты и обильная,
Ты и забитая,
Ты и всесильная,
Матушка Русь!*

5.

„Удалось мне песенка! — молвил Гриша, прыгая. —
Горячо сказалася правда в ней великая!
Завтра же спою ее вахлачкам — не всё же им
Песни петь унылые… Помогай, о боже, им!
Как с игры да с беганья щеки разгораются,
Так с хорошей песенки духом поднимаются
Бедные, забитые…" Прочитав торжественно
Брату песню новую (брат сказал: „Божественно!"),
Гриша спать попробовал. Спалося, не спалося,
Краше прежней песенка в полусне слагалася;
Быть бы нашим странникам под родною крышею,
Если б знать могли они, что творилось с Гришею.
Слышал он в груди своей силы необъятные,

Doch aus dem Innern ein
Funke entspringt.

Ungeweckt steht es auf,
Ungefragt redet es,
Körnchen für Körnchen wächst
Jener Berg an!

Viele bewegen sich,
Viele erheben sich,
Unbändig, unschlagbar
Ist Volkes Kraft!

Bist ach so ausgezehrt,
Bist ach so mächtig du,
Üppig und armselig,
Kraftlos und bärenstark,
Mütterchen, du!

5.

„Oh, was für ein schönes Lied!", ruft der Grischa, springt umher.
„Endlich singt das heiße Herz, was es längst schon sagen will!
Morgen geh ich gleich ins Dorf, sing es meinen Bauern vor,
sollen doch nicht immer nur Lieder singen kummervoll!
Wie vom Laufen und vom Spiel Kinderwangen röten sich,
so erweckt ein gutes Lied neuen Geist und Hoffnungen,
auch bei den Geknechteten, auch bei den Geächteten."
Grischa singt das neue Lied gleich noch seinem Bruder vor.
„Himmlisch!", sagt der. Grischa will jetzt ein wenig schlafen nur,
doch er schläft nicht, denn im Kopf wird das Liedchen schöner
    noch;
Könnten unsre Wanderer jetzt doch nur den Grischa sehn,
sehen, was mit ihm geschieht, was sein Herze jetzt erfüllt!

Услаждали слух его звуки благодатные,
Звуки лучезарные гимна благородного —
Пел он воплощение счастия народного!..

(1876–1877)

Grischa spürt in seiner Brust Kräfte unermessliche,
Herz und Seele haben ihm heut ein gutes Lied beschert,
Wie sein Volk das Glück erringt, er in seinem Lied besingt
und die edle Hymne klingt segensreich und hell!

(1876–1877)

NACHWORT

„Wer lebt in Russland froh und frei" ist ein besonderes Werk, das Werk eines außergewöhnlichen Dichters. In der Sprache des einfachen Volkes seiner Zeit und im Rhythmus alter russischer Heldensagen (Bylinen) beschreibt er die Wanderung von sieben Bauern durch das Russland seiner Zeit – der sechziger Jahre des 19. Jahrhunderts. Es ist die Zeit nach der historischen Abschaffung der Leibeigenschaft in Russland, die fast zeitgleich mit der Abschaffung der Sklaverei in den USA erfolgte. Die sieben Wanderer sind auf der Suche nach einem glücklichen Menschen, sie durchwandern dabei große Teile Russlands und befragen Menschen unterschiedlicher sozialer Schichten.

Nikolai Alexejewitsch Nekrassow wurde 1821 als Sohn eines kleinen Gutsbesitzers und Offiziers im südrussischen Nemirowo (heute Ukraine) geboren, verbrachte seine Kindheit aber gemeinsam mit 13 Geschwistern im Dörfchen Greschnjowo unweit der alten russischen Stadt Jaroslawl. Die Familie litt unter dem despotischen Vater, der auch seine Leibeigenen grausam behandelte. Nikolai hielt sich lieber bei den Kindern und in den Familien der Bauern auf, unter denen er zeitlebens Freunde behielt, lernte deren Nöte und Sprache somit von klein auf kennen. Im Alter von elf Jahren kam er auf das Jaroslawler Gymnasium, das er bis zu seinem 17. Lebensjahr besuchte. In jene Zeit fielen seine ersten literarischen Versuche – satirische und traurige Verse, die er in seinem Hausaufgabenheft festhielt.

Auf Wunsch des Vaters fuhr der 17-Jährige 1838 nach Sankt Petersburg, wo er eine militärische Ausbildung absolvieren sollte. Dort lernte er Studenten kennen, unter deren Einfluss er sich entschloss, ein Universitätsstudium zu beginnen. Er bestand jedoch die Aufnahmeprüfung nicht und schrieb sich daher als Gasthörer an der Petersburger Universität ein. Da ihm der Vater jegliche Unterstützung verweigerte, litt er in jener Zeit schreckliche Not und verbrachte einen Großteil seiner Zeit mit der Suche nach Verdienstmöglichkeiten.

Mit der Zeit verbessert sich seine Lage ein wenig – Nikolai verdiente Geld, indem er selbst Unterricht erteilte, Artikel in literarischen Zeitschriften und Beilagen veröffentlichte, Verse und Märchen für Volksbilderbögen, sogenannte Lubki, sowie Theaterstücke (Vaudevilles) für das Alexandrinski-Theater verfasste. In dieser Frühphase seines literarischen Schaffens gelang es ihm, etwas Geld zu ersparen, und 1840 gab er einen Band eigener, schwärmerischer Jünglingsgedichte heraus, der sich jedoch als Flop erwies und über den sich der große Literaturkritiker Wissarion Belinski abfällig äußerte. Dieser Misserfolg war für den jungen Dichter und Publizisten Anlass zu noch intensiverer Arbeit und Vervollkommnung seiner schriftstellerischen Meisterschaft.

Mit Erfolg widmete er sich auch verlegerischer Tätigkeit, so dass er zu Beginn des Jahres 1847 gemeinsam mit dem Journalisten Iwan Panajew die noch von Alexander Puschkin gegründete Zeitschrift „Sowremennik" („Der Zeitgenosse") erwerben konnte, die sich unter ihm zum führenden literarischen, sozialen und politischen Magazin seiner Zeit entwickelte. Nekrassow zog Schriftsteller wie Iwan Turgenjew, Iwan Gontscharow, Alexander Herzen, Lew Tolstoi zur Mitarbeit am „Sowremennik" heran. Auch Übersetzungen von Werken westlicher Schriftsteller, wie Charles Dickens, George Sand und William Thackeray veröffentlichte er dort. Fortschrittliche Publizisten und Kritiker wie Wissarion Belinski, Nikolai Tschernyschewski und später Nikolai Dobroljubow, dem Nekrassow in der Gestalt des Grigori Dobrosklonow ein literarisches Denkmal setzte, prägten die revolutionär-demokratische Ausrichtung des Magazins, was letztlich zum Bruch u. a. mit Tolstoi und Turgenjew führte.

Große Erfolge errang Nikolai Nekrassow mit und nach der Herausgabe einer Auswahl seiner Gedichte im Jahre 1856. In seinen Werken ergriff der Dichter nunmehr

Partei für die geknechteten Bauern, gegen das System der Leibeigenschaft und die Klasse der adligen Gutsbesitzer – und gegen den russischen Liberalismus, den er als scheinheilig bezeichnete. Er fühlte nicht nur mit dem bäuerlichen Volk, sondern identifizierte sich mit ihm, sprach im Namen und in der Sprache des Volkes. Diese Volksnähe wurde zu seinem Markenzeichen und gleichzeitig zum Angriffspunkt seiner Gegner, die versuchten, den kritischen Geist wegen angeblicher stilistischer Schwächen zu verreißen, zu denen z. B. die Verwendung der Umgangssprache gehörte, wie auch die teilweise Nichteinhaltung traditioneller Metrik und Reimschemen. Seine zahlreichen Anhänger hingegen liebten Nekrassow gerade für seine Volksnähe, Originalität und die sprachliche Kraft, mit der er über die Nöte des einfachen Volkes schrieb. Für sie stand Nekrassow in einer Reihe mit Puschkin und Lermontow. Viele seiner Gedichte wurden zu wahren Volksliedern – das bekannteste ist wohl das Lied „Korobuschka", das auf einem Ausschnitt aus dem epischen Poem „Korobejniki" (Die „Hausierer", wörtlich: die „Kiepenkerle") basiert.

Die längst überfällige Abschaffung der Leibeigenschaft in Russland durch ein Manifest des Zaren im Jahre 1861 empfand Nekrassow, wie viele fortschrittliche Menschen seiner Zeit, als unzureichend und enttäuschend. Bereits nach Russlands Niederlage im Krimkrieg 1856 hatte Zar Alexander II. in einer Rede vor Vertretern des Adels ausgesprochen, dass dieser Schritt nicht zu umgehen und es folglich besser sei, „wenn es von oben geschehe als von unten". Durch das Manifest erhielten die Bauern zwar formal die persönliche Freiheit, doch waren sie pflichthalber Mitglieder des *Mir* – der bäuerlichen Dorfgemeinschaft, die sich selbst, das ihr zugebilligte Land sowie alle Abgaben der Bauern verwaltete. Die Gutsbesitzer blieben die Landeigentümer und mussten den Bauern nur ein Hausgrundstück und einen Feldanteil zur Verfügung stellen. Im Gegenzug hatten die Bauern als Ablösesumme 49 Jahre lang Frondienste oder Zwangsabgaben an den Gutsherrn zu leisten. Anstatt Leibeigene zu sein, waren sie nun „Frondienstverpflichtete auf Zeit" und an die Dorfgemeinschaft gebunden, da diese für ihre Verpflichtungen haftete. Das Land aber wurde von der Dorfgemeinschaft verwaltet und (in der Regel jedes Jahr neu) an die Bauern verteilt. Das System der periodischen Umverteilung der Landflächen blockierte das Interesse der Bauern an langfristigen bodenverbessernden Maßnahmen und führte zur Verarmung der teilweise ohnehin nicht sehr fruchtbaren Böden. Dem *Mir* stand eine ständig gleichbleibende Anbaufläche zur Verfügung, was bei wachsender Bevölkerung zu immer größerer Bodenzersplitterung führte. Somit hatte der einzelne Bauer eine immer geringere Anbaufläche, um seine Familie zu ernähren, gleichzeitig wurden die Bauern mit hohen Steuern belastet, d. h., die Situation der Bauernschaft verschärfte sich in den Jahren nach der Reform spürbar. All diese Faktoren trugen in der zweiten Hälfte des 19. Jahrhunderts neben Dürrephasen und Feuersbrünsten zu einer tiefen Agrarkrise bei, die durch Missernten und Hungersnöte geprägt war.

Kaum ein Bauer hatte die Mittel, dem Gutsherrn sein Land und damit seine wirkliche Freiheit abzukaufen. Nekrassows Versepos handelt in der Zeit nach dieser „Bauernbefreiung", und so finden sich zahlreiche Bezüge auf diese Entwicklungen und Zustände, wie auch auf die Erhebungen und spontanen Revolten, die ihrerseits grausam unterdrückt wurden. 1866 fand ein erstes Attentat auf den Zaren statt. In der Folge kam es zur Schaffung eines strengen polizeilichen Überwachungsapparates und zur Wiedereinführung einer strikten Zensur, der Nekrassows kritische Zeitschrift noch im selben Jahr zum Opfer fiel. Der „Sowremennik" wurde für immer geschlossen.

Bereits 1863 hatte der Dichter die Arbeit an seinem umfassendsten und bedeutendsten Werk, dem Versepos „Wer lebt in Russland froh und frei", begonnen, an dem er bis zu seinem Tod arbeitete. Einzelne Teile wurden im Abstand von mehreren Jahren in Zeitschriften veröffentlicht oder als illegale Abschriften verbreitet. Vor allem der abschließende Teil („Das Dorffest") war aufgrund aufrührerischer Inhalte strengster Zensur unterworfen und durfte zu Lebzeiten des Autors nicht erscheinen. Der bereits todkranke Nekrassow hatte alles darangesetzt, um doch noch eine Veröffentlichung zu ermöglichen, und war dabei große Kompromisse eingegangen. So hatte er Liedtexte geändert, obwohl sie daraufhin inhaltlich im Widerspruch zur Gesamtaussage des Werks standen, und sich bereit erklärt, einige Passagen wegzulassen. Trotzdem erschien dieser letzte Teil offiziell erst 1881, und zwar in der veränderten und gestutzten Fassung. Zum Glück waren jedoch Handschriften Nekrassows und Abschriften erhalten geblieben, welche die ursprüngliche Fassung belegten und dann in spätere Ausgaben übernommen wurden.

Der zweite Teil des Werks, „Die Bäuerin", war vom Autor ursprünglich wohl als dritter Teil angedacht, daher sein Titel „Die Bäuerin (aus dem dritten Teil)". Es waren weitere Kapitel geplant, die er in die verschiedenen Teile des Epos einfügen wollte. Doch war der Dichter 1975 bereits schwer erkrankt. Im Bemühen, das Werk noch zu einem Abschluss zu bringen, verlegte er „Das Dorffest" in das Dorf Wachlatschina (Großdummersdorf), das der Leser bereits aus dem ursprünglich zweiten Teil, „Der Spätling", kennt, und übernahm die Helden aus dem „Spätling" in den Schlussteil. Somit bilden die existierenden Teile eine in sich weitgehend geschlossene und abgeschlossene Erzählung. Allerdings entstanden durch dieses „Umdisponieren" einige Unstimmigkeiten, die der Autor nicht mehr korrigieren konnte: Dem Handlungsverlauf widersprechen Abläufe in der landwirtschaftlichen Arbeit, die immer wieder auch beschrieben werden: Im vorgezogenen „dritten" Teil wird bereits das Getreide geerntet, während im nunmehr abschließenden Teil noch die Heumahd im Gange ist. Aufgrund dessen gab es immer wieder Diskussionen, in welcher Reihenfolge das Werk zu publizieren sei. Letztendlich entscheiden sich die

Herausgeber in der Regel für die auch dieser Übersetzung zugrundeliegende Reihenfolge.

Nekrassow kannte die Sprache und das Leben der Bauern sehr gut, betrieb aber auch zahlreiche und umfangreiche Recherchen. So unwahrscheinlich einige der im Versepos beschriebenen Vorkommnisse und Schicksale auch erscheinen mögen (vor allem dem deutschen Leser des 21. Jahrhunderts) – sie beruhen auf wahren Begebenheiten. Dies wird durch zahlreiche Notizen und Nekrassows Briefverkehr belegt.

Die sieben Wanderer suchen in dem bettelarmen, anscheinend gottverlassenen Russland lange nach einem glücklichen Menschen. Ihre Suche bleibt scheinbar vergeblich. Ursprünglich hatte der Autor die Absicht, die Glückssucher am Ende mit einem betrunkenen Bauern zu konfrontieren, der nur in der Schenke, in die er seinen letzten Rubel trägt, sein Unglück für einen Augenblick vergisst. Doch fand Nekrassow, der selbst so leidenschaftlich für die Menschenrechte seines Volkes eintrat, dann doch einen optimistischeren Abschluss.

Kurz vor seinem Tod erreichte den sterbenskranken Nekrassow 1877 noch ein Gruß seines Mitstreiters Nikolai Tschernyschewski aus der sibirischen Verbannung. Dieser schrieb seinem Cousin Alexander Pypin:

„Sag ihm, dass ich ihn als Menschen innig liebe, dass ich ihm für seine Zuneigung danke, dass ich ihn küsse, dass ich überzeugt bin: Sein Ruhm wird unsterblich sein, und ewig auch die Liebe Russlands zu ihm, dem genialsten und edelmütigsten aller russischen Dichter."

Christine Hengevoß
Juli 2016

ОГЛАВЛЕНИЕ / INHALT

Пролог / Prolog .... 4 / 5

Часть Первая / Erster Teil .... 28 / 29

Крестьянка / Die Bäuerin .... 192 / 193

Последыш / Der Spätling .... 360 / 361

Пир на весь мир / Das Dorffest .... 442 / 443

Ebenfalls im Mitteldeutschen Verlag erhältlich

Antonij Pogorelskij
**DER DOPPELGÄNGER
ODER MEINE ABENDE IN KLEINRUSSLAND**
Roman
Aus dem Russischen von Svetlana Schick und Roland Flammiger
Mit Illustrationen von Olena Fedotowa
Bibliothek der Entdeckungen, Bd. 2

192 Seiten | geb | ISBN 978-3-89812-347-1

In seinem 1828 erschienen Roman „Der Doppelgänger" spinnt Antonij Pogorelskij ein dichtes Geflecht unterschiedlichsten Inhalts, zusammengehalten von dem roten Faden eines lebhaften Dialogs mit seinem Alter Ego, dem „Doppelgänger". In den kurzweiligen Geschichten ist Platz für Spuk und Hexerei, Liebeleien und Romanzen, einen Puppenautomaten und die gefährlichen Abenteuer eines von Affen adoptierten Jungen im südasiatischen Urwald. Pogorelskij widmet sich zugleich ernsthafteren Themen, er sinniert über die Grenzen des menschlichen Verstandes oder über das Potenzial des Menschen im Vergleich zu hoch entwickelten Tieren. Letztlich ergibt sich für den Leser ein faszinierendes Bild von den Denkmöglichkeiten zu Beginn des 19. Jahrhunderts mit zum Teil bis heute aktuellen Bezügen.

Ebenfalls im Mitteldeutschen Verlag erhältlich

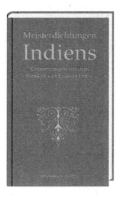

Andreas Pohlus (Hg.)
MEISTERDICHTUNGEN INDIENS
Übersetzungen aus dem Sanskrit von Ludwig Fritze

1.488 S. | geb. | ISBN 978-3-89812-947-3

Der Band vereint vierzehn Werke der Sanskrit-Literatur in der Maßstäbe setzenden Übersetzung von Ludwig Fritze (1833–1922), der wie kaum ein anderer die hohe Kunst beherrschte, Sanskrittexte in den deutschen Sprachhorizont hereinzuholen und sie dem Verständnis einer breiteren Leserschaft unmittelbar zugänglich zu machen.

Die Spannweite all seiner hier wieder zugänglich gemachten Übersetzungen ist, was die Gattungen und Entstehungszeiten anbelangt, bemerkenswert: Sie reicht von der epischen Literatur über die Fabelliteratur, die Spruchdichtung bis hin zur Lyrik und zum Schauspiel und erschließt dem Leser damit repräsentative Klassiker altindischer Literatur über einen Zeitraum von mehr als eintausend Jahren. Eine vergleichbare Sammlung wird man im deutschsprachigen Raum vergeblich suchen.

Der russische Text basiert auf der Ausgabe: Nikolai A. Nekrassow, „Stichotworenija i Poemy", Schkolnaja Biblioteka, Moskowskij Rabotschij, 1970.

Dieses Buch wurde gefördert von der Mikhail Prokhorov Foundation TRANSCRIPT: Programme to Support Translations of Russian Literature.

 transcript

Die Übersetzerin dankt dem EÜK Straelen und der Kunststiftung NRW für die Förderung der Übersetzung.

Umschlagabbildungen: © Dashk – Fotolia.com, © hchjjl – Fotolia.com

2016
© mdv Mitteldeutscher Verlag GmbH, Halle (Saale)
www.mitteldeutscherverlag.de

Originalausgabe
Alle deutschsprachigen Rechte vorbehalten.
Gesamtherstellung: Mitteldeutscher Verlag, Halle (Saale)

ISBN 978-3-95462-717-2

Printed in the EU